U0057921

教育哲學

【第三版】

陳迺臣博士 著

作者簡介

陳迺臣

　　美國佛羅里達大學哲學博士，主修教育哲學。曾在港明中學、屏東師專、台北女師專（市立師範學院）、高雄師範大學、東海大學、玄奘大學、中台科技大學、朝陽科技大學專任教職，並曾在政治大學、彰化師範大學、佛光山女子佛學院及叢林學院兼任教職。曾任花蓮師範學院、懷恩中學、美國西來大學等校校長。已出版《倫理教育的重建》、《宗教的教育價值》、《教育哲學》、《教育哲學導論》、《初等教育》（合著）、《教育導論》（合著）等書。

自　序

　　本書係大學及研究所教科書，內容包含哲學涵義、教育哲學涵義、教育哲學的方法、形而上學與教育的關係、人性發展與教育的關係、人生價值與教育的關係、教育本質論、教育目的論、教育內容論、教育方法論等部分，希望對於研究者之了解教育哲學的基本概念，熟悉教育哲學的方法，培養通觀、思考及分析教育根本問題的能力和習慣，理解教育與哲學各個領域的關係，並嘗試發展自己的教育理念和價值系統等有些微幫助。

　　本書的內容雖然醞釀多年，也不斷蒐集資料、閱讀、撰寫，但大多利用課餘及辦理學校行政之餘暇，時苦悠閒時刻短，深思功夫淺，午夜夢迴，不免自嘲何倉卒成書乃爾，豈無愧慚？敬請讀者不吝指正。

目　錄

第一章

從哲學說起

第一節　論哲學之定義

　　雖然「教育哲學」一辭從表面上看來是「哲學」和「教育」兩個名辭的複合，而學者之討論教育哲學也多喜從哲學開始然後及於教育，但是教育哲學並不等於教育加上哲學，至少不剛好等於教育加上哲學。毫無疑問，在教育哲學的領域裏，教育與哲學的關係是非常密切的，這在我們對教育哲學了解得比較深刻的時候便會明白，而這也是這門學科之所以被如此命名的重要原因之一。然而這種密切的關係不應在邏輯和實質上使人誤以為教育加上哲學正好等於教育哲學。

　　為了說明這個道理，我們最好先把哲學這個概念做一番澄清，然後再把哲學與教育以及哲學與教育哲學的關係，加以探討。

　　哲學這個概念，自古以來便有許多哲學家予以定義；而稍微熟悉哲學史的人，也會發現，幾乎有多少位哲學家，便會有多少種不同的哲學定義。我們並不是說這些定義必然都是完全不同或互相矛盾的；有些定義其實是大同而小異的，有些則可以互為補充或相輔相成，但是不可否認的，有的確實是互不相容，或者南轅北轍。有的哲學家甚至可能認為哲學是不可定義的，如中國的老子和當代英國哲學家摩爾（George Edward Moore, 1873-1958）便都可能屬於此類。老子說道可道非常道，名可名非常名，引申的結果可能是哲學一辭既不宜名亦不宜道，也就難以定義了。而摩爾的看法是，凡屬無法再行解析的概念，即為原子概念，而非複合概念；此類概念本身已是終極的、最小的概念組成單位，無法

真正地加以定義，我們也不能藉由定義來真正了解它。一般所謂
的屬於此類概念的定義，事實是十分牽強而沒有意義的；它們都
是在概念的四周圍繞圈子而已，而沒有真正觸及概念的核心所在，
不能直指其本質之涵義。此類概念雖無法真正定義，也不能藉由
定義來了解，但並不表示這種概念為不可知，因人尚可藉著他種
方式或途徑來「理解」它，例如觀察、體驗或直觀等都是。但是
目前人類的語言文字對這一類概念似乎仍舊束手無策，好像一旦
形之於文字語言，便很容易偏離了概念的真實意義。哲學一詞也
似是如此：它的含義儘管那麼明確而清楚，但是它的內涵卻又是
那麼豐富、多樣而精微，豈是人類世俗的言語得以一語道盡？

　　定義的困難在於它必須兼具兩個條件：一是須有足夠的認識
力，得以認識被定義者之本質；二是必須具有足夠的描述能力，
能準確地描述被定義者。前者是在認識或認識方法論的範圍，後
者卻屬語言學的問題，這兩方面的問題，無論是在本質上的或運
用上的缺陷，都會影響定義的品質。理論上說，如果每個哲學家
對「哲學」的認知與理解都一樣的周全而深刻，而他們使用來描
述的語言及方式也都相同，那麼大家對「哲學」所下的定義應該
是一致的，或至少是大體接近的。然而事實上，每個哲學家的認
知與理解有偏全、深淺，以及採取之觀點等等之不同，甚至也有
誤解的情形，再加上使用的語言及使用語言之方式的差異，使得
哲學的面貌變得不全、扭曲而模糊，甚至產生了武斷和謬言。另
外，對哲學後設的一些討論，例如哲學的概念之內涵是否永遠不
變等，也使哲學之定義的問題變得更為複雜。

　　因此對於一個初學者而言，似乎不必急於找到一個結論性的
定義。當然這句話的意思絕對不是說初學者不必去尋找哲學的定

義，初學者應該時時去找出哲學的定義是什麼。但是他不應太過於性急，一下子就要找到一個完美無缺的答案。初學者在接觸、研究並體驗哲學相當時日之後，必然會對原來認為的那個定義做若干的反省和修正。隨著研究時日的增長，修改定義的做法可能也會有增無減。當然這種情形也不一定是絕對如此的。人的靈知有其精妙之處，固非專以時間為唯一衡量的標準。

　　由以上所述哲學定義的困難和複雜性觀之，則西洋哲學史上那麼紛歧、多樣而各家爭鳴式的哲學含義之界定，亦不足為奇了。將這些歷史前哲的定義略做一番審量，大約可分成數類。第一類是把哲學的概念用很簡約的辭語來描述；其好處是言簡意賅，但這同時也是其缺點：容易使人望文生義而產生誤解。如謂哲學是愛智之學，而智即德，基本上來說是不錯的；但是要使一個尚未完全了解哲學的人，能夠真正懂得這兩句話，還得費上許多唇舌，否則很可能誤認此智為彼智，謬以毫釐，遂差以千里了。這種定義的另一種被誤用的情形是，會被一些「有心人」所利用，曲解原義而來支持他們的一些本無相關的主張，例如老子的道德經便常有此遭遇，有時反使真義不顯了。

　　第二類是只觀察、了解哲學之部分本質和功能，而遂據以定義，以為天下真理盡已在此矣，而事實上他們只描述了真理的一面或一部分。例如主張「哲學只是語言和概念的分析、澄清與定義」，或者主張「哲學是諸科學之綜合」等。本來由於哲學家之氣質、人格、性向和成長環境的不同，對宇宙、人生的體驗和反省，自會各個採取不同的角度與立場，這是很自然而無可厚非的事。然而做為一個哲學家，一個真理的追求者，一個完全智慧的渴望者，雖然可以由自身的獨特體驗和癖好出發，但是他必須繼

續不斷地在追尋真理的道路上前進，要在認知和觀察上不停成長，要使得了解與描述更為深入而周全——深入到本質，周全到涵攝真理的各面。這類定義，無疑的是仍在發展中的、尚未完成或尚未成熟的定義。

在這裏，我們看出了哲學和其他知識系統最大的一個差別：哲學是絕對深刻而周全的一種認知活動。在深刻和周全這兩方面都做到徹底而獲得的知識，才是成熟的哲學。還沒有達到徹底以前的各種程度的知識，只能算是「擬哲學」或「準哲學」。哲學史上有不少人把擬哲學或準哲學視為哲學之完成，是很可惜的事——他們應該繼續努力才對。

因此，我們可以把哲學視為一種理想：對宇宙及人生的完全的了解；而把所有的哲學活動視為趨向此一理想的過程。如果問，人為什麼要有理想？答案是人本即為一追求真理的存有，一種追求完美的存有。而且我們也可以假設，人若能獲得此完全的了解，他便也能同時獲得至善的人格和生命，這時他便得「道」，而成「佛」成「聖」，得到了「完全的大覺悟」，獲得了「大自在」「大自由」。人天生有這種屬於整個種族的自我實現的衝欲和需求，而這樣對真理的追求，如此在生命發展的途程上不斷躍昇，不斷地提高自己，不斷覺醒，而非渾渾噩噩以度日，乃是完全合乎宇宙自然之法則。

所以，沒有錯，哲學乃是愛智之學，但此智指的正是上述那種完全之了解的智慧，此亦蘇格拉底所以說知即德的那個知。故此知或智（knowledge or wisdom）實異名而同義，而皆非平常泛泛之零碎片段的知識能比。此種完成的智慧所代表的是一個人對真理之完全的認知，並已經與之融為一體，成為他的生活、他的生

命。

　　由於哲學與其他的知識有這樣的不同，哲學的方法也就迥異於其他知識的方法。本章下文將先述哲學之起源，再論哲學與他種科學之關係，最後論及哲學之方法。

第二節　哲學的起源

　　有些哲學家認為哲學係起於驚奇（wonder），如柏拉圖、亞里斯多德、雅斯培等都是。雅斯培在其《智慧之路》一書中，曾引柏拉圖和亞里斯多德的話說明這一點（註 1），而王文俊氏在哲學概論一書中又引了雅斯培的話（註 2），另外 Stephan Korner 在其 *What Is Philosophy* 一書中也引述了亞里斯多德的話（註 3）。亞里斯多德的話是這樣子說的：

> *It is through wonder that men now begin and originally began to philosophize; wondering in the first place at obvious perplexities; and then by progression raising questions about the greater matters too, e. g. about the changes of the moon and of the sun, about the stars and about the origin of the universe.*（註 4）

這段話的意思是說，人類由於驚奇而開始有了哲學的思索。起先是驚奇於一些明顯可見的困惑；然後對一些較大的事物也起了疑惑之心，例如對於月亮和太陽的變化，對於星辰以及宇宙的起源等。

依照雅斯培的看法，驚奇之心在獲得初步的滿足之後，又會對已獲得的知識產生懷疑。他說，有方法的懷疑產生了對一切知識的批判檢討；而且我們若無徹底的懷疑，即難以產生真正的哲學思想（註5）。王文俊氏指出，儘管人累積了許多的知識和經驗，但還需要接受批評的考驗，以獲得一種確實性。法國哲學家笛卡兒（Renē Descartes, 1596-1650）雖然以懷疑一切作為其哲學的出發點，但是他不是為了懷疑而懷疑；他是要以懷疑來追求一種確信無誤的確實性，藉此來建立思想體系，而不是以懷疑為其目的（註6）。

然而人在思索外在的自然現象，想求得解答的同時，也會逐漸以人自身做為探究的對象，而產生一種返照內心的自憐自省的強烈動機。這或可稱之為人的自我覺醒，或如雅斯培所說的對人自己之處境的反省，所以他引述斯多亞學派的哲學家伊比提特士（Epictetus）的話說：「當我開始明白自己的弱點和無助時，哲學於是產生。（註7）」對人之存在的處境加以深切的反省並尋找出路，是二十世紀存在哲學家深感興趣的事，而這事實也是歷代哲學家真正關心的課題之一。像笛卡兒心學的建立便可以說是懷疑之後自省的結果。古代希臘哲學發展，一般認為先是對大自然現象產生了好奇與興趣，然後才轉變為對人事現象的反省。有了詭辯學家（sophists）的興起，然後又有了蘇格拉底、柏拉圖等人對人性和道德的主張、澄清，以及對詭辯學說的駁斥。不過這樣的哲學起源說，是否適於用來解釋中國和印度哲學的起源和發展，即值得進一步深究。

除了上述哲學起源的說法之外，我們應該一提美國現代教育哲學家杜威（John Dewey）對哲思產生的解說。杜威認為人的生

活或工作中如沒有遭遇任何以舊的方法難以順利解決的新問題時，大抵會趨向於保守或因循舊有的思想和行為模式；但是一旦遭遇難以用舊辦法順利解決的難題時，人便會開始檢討自身的處境，便會反省，會開始認真思考，以求得解決問題的方案，這時便興起了真正哲學思考的動機。我們可以說，杜威的哲學起源觀乃是一種「問題解決取向」的說法，一切的哲學思考活動本身帶有強烈的實用與功效的色彩。這是杜威實用主義哲學與別家哲學大異其趣之處。從這個觀點來看，如存在哲學是為了解決人之生存的處境所遭遇的難題與困境，似乎也是一種實用或問題解決取向的哲學了。

第三節　哲學與科學

　　首先要說明的是，哲學不是科學；儘管過去兩者有重合的時候，但時至今日，兩者已經涇渭分明。研究西洋哲學史，我們會發現蘇格拉底以前的希臘「哲學家」，其實是關心並亟於要了解、解釋自然的「半科學半哲學家」，準確地說，他們是所謂的自然哲學家。

　　即使到了亞里斯多德時代，他的哲學裏也赫然有著物理、動物、天文等科學。這時的科學還充滿著神秘的色彩。現代的心理學這門行為科學，在亞里斯多德的哲學王國，是一門神秘的靈魂或心靈學；一般認為一直到了公元一八七九年馮德（Wundt）在德國來比錫大學設立人類歷史上第一個心理實驗室以後，心理學才快速地科學化，才導致心理學與哲學的分家。不過有趣的是，到

了最近幾十年，人文心理學在美國的興起又開始引導了心理學與哲學的合流，雖然這並不表示心理學將來會回到哲學的陣營。

科學是描述性的，它仔細觀察各種現象，客觀而準確地描述之。但它不對事象做價值判斷；它創造了許多現代的物質文明，給我們許多新穎而有系統的知識，但它不能告訴我們人生存的意義，人要如何應用這些文明和知識，才不會自尋煩惱和自我毀滅，才能得到真正內心的平靜與幸福。科學幫我們開發了核能，但不能決定該不該把這種能源只限制在和平的用途上。像人生這些比較終極性的判斷和選擇，必須運用我們整體性的經驗，運用由知識產生的智慧，才有可能（註 8）。

科學的假設只是一個起點，它的最後目標是產生可以證明的客觀明確的知識；哲學卻以科學的發現做為起點，繼續對手頭上沒有確切資料的終極問題，提出更廣大的假設；它以不能用科學方法證明的假設，來補充各種科學知識的縫隙（註 9）。

也有人把哲學當做一種科學，不過當他們這樣形容哲學的時候，實際上是視它為異於一般所謂的科學，而與一般所謂的科學在本質上有著根本的差異。在這種情形之下，我們最好不要把哲學稱之為科學，因為至少可以免除因為語言及名詞之使用不當所造成的語言和涵義的混淆，而造成不必要的理解上的阻礙和困惑。例如有人把哲學視為「普遍的科學」（universal science），意思是說哲學與知識、價值、人類及語言等全部都有關係：

> 我們若環顧周圍的世界，便會發現到這世界實在充滿了許許多多未曾解決的重要問題，在這些問題之中，有的同時隸屬於上述的四個領域，但各特殊科學都不處

理它，而且也沒有辦法處理它。茲以「定律」的問題為
例，顯然它不是一個數學問題，因為數學家並不必問這
一個問題，就可以列出和研究出一大堆數學定律；它也
不是語言學的問題，因為它本身不是一種語言，而是存
在於世界之內或至少存在於思想中的東西。另一方面說
來，一條數學定律本身，也不是具有價值的東西，它主
要乃為「是什麼」之物，而非「應該怎樣」之物。……
因此，如果有人想把哲學局限在某一特殊科學之內，或
局限在上述四個領域中的任一領域之內，那麼這個定律
的問題便無法被處理了（註10）。……

波亨斯基在這段話裏的意思是，哲學不等於特定的某一門科
學，也不局限於某一特定的領域。它和科學最主要的不同，在於
研究的方法與觀點；它不把自己局限在某一種特定的方法。而且
其他的科學用以成立的基礎或視為成立的條件而不予探討之處，
正是哲學家開始下手發問之處。

　　別的科學都在追求知識──他問什麼是知識；別的
科學都在建立定律──他問什麼是定律；一般人和政治
家都會談到意義與目的，哲學家則問「意義」與「目的」
實際上應該是什麼意思。所以哲學是一種「根本的科學」
（*a radical science*），意思就是說，它比別的科學更接近
於事物的根本，並在其他科學都已覺得滿足了的基點，
它還要再提出問題，繼續探討下去（註11）。

　　這一段話很清楚地道出了哲學和科學的本質上的差別，不過作者一直還是把哲學視為一種科學，一種「很特殊的不隸屬於任何一門科學的科學」。

　　以下試歸納哲學與科學的不同點和彼此的關係：

(1)哲學不是科學；為了避免混淆，不宜以科學之名來界定哲學之特質。

(2)哲學是整體之學，科學是局部之學，對事象的探索研究之觀點與重點均有所不同。哲學往往要在諸科學所分別建立的知識系統中尋求有機的關聯，俾能對更廣泛的人本身及環境的真實相做通識的本質性的認知。

(3)哲學是要整合科學知識的，但哲學並不等於科學的總和，這其中的差別是哲學具有強烈的價值批判的意義，而且後者還要站在比較抽象概念的、通全觀點的，以及更為根本的立場來綜合與批判。

(4)哲學還要為一些基本的、後設的，或者容易混淆的語言概念做一些釐清的工作，這也是科學所無能為力的事。

第四節　哲學的功用

　　哲學在過去曾被稱為愛智之學，上已述及。此智包羅萬象，幾欲蒐羅宇宙間一切的知識，且予以價值之批判。亞里斯多德哲學的龐大體系，涵蓋自然哲學、前自然科學、前人文學、前社會科學和形上研究等，可為證明。在這個時期，哲學的功能被視為等同一切知識之功能，它既能描述、解說宇宙和人事之現象，也

用來解決人生一切困惑與難題，且進一步批判人事現象，以指出人類行為之應然。

然而隨著哲學之定義與內涵的更迭，其被假設應該具有的功用也在變化，我們可以發現一個有趣的現象：哲學的功用觀，其實是隨哲學定義的不同而有所不同。時至今日，一些往昔被視為哲學功能的，已經不再，而已落入各個科學的領域。儘管如此，有些功用依舊被保留，有的還被擴大了，這些才是我們今天討論的重點。

如果我們認為哲學已經式微，式微到幾乎毫無功用或只有很少、很不重要的功用的地步，那麼我們也就否定了哲學內在的價值，但是，這是否為事實的真象呢？

我們先從人的心理的現象來觀察，以便獲得一些線索。首先我們要考察的是人的心靈本質，有著哲學探究的需求嗎？如果哲學是探究宇宙及人事現象的根本的學問與活動，並在批判、推論、分析與統整的內心省察的過程中，來建立一種比較完整的人本身以及世界的圖象，那麼，我們要問的是：人有這樣的心理需求嗎？如果有，那麼哲學在發揮它別的功用之前，事實上已經具有了這一項十分重要的功用：滿足人的心理需求。只此一項，就能使得人不斷地要去做哲學的探究，哲學便已經有了這種心理學上所謂人之自我實現的、自求滿足的、自為目的而非為他種目的而存在的價值。

現在的問題是科學家是否已經證實了人類普遍地具有這個心理特性。迄目前為止，似乎還找不到這種確切的證據和統計數字，因為能夠如此普遍測量人類心靈活動的科學方法和工具似尚未發展成功，所有對人之心靈現象的描述依然限於假設性或局部性的

階段，以此成果來做任何的論斷，很可能淪於以偏概全或過早的武斷。不過，我們實可以先自我省察：我有否如此的一種強烈而恆久的動機？你也可以如此省察自己，看是否有這樣的動機。如果你有，而我也有，至少哲學這種心靈活動，對你我而言，實有其豐富的價值存在。

　　至於分析哲學家則認為，哲學可以澄清學術以及日常使用之語言，俾避免語言和概念混淆所帶來的思想和觀念上的「假問題」（pseudo-problems）。這種藉助邏輯方法所進行的語言概念的分析功用，是哲學所獨有的，也即是說，是哲學以外的學科所無能為力的；極端的分析哲學家甚至以此為哲學之唯一或唯一重要的功用。

　　不過，客觀而論，哲學仍應有其他同等重要的功用，例如，對科學家的知識在人類應用上的價值判斷，提出應然的觀點。有人將此功用稱之為「規範的」功用，亦即希望建立標準，以評估價值、判斷行為和鑑定藝術。它能協助我們檢驗所謂的善和惡、對和錯、美和醜，它發現並推薦一些原理，以協助我們決定什麼行為和性質是有價值的，以及它們為什麼是最有價值的（註12）。如果這個看法是正確的，那麼適宜的哲學素養與訓練，將能有助於個人言行的選擇、判斷和調整，有利於建立客觀公正的對事物和人的態度。

　　哲學之對事理的追根究底的精神，亦有助於我們深切反省以透視事物之本質態度的建立。其好處是可以避免浮面或片面的了解。浮面或片面的了解往往代表錯誤的了解。哲學尚能培養敏銳的觀察力、分析力和推論能力，透視表面以達本質層次之能力，或如胡塞爾（Edmund Husserl, 1859-1938）所說本質直觀的能力等

都是。

附註

1. 雅斯培著，《智慧之路》，周行之譯（臺北：志文，民58），頁 12-13。

2. 王文俊，《哲學概論》（臺北：正中，民56），頁3。

3. Stephan Korner, *What Is Philosophy* (Taipei:Rainbow Bridge, 1971 reprint [1969]), P.4.

4. Aristotle, *Metaphysics,* 982 b 10. Most editions of Aristotle's works refer in the margin to the pagination of Berkker's edition (Berlin, 1831).

5. 雅斯培，《智慧之路》，同上，頁 12-14。

6. 王文俊，《哲學概論》，同上，頁3。

7. 雅斯培，《智慧之路》，同上，頁14。

8. Will Durant 著，《哲學的趣味》，胡白華譯（臺北：協志工業叢書，民53），頁9。

9. 同上，頁 10。

10. Bochenski 著，《哲學講話》，王弘五譯（臺北：鵝湖，民75〔66〕），頁 22-23。

11. 同上，頁 23-24。

12. George Kneller著，《教育哲學》，陳迺臣譯（高雄：復文，民70），頁2。

第二章

教育哲學是什麼？

第一節　教育哲學的結構關聯

　　教育哲學是應用哲學的方法，(1)對教育的語言和基本概念加以澄清；(2)對教育的現象、問題作通全而深入的探索、反省及描述；並(3)形成教育的一般性理論，如教育的基本原理、教育的本質論、教育的規範和理想等。這種教育之哲學的澄清、探索與反省，可以避免因教育語言的誤用所產生之教育概念的混淆，可以引導人們對教育現象做真正本質的了解，獲得對教育的真知睿見；而這種理解和真知，又為進一步比較、整合事實與觀念、價值判斷、改進現狀、解決問題，以及建構教育理想和規範的基礎。這種對教育之通全而深入的洞識力（insight），還會激發對教育之未來發展走向的「預見」（foresight）能力。

　　教育哲學所以要應用哲學的方法，主要是因為只有哲學方法，才能達到上述三項作用。然則，什麼是哲學的方法？簡單分類，有(1)邏輯的分析；(2)邏輯的推論；(3)直觀的方法。邏輯分析主要是為了澄清語言和概念。邏輯推論是藉著邏輯規則做演繹或歸納的推理，以進行思辨及理論之形成。直觀的方法如現象學，或如禪觀，主要在發揮及運用人類天賦之特殊的、非理性的（即非邏輯的）認知能力，以把握現象本質做通全之了解和描述。詳細的內容於第三章述之。

　　教育概念之所以需要澄清，一方面固由於教育語言使用上所衍生的各種困難問題，另一方面亦由於教育存有本身即為一繁複的複合體之緣故。分析是有效達到澄清的方法。澄清的結果，可

以使教育存有的面貌完整而清楚地呈現出來。這樣做可以幫助我們的描述。而描述的目的，則是為了使我們自己和別人更了解教育。

　　分析雖是達到澄清與了解的有效方法，但不是唯一的方法。分析在澄清的過程中，角色至為突顯，但分析本身或需要邏輯的運作以為進行，或運用直觀的觀照，以統整到教育問題的整體關聯。這是哲學分析之異於科學分析者。

　　然則，教育哲學尚有一重要之作用，即在於建構一超乎現實教育的理想境界及規範，以為現實存有之提升、修改與進化的動向。此則有賴於批判和綜合方法之應用。與上述分析法一樣，批判與綜合固依賴邏輯，但亦不可獨缺直觀之觀照。所謂觀照者，即是營造讓各種分析、邏輯、批判、綜合等方法得以自然而有效運作之背景條件。而直觀的觀照本身亦是一種方法。故直觀者，兼有雙重功能：是一種哲學之認知的方法，也是促發、提供他方法之輔助的、不可缺乏的意識及心理狀態。

　　描述教育之現實是為了了解，上已說過。然而了解何為？蓋有了解始有作為。知與行不能分開談論，否則行非真行，知亦非真知。了解者，無非使已行者，知其之所行，未行者能夠因知而行。哲學之知，是一種深入、通全而觀照的知，是人生一切善美之理性與情感活動之所恃，是解決問題之基礎，也是提升生命意義的基本。這樣的知，能使教育工作者的眼光不僅僅集注於局部或片面的考慮，患了見樹不見林的一偏之蔽。它能使教育者看見某一事項或某一決定所可能產生的關聯及其連鎖反應，所以在做考慮的時候，能夠注意到某一事物的每一相關聯的後果。它也能使教育者真正發現、了解某一事物的實相，例如某事看似禍而實

為福，或看似善而實為惡，或看似常而實為暫。只有智者能見其
實情，不為虛相所矇騙。在宇宙中，無一事或物係單獨存在者，
每一單體在整體結構中的相關位置也是哲學理解的重點之一。另
外，教育者也要從培養真知的過程中，訓練「不師己心」的態度，
俾養成客觀性、準確性和公正性，如此一來，他才能真正發展對
教育問題之「比較」和「評價」的能力。

　　然而只有這樣還是不夠的。教育在本質上仍應為一民族或一
人群的理想甚至夢想所寄。它既代表現在的存有，也應象徵人類
對未來之可能性的希望和設想。在這理想的設計當中，包含了教
育的「應然」在內，與上所述之描述性的「實然」相對應，並互
為補充。故對應然之教育的規畫設想，是合乎人類的需求的。亦
有進者，人之所以設下理想，無非是對現實之不能滿意的心理投
射。有了此理想的設想，便為教育的未來，預為埋下了改善和進
步的種子。教育哲學為哲學的應用，也是哲學的近親，而哲學本
就具有批判與綜合的特性。對於教育問題而言，沒有比教育哲學
更適合來做教育理想與規範的建構工作。這項建構的工作，除了
代表人類的理想以外，也能對教育的現實產生一種評鑑的作用，
讓我們知道現實之得失。所以懷德海說，哲學不僅僅是高尚情操
的集合，而且是連續的直觀，通全而具體，批判而又能賞識。哲
學不是——至少不應該是——學者之間激情的論辯，而是對於未
來之可能性的通盤考慮（註1）。

　　綜合上面所述，可歸納教育哲學之功用有二：

　　⑴分析、澄清及描述教育現實，使其本質如實呈現，於此學
　　　者所了解之教育，非支離破碎的資料，而乃為一有機之整
　　　體，一方面固然了解教育此一複合體的構成基本成分，另

一方面亦了解這些成分之間的關係。更重要者,能夠了解
此有機體運作的基本原理。

(2)應用批判與綜合之法,以建構教育的應然,俾成立規準以
評鑑教育之現實的得失,並於教育理想的設定中,提出對
現實教育改進之道,指出教育未來發展的方向。對教育者
而言,這有關於個人之教育信念與理想的建立,對整體社
會文化發展來說,這代表著教育是實現文化理想的最根本
的途徑。

至於教育哲學之歷程,亦可分解成簡圖如下:

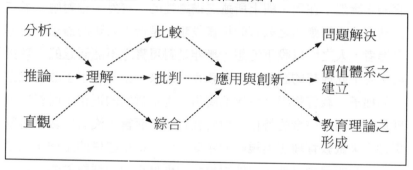

第二節　教育中的價值和信念

教育哲學的活動,基本上係進行於學者本身的意識之中,它
是內省性很高的一種精神過程。教育哲學本身是一種方法,故教
育哲學亦可視為一種方法學或方法論(methodology)。然而,我
們亦可視其為一種態度,一種心理活動的習慣和趨向。由於這個
緣故,教育哲學既能改變一個人的信念,而它本身也往往是源自

於或至少是與一個人的人生信念有密切的關係。換句話說，人生
哲學影響了教育哲學的活動內涵與方向。但是我們也知道，一個
人的人生哲學不是孤立存在的。它的形成，源於許多資料，亦受
到個人之宇宙觀、世界觀和其他形上思考的影響。這些形上思想
在一個人的意識中，不一定是很明確、很完整的，也不一定是可
欲的，但是，它們在意識或潛意識中會左右一個人的看法、判斷
和決定。例如一個人認為理想中的世界應該如何如何，像這樣的
世界觀，不管其是否完整可欲，能說無影響於他的人生觀嗎？又
如他認為宇宙的法則或天道如何如何，像這樣的宇宙觀不會左右
他行為的判斷嗎？答案應是肯定的。

　　而所謂人生哲學為何？其涵蓋哪些內容？這些亦是我們應該
了解的問題。一個人對人生之有系統有組織的看法，是他的人生
哲學。如果系統不是很完整，而組織亦不是很有條理，或形成的
觀點不是很能自圓其說、無懈可擊（事實上這正是大多數人的情
形），那麼還不能算是很圓滿的人生哲學。但是我們不能不承認，
即使如此不甚成熟的人生之思索，仍然可能涵蓋某些人生的真理
在裏面。而令我們關切的是，這些不是很成熟的看法，依然有形
無形影響著他的言行和判斷。

　　這些對人生的看法，真正影響一個人而令我們不得不予以正
視的，乃是其中所包含的價值的成分。所謂有價值，是被人認定
值得擁有或值得追求者。人生充滿各種各樣的價值判斷和選擇，
哲學家大抵將之分類成四：真理的價值、道德的價值、美學的價
值和宗教的價值。真理的價值關係到知識的真假，道德價值關係
到行為的善惡，美學價值關係到美醜的判斷，而宗教的價值則關
係到人生終極理想的歸趨。我們如果進一步深入的研究，將能了

解這些價值構成了人生現世的以及超乎現世的實存意義。如果把教育視為實現人生重要而不可缺少的途徑，那麼價值與教育就有著密不可分的關係。教育活動很重要的一個部分，乃是價值觀念與價值體系的形成發展。學生要學習什麼知識對自己、對社會最為有益、有用或有意義。學生也要有明確的觀念，知道什麼行為是值得或應該去做的，知道在什麼情境之下採取什麼樣的行動是最為恰適的。學生還得學會欣賞自然與人生之美，進一步協助建構這樣一個美的世界。最後，學生須知道整個生存的終極意義到底是什麼，這整個生活到底有什麼是真正值得去追求的；他得學習在最困難、失望和灰心的時候，有什麼的價值是不變的；他得慢慢練習如何超越現實人生的價值考慮，來看待一切的榮枯、得失、生死及其他的變化。總而言之，一個人如認為理想的人生應該如何如何，而且對之有足夠堅強的信念，那麼他會在教育上力圖促進如此這般的理想人生，他會在教育活動當中有意或無意地把這種信念予以相當程度的實現。換句話說，個人的人生價值，會表現在教育活動中，影響教育的實施；而在另一方面，人生的理想也有賴教育來加以實現。

　　在教育實施過程中，有許多問題很難或幾乎無法用一般科學的方法來理解並解決。這些問題往往是屬於根本性的問題。這些問題也許對教育的實施過程或結果，一時看不出來什麼立即而直接的影響，但是我們不能因此而否定或忽視其重要性或潛在的影響。

　　一個學校的經營者，常要做一些重大而根本的決定。例如，他要考慮把學校經營成什麼樣子。另外，他也常會遇到一些兩難的決定。例如，在同一所學校中，有些教師認為應該給學生多一

些自由，給他們多一些自己管理自己的機會，而另一群教師卻有著相反的堅持。這時校長可能需要有自己的一套教育信念，好做出最恰適的決定。又如，從科學的研究成果可以得知，十一、二歲的兒童或十六、七歲的少年，一般的身心發展具有什麼樣的特色；而從教育及相關的研究報告也可以得知，什麼樣的教育環境和作為可能塑造出什麼樣的人格特質。像這類知識，是一個夠資格的校長應該擁有的，而也是一個負責任的校長應該加以考慮的。然而，除非他能夠肯定造就什麼樣的「人」或人格特質是可欲的、有價值的，否則他不會去選擇、布置或採取那些足以造就這種人或這種人格特質的教育環境及方法。換句話說，在決定要不要應用或如何應用科學知識之前，他必須先有一些看法、觀點或價值在心裏，以做為決定的根據。

　　科學的研究成果其實是中性的東西。一個人可以選擇去採取之（因為他重視科學的研究成果，或因為這項採取可以幫助他達到某一個特定的目的），也可以選擇不去採取之（因為某種原因他不重視或無法重視科學的成果），甚至也可以採取第三種的立場（例如有限度、有條件地選取之）。像這樣的選擇，不是由知識本身來決定，而主要是由個人對知識的價值觀或對知識的信念。由此我們可以看出，中性的知識加上某種價值判斷和選擇，才能形成對他個人而言有意義而非盲目的行動。這種價值與信念的形成過程，有賴於哲學的考慮。

　　哲學的思考與決定，不是和科學的知識沒有相關，但它往往要超越科學知識的領域來做考慮。比方說，校長在考慮某項學校行政措施的時候，可能受到了利益人士或團體壓力的左右；但他也可能想到某些重要的教育理念，例如這個社會需要的是什麼樣

的國民，以及健全的國民必須具備的條件等等。如果他的信念和壓力來源的要求一致，那麼他會有一個愉快而順利的決定。如果兩者不幸是衝突的，那麼他會有一番內心的掙扎。或者最後說服了那些人的主張，或者放棄自己的理想，或者採取折衷的做法，兩方面都做了一些讓步。像這樣的思考歷程，通常是複雜的。在各種現實與理想因素的衡量之下，他最好能夠做出最「適當」的決定。這時他需要有哲思的「智慧」。這種智慧在一個人的工作和生活中，經常扮演重要而具有決定性的作用。每個人持續不斷地依賴這種智慧以成長，因為沒有一種單一的決定永遠是最恰當的。

　　再以中小學教師為例。他每天面對許多學生，面對許許多多大小事務，也要做出各種各樣或大或小的決定。例如在師生關係和級務處理上，他要隨時做適當的調整，使學習活動能有效地持續；而在教學活動時，他也要適宜選取、運用教材，並適時變化教學的方式及方法。科學研究的知識告訴他，什麼樣的作法可能產生什麼樣的反應和結果，但是他該不該選取這種作法，則還需要有別的根據才行。這類涵攝有價值選擇的行動，需要的是一種有別於一般知識的能力，可以稱之為「實踐的智慧」（practical wisdom）。這種智慧是適當哲思的成果。比方說，從教育研究的知識和前人的經驗，這位教師知道在適當的時機就開始逐漸提供兒童自主學習的機會，將有助於兒童自律行為的成長。他也了解，如果因為不放心學生，而不肯提供這樣的學習機會，兒童日後很可能一直都停留在他律人格的階段。但是這位教師有這樣的了解，並不表示他必然會對此種認識予以「價值化」（valuing），他可能認為一個理想的社會，是由一群服從性很高的人民所組成的，

如古代君主時代的想法，或如希特勒與墨索里尼的教育哲學所顯示的（註 2），而且他把這樣的看法貫徹到實際教學裏面。結果這樣的信念，將使這位教師以培養學生的他律性格為己任，並且樂此不疲。相反的，這位教師如果認為理想的社會是民主的社會，而民主社會的成員應該善於約束自己，那麼他便會在教學的過程中，以及和學生相處的機會裏，重視那引導學生自律能力和習慣之發展的種種有利做法。

在以上的敘述中，我們發現個人行為之形成的複雜因素。個人行為固然受到知識的影響，但他的看法、價值觀（或價值體系）、信念和信仰等，卻在更根本處引導他行為方向的選擇。價值和信念的形成，除了知識，也受到個人習氣、情感和意志等因素的左右。良好的選擇和決定，我們通常稱為是出之於理性和智慧，而不良的決定則出之於偏頗的思考和自私的考慮。哲學的訓練如果實施得宜，通常能夠使一個人的理性及智慧之作用增強，而相對地減少偏差的決定。所有的教育工作者，包含教師、校長、教育行政人員，以及其他相關者如家長等，個人的行為及決定，所影響者不止於自身，而且及於許多未成熟的兒童、青少年和青年。教育工作者的價值觀和信念，必須在很審慎的情況下形成及運作，以免對受教育者產生不良的影響。為了這個原因，個人的情意作用要在長時間的自我訓練和善御下，成為理性與智慧的動力，而不要成為自私偏頗決定的不良因子。

歐康納（D. J. O'Connor）曾指出，所謂教育應該與下列三事有關：

(1)一組技術，用以輸入知識、技能和態度。

(2)一組理論，用以說明或辯護這些技術之使用。

(3)一組價值或理想，具體呈現於目標中。知識、技能和態度
　　的輸入，是為了達成這些目標，而這些價值或理想也指引
　　了訓練的分量和型式（註3）。

　　歐康納認為，在上述三者當中，第三者最是與哲學有直接的
關係，而第一和第二項通常可以用實證的方法，特別是心理學來
獲得解決。例如什麼樣的教學技術對於數學或地理教學最為有效，
是個「事實的問題」（a question of fact），依著觀察、實驗和統
計等的方法就能夠解決。教育心理學的一些理論，例如學習、動
機、智力的性質和分布情形，兒童的發展等，都是教育之技術和
行政方法的理論基礎。這些理論都是科學的一部分。哲學無關於
這些事實的證明，但是科學理論與支持理論的事實之間的關係，
以及理論之解釋的高層結構——譬如理論的本質，以及其解釋性
的功能等，卻是哲學的問題。從上述第三類的內容看來，哲學至
少可以幫助我們了解問題是什麼，並為我們解釋問題的特性（註
4）。

　　由上所述，我們看出因人生的理念而引導教育理念，進而引
導教育實施的關係。而人生理念的形成，亦受到形上思想的指引。
用簡圖表示，即：

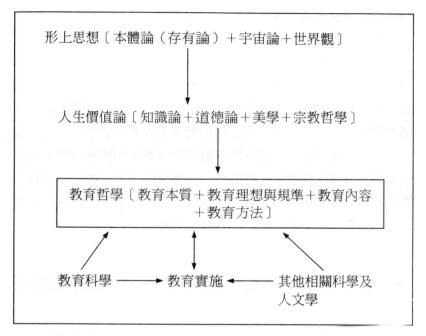

上面的圖簡略地勾勒了教育哲學在學術關聯圖中的相關位置。教育哲學的上位知識體系是形而上學與人生價值論，而其下位體系則是教育實際活動的各種知識。對於上位知識來說，教育哲學接受了指引和啟發；對於下位教育活動而言，教育哲學則發揮了指引、規範、釐清（澄清）、評價的作用。教育實施當然也和教育科學及別的相關學科，存在著緊密的關聯。教育哲學則和教育科學同時存在著平行的以及上下位的關係，即是說，當教育哲學關涉並吸納教育科學的研究成果之時，是平行的關係，然當教育哲學對科學成果做批判之時，前者又成為上位。這樣的分類，不在於判定誰優誰劣或誰高誰低，而只是說明各個學問有其適於扮演的角色，而且其實都是同等重要。但是每一種知識體應該扮演何

種角色或應發揮何種作用，卻是吾人不可不知者。

　　因此，教育哲學的研究，首先應該探討形而上學、人生各種價值理論之與教育的關係。其次，也要探討教育與教育科學的關係。再次，還要探討教育哲學與教育科學的關係。這是在教育哲學的外圍來探索教育哲學的相關地位。這是屬於第一部分的研究，著重於其外在結構。第二部分的研究則是在教育哲學的內部，或說教育的內部來進行，著重於其實質的探索，因而便包括了教育的本質、教育的目的、教育的內容和教育的方法，亦即所謂教育之歷程的哲學之研究。而這一切的研究，又須有適當的方法和態度。因此講求教育哲學的方法有其必要性。

第三節　教育問題之深層、系統而整體的思考

　　教育工作者除非把教育工作當成例行公事，不知不覺，不思不省，否則他不可能不做哲學的思考。而一個教育工作者若把教育當成例行公事，不覺不省，實乃一大缺憾。美國現代教育哲學家杜威（John Dewey）在中國演講之時曾說，教師若缺乏反省與思考，便只會人云亦云，或因循舊習，而教育的活動便只是一個重複再重複的過程。這種情形之所以產生，是緣於大家對教育之根本理論的忽視（註5）。當代英國重要教育哲學家皮德思（Richard S. Peters）也說，像科學的活動、畫畫、做禮拜或教育兒童等等，都是屬於「第一層次」（first-order）的活動。但是我們如果對這些活動提出質疑，問問題，加以思考等，則屬於「第二層次」（second-order）的活動。由於這第二層次的活動，我們乃有

了「科學哲學」、「藝術哲學」、「宗教哲學」和「教育哲學」等等（註6）。

　　杜威以為，在教育的領域和在其他的領域一樣，哲學和科學是互補的。哲學通常被定義為一種兼攝教材及方法的全體性（totality）、一般性（generality）和終極性（ultimateness）。以教材而論，哲學乃是一種理解、涵括的企圖，意思是說，把世界和生活中各種各樣的細節聚集在一起，成為簡單而涵蓋性的整體，或者成為單一體，或者如二元論者所說，把多數簡約成少數幾個終極的原則。哲學是一種努力，想盡可能獲致對經驗的統一、一致而完全的觀點。當人們認真看待哲學之時，便會假設哲學是一種影響生活行動的智慧。這種哲學與生活觀的直接而密切的關聯，明顯地區分了科學與哲學。我們如果想在生活和教育兩方面，都能成功地面對問題的話，那麼科學和哲學都是不可或缺的。而且，彼此也是無法互相取代的。再說，如果使用適當的話，兩者也不致衝突。杜威指出，教育永遠不可能只是科學而已。在教育的領域裏，科學本身會擴充得越來越大，也會提供更多的服務，但是只要這個世界存在，便總會有一些問題不是「準確的」科學歷程所能單獨解決的。準此以觀，在生活和教育中，哲思是永遠不可缺少的（註7）。

　　闡釋並批判杜威之民主教育理念甚力的紐約大學教授霍恩（Herman H. Horne），在其《民主的教育哲學》（*The Democratic Philosophy of Education*）一書中，曾經說明了教育哲學的定義。他指出，教育的實際和哲學的理論，都有個同樣的目標：形成正確的精神及道德習慣，以應對自然的以及現時人類的社會問題。

　　杜威曾說過哲學是教育的一般性理論（general theory），而教

育哲學則是把那些有關於如何造就對社會有用的精神及道德習慣諸問題，做有系統的思索和表達（註 8）。對杜威而言，哲學、教育和社會的問題三者之間，是無法個別分開來談論的。教育本身，便具有強烈的社會性，而所謂教育中的道德成分，無非是如何使個人的發展與社會整體的福祉結合在一起。教育哲學是要在教育的價值及活動中，當面臨各種大小挑戰之時，認真地去思索、反省，以尋找解決或突破的良方。教育哲學無疑是深刻而有系統的思考活動，但不是象牙塔裏的靜思默想，而是為了因應問題解決之需要的精神歷程。

　　穆爾（T. W. Moore）曾把教育哲學與教育實施的關係，比喻為房舍的建築：較高的樓層必須建造在底層之上。穆爾將教育之研究分成三個層次。第一層是最基礎的部分，也即是在校園內所進行的各種教育的活動，例如教、學、訓育、表演或其他在學校裏可見的活動。我們一般人或多或少受過學校教育，因而有了學校生活的經驗；有些人且是在學校裏工作，對校內的各種活動有更多觀察的機會。像這些共同的經驗，便可以做為有意義地討論、評論、溝通和解釋教育活動的基礎。但是為了解釋和評論這些教育活動，我們必須上升到第二個層次，也即是理論化的層次。在這個層次裏，我們把相關聯的、有影響於教育活動的原則、觀點和建議等，結合成一個理論體。這個層次的價值仍在於其實用性，但所謂的實用性，並不是著眼於局部教育情境和問題的解決，而是要對教育整個歷程的目標提出通全而概觀性的建議。至於穆爾所說的第三層次的工作，則是要澄清教育語言及概念，檢視其論點，並對其論述加以評價（註9）。當代英美的分析教育哲學家，多視此第三層的工作為教育哲學家主要的，甚至是唯一的任務。

不過這樣的看法在最近也有了一些重大的改變。英國的教育哲學家皮德思便是一個例子。皮德思幾年前的一篇文章，曾對英國近二十年來教育哲學的發展，做了一番批判性的回顧。他在文中同意了劍橋大學教育哲學教授赫思特（Paul H. Hirst）的看法，認為教育理論也者，不應只視為科學的理論，而應該用它來補教育實際之不足。心理學家、哲學家和社會學家等等都應該結合起來，研究對教育問題之解決的良方。他特別強調，未來教育哲學的發展，應該多包含有關人性的理論，應該要容納和統整更多學科的發現，應該不要受限於過於狹隘之語言及概念分析的模式，而是要更關心教育之實際問題的探索與解決（註10）。

第四節　教育哲學功用的兩極化及其統整

我們在此暫且回顧一下近幾十年來英美教育哲學之重點的變化、消長。梭爾提士（Jonas Soltis）曾指出，今天英美的教育哲學已經變得越來越狹窄，越缺乏系統化，而且也越「問題導向」。這裏所謂的問題導向，他說，很不幸的，不是與實際教育問題有關聯的問題導向，而是與哲學有關聯的問題導向（註11）。另一位當代美國教育哲學家布勞第（Harry Broudy）也指出，教育哲學如果只是討論哲學中的各個次領域（subareas）如認識論、形而上學和價值論等，那麼將會離教育的實際越來越遠，因此主張教育哲學有責任談論一般性的和個別性的教育問題。布勞第進一步說，教育哲學有義務變成教育工作者希望它變成的那個樣子，因此它應該關心像學校教育這樣的問題，並且對這些問題提出哲學家的

睿見（註12）。別的教育學者也有類似的意見，如葛瑞罕（Patricia
Albjerg Graham）女士便認為教育是一種應用性的活動，需要哲學
家提供各種省思的引導。她敦促所有的教育哲學家「幫助我們澄
清在教育中要做的事，決定我們最需要做的事，幫助我們完成教
育目標（註13）。」

以上這些人的論述，顯示了他們對教育哲學家因為過分耽溺
於哲學的玄想以致忽略了教育現實問題的不滿。然而，上述的看
法在教育哲學界，並不是唯一的聲音。

西格爾（Harver Siegel）曾說，教育哲學的主要任務，在於了
解教育的哲學層面，而不在於提供對教育的立即用處。教育哲學
應該與實際的教育活動保持適當的距離，教育實際問題的改進不
是教育哲學的直接目標。西格爾進一步指出，我們應該努力恢復
從柏拉圖到杜威所辛苦建立起來的教育哲學的光榮地位（註14）。
西格爾的弦外之音似乎是，教育哲學如果太親近教育的實際或太
注意教育的實際問題，便會失去光榮與尊嚴。他似乎也意味著從
柏拉圖到杜威都只是不太注意教育實際問題的「理論家」而已。

現在我們可以看出，至少有兩類對教育哲學的不同期許。一
類認為，教育哲學雖然採取的是哲學的途徑和方法，卻應該汲汲
於教育實際問題的研究和解決。他們認為，哲學之所以被尊重和
珍視，是因為它在教育領域中的應用和效用。由於教育哲學是奠
基在哲學之上，所以在其中教育問題的討論，可以避免落入偏狹
性和過分的現實性。換言之，教育問題的關心和解決，是教育哲
學的主要功用，它當然是要維持其在「教育」這個大家族中之一
分子的身分和立場；而在另一方面，哲學的素質也應當（而且可
以）適當的保持。

　　與此相反的第二類的主張，則認為教育哲學應該是哲學這個大家庭中的一分子。這至少有一個好處：

　　　　任何哲學之次領域的工作，有潛在的對教育問題提供卓見和啓示的能力。教育是文化傳承活動的優勢現象，它既是發生在個人以及社會情境中的歷程，也是傳送一切形式之人類知識、信念與價值的工具。哲學能處理這些事情：人類存在之個人和社會層面的事情，人類知識的各類不同的形式，以及人類信念與價值的基礎。哲學有潛在的能力，來激發教育工作者的思考，提供訊息給他們，讓他們能思考教育的材料、題目、個人及社會在教育上的目的、歷程、結果和價值（註15）。

　　教育哲學應扮演什麼角色呢？目前的情況似乎是處於兩難之境。教育哲學如果走向兩極化，可能會產生很大的危險。皮德思說：

　　　　在教育哲學中有一種危險，像在別的領域一樣，即是兩極化的傾向。可能變得與實際很有關聯，但哲學性卻很弱；也可能在哲學上變得繁複異常，卻遠離了實際的問題（註16）。

　　梭爾提士說哲學有其潛在能力，能對教育問題提供卓見和啟示。所言固然甚是，但是所謂潛在，並不表示已成或一定會成事實。在這兩個命題之間，確實存在著一個有時是很難跨越的鴻溝。

再者，許多教育工作者和哲學家，並不滿意教育哲學只扮演著激發教育工作者思考的角色，他們希望教育哲學也能夠提供一些直接而具體的見解，以引導及批判教育的實施。梭爾提士對此也若有所覺。他說：

> 理想的教育哲學是一種敏感而明智的平衡，是介於下列二者之間的平衡：一邊是對教育之特有事項，如教學、課程或目標的省思，而另一邊則是比較一般性的，卻仍然與教育有關的對教育之倫理學、知識論、美學等層面的哲學問題的關心（註17）。

這樣的理想誠然很好。但正如菲里普士（D. C. Phillips）所言，從表面看來，我們似乎可以從許多方面來調和「兩極」，例如一個精力過人者，一方面既可獻身於哲學的探討，另一方面又可實際影響著教育政策的決定和實際工作的進行。但徵之於實例，這不是個很容易實現的理想（註18）。歷史上的這類人物，多數屬於聖哲。他們真正懂得哲學，也懂得教育，以及兩者之間的關係和互動，如孔、孟、荀和蘇格拉底。他們的言行、思想和事功，都深深地影響了教育的思考和實施。

附註

1. Alfred North Whitehead, "Foresight," in Houston Peterson (ed.), *Essays in Philosophy* (New York: Washington Square Press, 1974), P. 379.

2. William Heard Kilpatrick, *Philosophy of Education* (New York: The Macmillan Company, 1951), PP.3-12.

3. D. J. O'connor. *An Introduction to the Philosophy of Education* (London and Henley: Routledge & Kegan Paul. 1980 [1957]), P.5.

4. Ibid., PP.5-6.

5. John Dewey, "The Need for A Philosophy of Education," in Robert W. Clopton and Tsuin-chen Ou (eds. and trans.), *John Dewey: Lectures in China,* 1919-1920 (Honolulu: The University Press of Hawaii. 1973), P.184.

6. Richard S. Peters. *Ethics and Education* (London: George Allen & Unwin, 1966), P.16.

7. John Dewey. *Democracy and Education* (New York: Macmillan Company, 1963 (1916), PP.324-332.

8. Herman H. Horne. *The Democratic Philosophy of Education* (New York: The Macmillan Company, 1946 [1932]), P.462.

9. T. W. Moore. *Educational Theory: An Introduction* (London: Routledge and Kegan Paul, 1974), P.7; T. W. Moore. "The Nature of Educational Theory," in *Theory and Practice of Curriculum Studies,* ed. Denis Lawton et al., (London: Routledge and Kegan Paul. 1978). P. 14.

10. Richard S. Peters, "Philosophy of Education," in Paul H. Hirst (ed.), *Educational Theory and Its Foundation Discipines* (London: Routledge and Kegan Paul, 1983) PP.30-61.

11. Jonas Soltis "Introduction," *Philosophy and Education: Eightieth Yearbook of the National Society for the Study of Education,* 1981. PP. 1-11.

12. Harry S. Broudy. "Between the Yearbooks," *Philosophy and Educa-*

tion: Eightieth Yearbook of the National Society for the Study of Education, 1981, PP.13-35.

13. Patricia Albjerg Graham, "Comment of Philosophy and Education." *Educational Theory,* Winter 1981, P.30.

14. Harvey Siegel, "The Future and Purpose of Philosophy of Education," *Educational Theory,* Winter 1981, PP.11-15.

15. Jonas Soltis "Afterthoughts," *Educational Theory,* Winter 1981, P. 93.

16. R. S. Peters. *Education and the Education of Teachers.* (London: Routledge. 1977), viii.

17. Jonas Soltis. "Afterthoughts," *Educational Theory,* Winter 1981, P. 93.

18. D. C. Phillips. "Philosophy of Education: In Extremis," *Educational Studies,* Spring 1983, Vol. 14, No.1, P.3.

第三章

教育哲學的方法

研究方法是一切學問的基本要件，它和學問的內容、結構等是相互依存的。方法的作用，是要建立一種學問，並且使得這種學問能夠發展。我們常講教育心理「學」、教育哲「學」、倫理「學」、社會「學」等等，每一種「學」、每一種學問，或每一種有系統的知識體，都要有適當的方法，才能形成、發展和發揮效用，而這些方法的作用，自然是伴隨著「學」的內容和結構之形成與發展進行的。其實在方法與知識發展之間，存在的是一種互動的關係。我們可以如此斷言，所有學問的形成，必然含有方法在內。而方法的選擇，也往往決定了知識的形式和內容。以教育哲學來說，目前主要是採用哲學的方法，來探索教育問題的根本答案——儘管不見得很容易就得到答案，或者得到大家都能同意的答案。

從哲學史的發展來看，每家哲學的建立，都得先建立其方法。有的哲學有很明顯的方法論，一個很好的例子便是現象學（phenomenology）。但是有些哲學卻不明白顯示其方法論，像中國的許多哲學便是如此。然而這並不表示這些哲學沒有方法。這兩者的主要差別是，有的哲學因為明白的宣示，使人很容易意識到或了解到它的方法是什麼；其餘的雖然也有方法，卻不容易讓人產生明確的概念，使人摸不清楚它的方法是什麼，有時甚至懷疑是否真有一套方法存在。事實上，每一個哲學家，當他在思考、探究之時，已經預設方法的存在，否則他便無法真正地「做哲學」（philosophizing）。哲學的方法是當一個人要做哲學的時候，才因應他的需要而產生的；所有真正想做哲學的人，都會迫切感覺到這種需要。

哲學的重要目的之一，是探求真理並發展生活的智慧，哲學

方法是為了達成諸如此類的哲學目的而產生的，但是由於各個哲學家之氣質、思想習慣和哲學需求等等的差異，遂出現了不同的哲學方法，因而也影響了哲學理論之內涵與結構的建立。一般人以為研究哲學只有內容是最重要的，其實沒有方法，也就沒有了哲學的思索與探究，所以方法至少是和內容同等的重要。

　　從古今中外各種哲學方法，我們可以歸納出三類，即是邏輯推論法、分析法和直觀法。此亦即教育哲學的方法。以下分述之。

第一節　邏輯推論

　　邏輯是思考推論的規則。是古來西方哲學家普遍使用的方法。語文的表達和教育問題的解決，常以思考為其主要的基礎。語文的表達若缺乏明晰而條理的思考，那麼不是語無倫次，不知所云，便是化簡為繁、治絲益棼，學習者如能接受合適的邏輯訓練，則能使思考的過程更合理，思考的結果更為有效。

　　對各種教育問題的認知、理解、比較、批判和論證，以及對上述各項之表達，邏輯推論是廣被使用的有效方法。邏輯推論之使用於教育哲學的研究，大概可分為兩類：演繹法（deduction）和歸納法（induction）。前者早在古希臘時期，已為哲學家所喜用。辯士（sophists）固然是邏輯的玩家，而蘇格拉底和柏拉圖亦以此法作為思辨、詰問、討論和界定概念的工具。亞里斯多德更奠定了演繹思考的系統。後來十七世紀之法國哲學家笛卡兒又將此法加以檢討，並對演繹的第一前提予以深入檢視，俾使基本定理與演繹過程二者的確定性得以成立。以中國的情形而言，陸象

山和王陽明的思考方式可能是較為接近演繹的方法，尤其是笛卡兒式的演繹，因為陸、王也對基本的前提──亦即人的心識──深感興趣，並且認為解決了這個問題，那麼整個宇宙和人生的大演繹就不成為問題了。

在另一方面，朱子是歸納法的提倡者。他的格物、致知、窮理、盡性的研究次第，涵蓋了個別觀察、探索、了解，而後復予以綜納並得出原理原則的過程，這也是由知識的累積而轉化成為道德實踐的過程。這種轉化比起純粹的邏輯歸納有著更為複雜的變化，值得另文探討。西方的歸納法，以近代而言，興起於英哲倍根（Francis Bacon, 1561-1626）之提倡，成為科學啟蒙的重要因素之一。其實歸納也者，和演繹一樣，是人類的天賦能力。人類天生具有觀察的能力，而在經過若干次數或若干數量的觀察以後，人類的區分能力和概念化能力，便能在眾多數目的觀察資料當中，找出他們彼此間的共同性和差異性來。歸納法不過是將此種比較粗糙的天賦能力，加以琢磨而得出一些規則。此法也點明了人在此種認知過程中可能遭遇到的陷阱，使思考者知所避免。人亦有演繹的能力，他能由已知的道理或事實，推演而知其他類似之理及事。邏輯推理的發展，無非是就人類已有之理性能力，尋覓其有效的規則，並考慮其間可能存在的各種困難或陷阱，對人類的思考提出建議和警示，其目的在使人的思考合理化，減少錯誤，以獲得可靠的知識。

演繹依照邏輯規則，可由一個或少數原理原則，層層推衍至較低層、較個殊之問題或現象。它的使用，有兩個最基本的必要條件：一是要有前提，即是某種程度的原理原則，以為推衍的立足之處；第二是要有推衍的規則，即是邏輯，以為演繹過程遵循

之根據。如果前提正確,推衍的過程也合乎規則,那麼我們所證知的結果也就正確無誤。這是理想的演繹法的使用結果。如果前提有誤,或者推論過程不合規則,兩者之中只要有其一,那麼我們所證知的結果就不能保證無誤。前提錯,或／及推論的過程無效,結論可能是對的,但是這種對只是碰巧,如此所得的知識,是否為真,是無法確定的。在演繹法的使用來說,不容許這種情形的存在。前提無誤,推論過程合於邏輯,則所得知識百分之百、不折不扣正確;如兩者當中有一個錯或兩個都錯,結論可能對,也可能錯,是沒有把握的。如此一來,這整個推論的過程,就顯得毫無意義,和隨便臆測或猜想,相去不遠。事實上,我們做選擇題的時候,也常常猜對的。但是我們若依循一定的方法去推論,便有把握不會弄錯。在數學中的幾何學,應用的是一種典型的演繹法。

要使用演繹法,無疑的需懂得並能運用邏輯的方法,所以邏輯之研究不可少。然而,邏輯者,乃是運思之方法,前提者,運思之根據,如何確定前提,則是哲學家的一件重大工作。笛卡兒和胡塞爾的一生志業幾都在找尋這種確定知識的立足點。我國宋、明的陸象山和王陽明先生,汲汲於心學的建立,所謂心學,亦無非此種原理原則的確立。然而這種原理原則的建立,卻不是演繹法本身所能奏其功。主要是依賴直觀的方法。

我們很難盡舉所有的演繹推理的形式。有人簡單地把演繹畫分為兩類:句子的推理和類的推理(sentence reasoning and class reasoning)。前者主要是包含著句子,而後者主要是包含著類別。在句子的推理中,基本句子的組成單元,在論證當中重複出現,但是在涵義方面卻沒有改變,句子乃是句子推理的基石。

像這樣的推理便是屬於句子推理：

如果阿花是狗，那麼阿花是動物。
阿花是狗。
…………………………………………
所以阿花是動物。

在這一類的推理中，我們看到兩個基本句子重複出現的情形。但是在下面的例子中，並沒有重複出現的基本句子，而是強調了一些類別以及他們之間的關係：

香蕉是磁鐵。
磁鐵是水果。
…………………
所以香蕉是水果。

在這個推論中，我們知道有兩個前提是錯誤的，但整個推理的過程卻不失為一個有效的演繹。在這推理中所包含的類別是「香蕉」、「磁鐵」、「水果」。

在句子推理中一種很重要的推理是「有條件的推理」（con-ditional reasoning）。這種推理包含了條件的使用，而以「如果」（if）來表示。例如：

如果阿花是狗，那麼阿花是動物。
阿花是狗。

....
所以阿花是動物。

第一個前提便是一個有條件的前提，它的條件是阿花是狗。阿花
是狗這個條件，使得阿花也是動物。以「如果」開頭的是前項
（antecedent），以「那麼」開頭的是「後項」（consequent）。像
上面的這個條件推理的形式稱為「肯定前項」（affirming the ante-
cedent）的推理。這是一種有效的（valid）推理。但是這個條件句
並不告訴我們，如果阿花是動物，那麼阿花便是狗，因為阿花是
動物並不能成立為阿花是狗的條件。這在演繹裡是一種「肯定後
項」（affirming the consequent）的例子。它不是有效的推理：

如果阿花是狗，那麼阿花是動物。
阿花是動物。
....
所以阿花是狗。

上面我們舉了兩種條件推理的類型。第三種的條件推理是「否
定前項」（denying the antecedent）。例如：

如果阿花是狗，那麼阿花是動物。
阿花不是狗。
....
所以阿花不是動物。

　　這種條件句不是有效的推理，它是「無效的」（invalid）。因為前項的否定並不必然得出後項的否定。阿花不是狗，並不排除其為別種動物的可能性。

　　第四種的條件推理，許多人感到困難，似不易理解。試看下面的例子。

如果阿花是狗，那麼阿花是動物。
阿花不是動物。
……………………………………………
所以阿花不是狗。

　　在這個例子中，第二個前提是條件前提之後項的否定，這種論證是否定後項（denying the consequent）的形式。第二個前提是第一個前提（即條件前提）後項的否定，那麼其適當的結論應該是條件前提之前項的否定。這樣的推論形式是有效的（valid）。

　　將上述四種基本的條件推理形式，列表於下，更能清楚地看出凡是肯定前項和否定後項的形式是有效的推論，而否定前項和肯定後項則屬無效的形式：

	前項	後項
肯定	有效	無效
否定	無效	有效

　　事實上，在我們的日常生活中，所碰到的各種議論或論證，都不像上面所舉例的那種單純的邏輯的組成。但是任何一個複雜的論證，只要其中的某一部分是無效的，整個的論證便是無效的。複雜的敘述，包含許多命題，而有些命題的敘述方式也不見得是完整的。在這種情況之下，我們要把整個敘述在不影響原意的原則下加以適當的整理，以便找出其中推論的原型，將有助於研判整個敘述之是否有效（valid）。

　　在演繹推理中，我們為了簡明和方便的目的，宜於使用符號來代替文字的描述。例如在條件述句中，可以使用箭頭→來表示一種「如果……那麼」的關係，並以 p，q，r 等代表各個句子，如此一來，像前面我們提到的條件句——如果阿花是狗，那麼阿花是動物——便可以用下列的符號表示：

$$p \rightarrow q$$

前述的肯定後項，否定前項，否定後項等不同形式，都可用符號表示之：

肯定後項	否定前項	否定後項
$p \rightarrow q$	$p \rightarrow q$	$p \rightarrow q$
q	not p	not q
…………	…………	…………
p	not q	not p
（無效的形式）	（無效的形式）	（有效的形式）

在「類」（classes）的推理中，通常包含「定言命題」（categorical propositions）或「定言述句」（categorical statements）。所謂定言命題，乃是意指兩類之間的關係，肯定或者否定此類含於彼類之中（註 1）。一個類是所有成分的集合，這些成分具有一些或某種共同的特性。而在類當中，又常常含有「次類」（subclass）在內。就邏輯而言，定言述句或命題有四種標準的形式：全稱肯定（universal affirmative proposition）、全稱否定（universal negative proposition）、特稱肯定（particular affirmative proposition）、特稱否定（particular negative proposition）（註 2）。

全稱肯定（A）：所有的甲是乙
全稱否定（E）：沒有甲是乙
特稱肯定（I）：有些甲是乙
特稱否定（O）：有些甲不是乙

在這四個命題中，我們可以看到，A 和 O 是矛盾的（contradictories），而 E 和 I 也是矛盾的。這意思是說，A 如果是真，則 O 不可能同時為真，如 A 是妄，則 O 必不為妄。E 和 I 的關係亦然。A 和 E 不能同時為真，卻可以同時為妄，是為全反或全對立（contraries），而 I 和 O 不能同時為妄，卻可以同時為真，是為半反或半對立（subcontraries）。以 A 和 I 的關係來說，如 A 是真，則 I 亦為真。同樣的情形，如 E 是真，那麼 O 亦為真。像這樣的關係，是一種相通的（corresponding）關係。

定言三段論（categorical syllogism）是完全由定言述句所構成的論證。每一個三段式都有兩個前提和一個結論。標準的三段論

如下：

> 有些花是紙做的花。
> 紙做的花不是植物。
> ⋯⋯⋯⋯⋯⋯⋯⋯⋯⋯
> 有些花不是植物。

在這個三段式裡，「紙做的花」在兩個前提中都出現，是「中詞」
（middle term），「有些花」和「植物」各在前提和結論分別出
現一次，是「邊詞」或「端詞」（end term）。

　　演繹法之應用於日常生活或實際問題的論證，通常包含三個
主要的步驟：(1)先把問題轉變為典型的邏輯形式；(2)判斷此典型
化的形式是否為有效；(3)再把典型化的結論變回到原來的實際生
活或問題。這三個步驟往往很難截然畫分。前兩個步驟，一般而
言，較有方法可循，困難不大。在進行第一步驟時，我們常會增
減一些字，或予以重組及改寫。第三個步驟較難，因為缺乏明顯
的規則可循。有時在典型化結論中可被接受者，還原為原來的問
題，卻適得其反。這時需要演繹者本身的專門知識、熟練程度和
經驗等條件的協助，以免失誤。

　　演繹的論證可以用來檢證假設。某種假設如果其蘊涵的意義
錯誤，那麼否定其結論，亦等於否定其假設。如對於結論我們不
能確定其是否為真，那麼最好保守地說：「這個結論或許是可能
的。」演繹論證亦可用於預測和解釋等。我們在做演繹時，也要
先注意目的是在假設、預測或解說，這將有助於我們判斷典型化
的結論是否能夠類推至實際的問題。

在演繹邏輯中，「句子推理」和「類的推理」二者並未窮盡一切的演繹論證，但此二者無疑使用最廣，亦最基本，若能熟練，亦有助於他種演繹推理的應用。

邏輯的推論，除了演繹，也有別的方法，通常使用很多的是歸納。歸納（induction）也和演繹一樣，是人天生就具備的一種能力。一般人常常在觀察了若干個別的事例以後得出某種結論，而此種結論也往往具有相當程度的「原則性」或「共相性」。

早在亞里斯多德之時，除了演繹法以外，也注意到歸納的使用，亞里斯多德是早期少數懂得科學方法的研究者之一，只是那時的歸納法尚未有比較精緻的發展，與演繹法相較，顯然略遜一籌。到了近代英國的倍根，對於歸納法所受到的忽視，甚感不平，因此寫《新邏輯》（Novum Organum）一書，對於亞里斯多德之以先驗的假設為前提而大做推衍的邏輯，頗為不滿。倍根主張，可信賴的探究方法，必須以觀察所獲得的眾多具體事實為基礎，然後再推論而得到原理原則。

到了約翰・穆勒（John Stuart Mill, 1806-1873），更進一步發展歸納法，寫下有名的《邏輯系統》（A System of Logic）。他指出所謂的歸納推理（inductive reasoning），並不是由過去的事推論到未來的事，而是由已知的事推論到未知的事，他說那是一種由經驗而來的「推廣」（Generalisation from Experience）。穆勒也認為，所有的歸納都是基於這樣的一個信念：自然間的一切變化，都依循著那不變的因果法則（causal laws）。這個基本的信念本身，就是一個很大的歸納推廣，只不過它不是一個很明顯可以看得出來的推廣。

穆勒的歸納法，分成五種。第一是「一致法」（Method of

Agreement），其要點是「若調查兩個或兩個以上發生現象的實例，發現只有一個情況是共同的，這個在各實例中一致存在的情況，就是現象發生之因（或果）。」（註 3）如學校中學生午餐集體中毒，每人吃的食物不完全一樣，但若發現凡是中毒者都曾經吃過某一樣相同的食物，則可推定此樣食物為中毒之因。

第二是「差異法」（Method of Difference），其定義是，「若調查得知在一個實例中發生的現象，而在另一實例中未發生，兩實例除此一點差異外，其他情況都相同，則這個在兩實例中唯一差異的情況便是該現象之因或果，或原因的不可缺的部分。」（註4）

第三是「同異聯合法」（Joint Method of Agreement and Difference），此法係上二法之聯合，以圖示之如下：

〔一致法的部分〕　　　　〔差異法的部分〕

ＡＢＣ——ａｂｃ　　　　ＡＢＣ——ａｂｃ

ＡＤＥ——ａｄｅ　　　　ＢＣ——　ｂｃ

....

因此，Ａ為ａ之果，或為ａ之因，或為ａ原因不可缺的部分。（註5）

第四是剩餘法（Method of Residues），其意可以下圖示之：

ＡＢＣ——ａｂｃ

Ｂ已知為ｂ之因

Ｃ已知為ｃ之因

....
因此 A 是 a 之因。　　　（註 6）

第五是共變法（Method of Concomitant Variation），其意為若某一現象，只要當另一現象發生任何變動時，也即隨之發生某種特殊變動，則此一現象不是彼一現象之因，就是彼一現象之果，或是與其因果事實有所關聯。以圖示之：

A　BC —— a　b c
A + BC —— a + b c
A − BC —— a − b c
....
因此 A 與 a 有因果關聯。

例如，當商人打廣告時，生意就明顯增加；不打廣告時，生意就減少，因此歸納「打廣告」和「生意增加」有因果關聯。
又如下圖所示：

A　BC —— a　bc
A + BC —— a − bc
A − BC —— a + bc
....
因此 A 與 a 有因果關聯。

例如，物品的供應量增多時，價格就降低；物品供應量減少時價

格就上揚，因此物品「供應量之多寡」與「價格之高低」有因果
關聯，但這是一種負的關聯。

　　但是歸納法在本質上有其缺陷。它不是一種可以保證無誤的
方法。歸納法只能建立蓋然的（probable，又譯或然的）結論，它
所謂的真（true）亦只是「可能的真」（probably true）而已。

　　歸納法中常用的一種形式，是「類比論證」（argument by ana-
logy）。我們在日常生活中，常做這種推論。例如我們幾次買過
某一家廠牌的東西，覺得很不錯，因而很自然地推論這家廠商新
近推出的產品也不會差。某一個人過去總是言而有信，因而推論
到他這次開的支票也會如期兌現。這種推論是依據過去的經驗，
而推論到未知的情況。

　　但是這種論證並無邏輯上的必然性，也談不上是否「有效」
（valid），而只能用「或然率」來說明。每一個類比推理，「都
是從有兩個或兩個以上事物，就其具有一個或一個以上相同之點，
而推論其有更多方面相同之處。（註7）」若將上述化約成公式，
則為：

　　　　a，b，c，d　皆具有 P 和 Q 的性質。
　　　　a，b，c　有 R 的性質。
　　　　………………………………………………
　　　　因此，d 有 R 的性質。　　　（註8）

　　另一簡單而常用的歸納法，是「枚舉歸納法」（induction by
enumeration，又譯列舉歸納法）。這種方法是從部分的抽樣觀察，

而推論到全體。例如有一進口商從國外進口了十萬公噸的黃豆，裝成一千包，每一包是一百公斤。這個進口商在海關提貨的時候，想在最短的時間內完成驗貨的程序，以便能夠及時供應市場的需要。他無法在短時間內一袋一袋仔細檢查貨品是否符合洽談及簽約時所約定的標準，所以只能在堆積一千包黃豆的倉庫中，抽取十包或五十包或頂多一百包做檢驗。檢驗時他為了比較周到起見，可能會從倉庫的上、下、中、左、右等各處抽取貨品。每處抽取的貨品是成包成包的，而每一包重達一百公斤的黃豆，亦很難一粒一粒地加以檢查，這時他可能用適當的工具將一袋黃豆的上、下、中、左、右等處各掏出一把黃豆。這人從這種抽樣的檢驗中，發現他所檢查的黃豆都合於當初洽談時約定的貨品規格，從而推論所有一百袋的每一粒黃豆也都合於規格。像這樣由個別事例所獲得的資料或資訊，來歸結出這些樣例的共同特質或共相，然後再進一步把這些或這個初步的結論推廣至一切未經考察的其他事例，而得出一切同類事物的共相或原理，是枚舉法的典型程序。這種程序不是沒有瑕疵的：抽樣所得的結論是否能夠絕對無誤地推衍而及於一切同類的事物？也就是說，部分的樣品能否代表全體？以上面的例子來說，抽驗的黃豆袋數只占全部黃豆袋數的百分之一或五十分之一或十分之一，而每一袋黃豆所抽驗的粒數占全袋粒數的比例則更低。

　　試再看下述的兩個例子：

1. 在一大桶黃豆中，抽出部分樣品檢查，結果發現樣品中的黃豆都是上等的，於是我們下結論說，桶裡的黃豆全部都是上等的。

2. 我在抽樣訪視的學校中，發現有百分之九十的廁所都是乾淨

的，我因此下結論說，全市百分之九十的學校廁所都是乾淨的。

像第一個例子，是一種「全稱推廣」（universal generalization），這是一種「所有的 F 都是 G」或「0%的 F 是 G」（即沒有 F 是 G）的形式。而像第二個例子，則是一種「統計推廣」（statistical generalization），它是在被觀察過的 F 當中，有 Z%是 G，所以是一種「Z%的 F 是 G」的形式，但在此的 Z 是別於 0 和 100 的其他百分比（註 9）。

使用這種統計的論證，應注意不要陷於不充分之統計的謬誤（the fallacy of insufficient statistics），也就是在未獲得足夠的資料支持以前，不要遽做該項歸納推廣。另外在選樣的時候，也要注意其代表的普遍性，以免產生偏差統計的謬誤（the fallacy of biased statistics）（註 10）。

總而言之，一個合理或良好的歸納推論，必須滿足以下的條件：

(1)如果論據全部成立，則論證之結論很可能也跟著成立。這意思等於是：

(2)不大可能論據全部成立，而其論證的結論卻不成立。上述所謂「很可能」意思是說「或然率很高」，而所謂「不大可能」，意思是說「或然率很低」（註 11）。

邏輯推論之應用於教育哲學，甚被教育思想家所接納。考之中西教育史，即可明白。若西洋之蘇格拉底、柏拉圖、亞里斯多德、奧古斯丁、多瑪斯、笛卡兒、康德、黑格爾，以及我國之陸象山、王陽明等，都在他們的哲學和教育思想方法上，廣泛應用了演繹法。而西洋的倍根、洛克、巴克萊、休謨、穆勒，和我國

的朱熹等，則對歸納法情有獨鍾。

邏輯思考是一種具有條理性的、漸進式的思考，在複雜而多樣的教育現象中，一個人只要執守著某些規則，便可以整理出一些比較可以信賴的頭緒，這基本上合乎人類愛思索而又常迷失在繁複情境或資料的認知結構。但邏輯推論的應用，也預設了人的認知本具有一些基本的、整理及組織的天生能力，這種能力當中也存在一些基本模式或所謂的範疇。這些組織的形式和組織的能力，並不包含在所謂的演繹規則或歸納規則裡面，他們毋寧是在邏輯推論的規範以外的成分，而成為邏輯推衍可能進行的先決條件。這些先驗性質的條件，雖是人類所本具，但是要靠直觀的方法來啟發。

有了這先決條件，教育之問題的思考者，可以由已知的原理，獲知那些未知的個別教育現象，這是演繹的應用。例如他已知人生之苦多樂少，便可注意於教導青年及少年之際，多提示化解苦悶或轉苦為樂之道。又如他已悉人之氣質雜駁，但卻可轉變，亦可予以純化淨化，則可於設計課程和教學程序時，多所計慮於此。重視演繹者，喜把握教育之簡易原理原則，此原理原則為數必不甚多，但其運用則幾可以化為無限，所謂執簡易，而可以御繁瑣，數理通，則數百、數千個別事理都可以貫通，其所執之理，是吾道一以貫之之理。準此而論，則教育只教「仁」字最為重要，或只教個「忠恕」才是正道，其餘雖不是不重要，但是可以由這些基本的道理推論而知。

第二節　邏輯分析

　　本世紀以來，英語世界的哲學潮流，主要是「分析哲學」（analytic philosophy），而這一思潮也對當代教育思想的發展，產生了很大的影響，因此在談論教育哲學的方法時，無可避免地要談到它。不過，也許更重要的談論它的原因是，這是一種雖不是沒有應用上的限制，卻仍有其一定用途的教育哲學方法。

　　分析哲學家最感興趣的是語言及其所包含的意義。他們認為傳統哲學最大的缺點是，語言之錯誤使用所導致語意上的含混不清，這是各種哲學難題的根源。分析哲學家相信，如對語言有正確的了解，並做合理的使用，當能解決哲學上的此種難題。

　　哲學家關心語言，並不自分析哲學始。柏拉圖、洛克、休謨等哲學家，都認為語言及其含義是哲學上的重要課題。不過分析哲學和這些傳統哲學還是有著不同。一方面，這些古典的哲學家，從來不曾像分析哲學家那樣子一心一意地強調語言。另一方面，現代分析哲學家所採用的語言形式，也和傳統的有差異：前者應用了更多專技的語言形式。

　　有些分析哲學家自始就全力發展一種所謂的「理想語言」（ideal language）或「完美語言」（perfect language），來替代他們認為有著邏輯缺陷的日常語言（ordinary language）。他們希望能夠另起爐灶，從根本上解決哲學的問題。這種企圖事實上可以追溯到十七、八世紀的德國哲學家來布尼茲，不過到了本世紀才成為風潮。英國哲學家羅素（Bertrand Russell, 1872-1970）是一個

代表。羅素提倡「邏輯原子論」（logical atomism），認為命題
（proposition）或述句（statement）是由單字組成的，了解命題或
述句須由單字的了解開始。而單字已是最小的組成單位，無法進
一步解析，因此對單字的了解不能依靠語文的描述或定義，也不
能再做邏輯的分析，而只能依賴實際經驗的印證或認知。羅素指
出，日常的語言都有其模糊曖昧的缺陷，因此建立一種理想的邏
輯語言是必需的。所謂理想的語言是，每一單字都有其相對應的
事物，而且只有一個相對應的事物；凡是非簡單的（即複合的）
事物，則由單字的組合來表達。這樣的語言完全是一種分析性的
語言，簡明而易懂。良好的哲學思考應奠基於這種理想語言，俾
使哲學從模糊、曖昧和含混，走向明確、清晰和肯定（註12）。
羅素說，邏輯的分析雖不是哲學唯一的任務，卻是哲學主要的任
務。

　　與羅素同時，並且是羅素在劍橋大學的同事摩爾，則強調普
通語言及常識在應用時的清晰與準確。摩爾認為，分析的目的不
在於發現什麼新的事物，而是在於概念的澄清和定義。所謂分析，
就是一種細細分解開來，然後再加以檢視的過程。在這個過程當
中，複合的東西被分成較細小的部分，俾得探知其組成的成分，
以及成分與成分之間的關聯。其結果是使得命題的含義更為清楚，
而原先隱晦不顯的部分也能夠呈現出來。

　　另一位重要而同樣具有原則力的分析哲學家是維根斯坦（Lud-
wig Wittgenstein, 1889-1951）。維氏出生在維也納，曾在柏林和曼
徹斯特大學研讀工程，長於航空工程學，後轉攻數學，再轉而研
究數學哲學。他在一九一一年就讀耶那大學（University of Jena）
時，受弗瑞奇（Gottlob Frege）影響，在弗瑞奇的慫恿下，他轉而

至劍橋三一學院受教於羅素，受知於羅素和摩爾，時為一九一二至一九一三年。後維氏遷居挪威，仍與羅素、摩爾二人時相過從。第一次世界大戰在一九一四年爆發，維根斯坦加入奧地利軍，轉戰各地，曾為意大利軍所俘。一九二一年發表《*Logisch-Philosophische Abhandlung*》，次年再度發表時改名為《*Tractatus Logico-Philosophicus*》（邏輯哲學論）。此書代表了維根斯坦早期的思想，顯示其深受羅素和摩爾之邏輯原子論的啟發。維根斯坦這時相信他已經解決了哲學的問題，便在一九二○年至一九二六年之間任教於維也納以南偏遠山區的若干小學。後又轉而從事建築房屋的工作。在這期間，他曾與維也納學圈（Vienna Circle）的若干哲學家如席力克（Moritz Schlick）等人來往。一九二九年他向劍橋大學提出博士論文，經羅素和摩爾的審查獲得學位。此後六年他任教於劍橋，暑假期間則回維也納。這時他開始對於以前的著作不滿意。維根斯坦後期的思想，主要係包含於《*哲學探索*》（*Philosophical Investigations*）一書。維氏終於放棄了早期企圖建立理想的、非自然語言的立場。

早期的維根斯坦認為，哲學的功用是藉分析來澄清思想。他指出，哲學的目的不在於提出和羅列新的命題，而是使命題明晰，避免晦澀與模糊（註 13）。他說，哲學著作中大部分的命題與問題，並不是錯誤，而是沒有意義（nonsensical）。所以會有這種情形產生，乃是因為哲學家不了解語言的邏輯所致。因此，哲學上那些看似最深沉的問題，其實不成問題（註 14）。哲學應該只說那些有意義的話，那也就是說，只能說自然科學中的命題；哲學並且應該讓那些喜歡談論形上命題的人，憬悟到他們所說的話是多麼地沒有意義（註 15）。在代表早期思想的《邏輯哲學論》一

書中，維根斯坦論證，複合命題之所以有意義，乃是因它能被分析成更簡單的命題，而最後終於能分析成只包含名稱在內的基本命題的緣故。所謂名稱，即是無法再以分析的方法來加以定義的意思，因為它已經是最簡單的符號了（註 16）。這時的維根斯坦，可以說是羅素與摩爾的忠實信徒。

　　但是後來的維根斯坦卻放棄了這個立場，他發現把複合句分解成簡單句這種所謂的理想語言，違反了語言的基本性質，根本是無法實現的（註 17）。他說，我們最好把語言看成一種以單字為工具的活動。羅素所謂的以一個名稱嚴格對應於一個事物的理想語言，只不過是語言之溝通系統的一種而已，並不代表語言的全部（註 18）。在日常語言中，同樣的字，實際上不一定代表同樣的事物，也不一定意指同樣的意思。如果我們認定同樣的字一定代表同樣的事物和意思，那麼便會形成混淆，尤其是在做哲學思考的時候（註 19）。若有人說，某一字意指某一事物，他實際上並沒有做出任何有意義的表達，除非他能夠同時準確地說明，那是在何種情境或上下文的含義（註 20）。維根斯坦的意思是說，語言乃是特定的社會情境中的產物，所以任何符號系統，當它能夠替社會情境所涵攝的目的服務時，便成為語言。所以我們若要測試某種語言之是否有意義，應該注意到，其標準不在於這種語言是否符合邏輯所制定的框框，而是看它能不能成功地達成語言所要達成的任務。準此義而論，任何單字的意義都可能是無限的（註21）。這種主張，我們似可名之為「語言的工具主義」。

　　維根斯坦用「家族的相似性」（family resemblance）一詞來形容一個單字之不同含義間的相似之處（註22）。有些概念本質上就是比較模糊的，在某些語言情境裡，明確的概念比較適合，但

在別的情境裡，模糊的概念可能更為合適。這位語言哲學的相對
主義者認為，一種定義只要能夠達成它所要達成的目標，便是「準
確」而「明晰」的定義。當目的不同的時候，所謂語言的「合適
性」自然也就有了不同。刻意去追求絕對不含混的意義或理想的
完美語言，反而成為哲學之病（註23）。

因為人們對於普通語言的使用沒有明晰的觀念，因而也就不
了解語言。因此，哲學的任務不在於藉著數學或邏輯數學的探索
方法，做分析以解決矛盾，或做解釋，而只是簡簡單單地使得事
情呈現在我們面前，「因為每一件事都展現在我們面前，所以不
需要解釋」（註24）。

綜合以上所述，我們得出了一些結論。雖然不是所有的分析
哲學家，對於分析的方法都有一致的看法，但是他們都相信，哲
學的主要問題源自語言與概念的混淆。此項混淆主要又來自對語
言功能之誤解或語言之誤用。為了解決這些哲學問題，語言與概
念的澄清便有其需要，而所謂哲學的問題，在經過語言及概念之
分析、澄清和重新定義之後，將不再成為問題。換句話說，分析
哲學家的看法是，哲學家應做之事，不在於新事物或原理的發現，
而是在於使已有之事物明顯而清晰，或者套用維根斯坦的話，使
事物原原本本呈現在我們面前。雖然大部分的分析哲學家，依然
不排除建構通全的世界觀的工作，但是他們更關心語言及概念的
分析工作，他們希望藉著這項工作，使得人們更能正確、精確而
肯定地掌握概念。

分析哲學的方法最近被廣泛應用於法律、宗教、社會學和教
育等領域。近年來，社會和學校的環境變遷都很大，教育工作者
普遍認為教育的革新工作刻不容緩。革新的一個重要步驟，便是

對教育的一些基礎重做批判性的思考，特別是對教育基本概念和信念的重新評估，俾可清楚看出「何者值得維護，而何者應該放棄」（註25）。分析哲學的方法被認為能夠用來檢視並澄清教育歷程中使用的概念，以及表達這些概念的語言。

　　像分析哲學家一樣，分析的教育哲學家也認為，教育語言與概念的含混不清，會造成教育思想上的許多難題。教育哲學家的主要工作，不再像過去的教育思想家一樣，費力去建構偉大的教育理論體系，而是要努力澄清教育的語言和概念，使得它們變得清晰而準確，不但不會困擾教育工作者，而且能夠有助於彼此的了解或共識的建立。

　　因之分析也者，並不是為分析而分析。它是思想澄清之不可或缺的步驟。雖然分析和澄清不見得能夠直接解決實際問題，或直接提供行動計畫，但它卻是使這些作為成為可能的先決條件。透過澄清，過去被忽略的意義，重新被發現了；所謂的「假問題」（pseudo-problems）消失了；思想、語言與實體的關係，得以清晰地了解；而語言使用上的邏輯錯誤亦得以避免。

　　藉著分析的方法，一些重要的教育概念和基本觀念，被重新提出來檢討。例如「教育」、「教學」、「知識」、「學習」、「課程」、「教材」、「精神訓練」、「人格訓練」、「道德教育」、「成熟」、「需求」、「教育機會均等」等。依據美國當代教育哲學家謝佛樂（Israel Scheffler）的看法，分析教育的基本觀念這項工作，不但具有「描述的」功能，而且也具有「政策的」功能，因為它能夠橫切過科學、實務和倫理三個層面，清理並解決那些在不同架構中有著爭論或廣被討論的教育問題，進而深刻地影響教育政策的形成（註26）。

例如在《教育中的語言和概念》（*Language and Concepts in Education*）這本書，總共包含了十三篇這一類的文章。其中有一篇是柯密撒（B. Parl Komisar）所寫的「需求與需求導向的課程」（'Need' and the Needs-Curriculum），柯密撒在文中如是說：

> 我寫作本文的意向，不在於增添更多的混亂，或者在學生需求的單子上面添列新的項目。我只是要檢討，當我們說學生需要這個或那個的時候，我們真正的意思是什麼。也即是要研究「需求」一詞在教育領域的用法。（註27）

這一段話清楚地告訴我們，分析教育哲學家真正感興趣的是什麼，而他們最主要的工作又是什麼。

英國教育哲學家皮德思在《權威、責任和教育》（*Authority, Responsibility and Education*）一書中，曾經仔細地檢視了一些基本的教育概念，例如「權威的本質」、「教育目的」、「道德教育」等。他認為二十世紀的「哲學革命」，主要的任務是要澄清什麼是哲學，什麼不是哲學（註28）。依皮德思的看法，哲學家的職責，是使得各種理論，當然也包含教育的理論在內，變得平整而清爽；而不是去做一些經驗性的研究，或做些實務性的判斷（註29）。舉例來說，在「教育工作者應有目的嗎？」一文中，雖然皮德思的答案是偏向於肯定的，但是他通篇顯現的特色，在於澄清的過程，澄清「有目的」是什麼意思，而不在說明教育的目的應該包含哪些項目，或者教育的目的應該如何（註30）。雖然皮德思不完全放棄做教育之規範性判斷的工作，但他基本上是個分

析者而不是規範者（註31）。

　　謝佛樂的《教育的語言》（*The Language of Education*）是分析教育哲學的經典名作。在本書的前三章，謝佛樂檢討了三類人們熟悉的教育語言的表達方式：定義、口號，以及隱喻性的敘述。最後兩章則分析了「教學」這個概念。謝佛樂在「導言」中說，他在本書中所要做的，不是列出定義、口號與隱喻語言的實際內容，而是「使用這三方面的某些語言，做為邏輯評價策略的分析實例（註32）。」由此可以看出，謝佛樂關心的是，「主張之敘述的邏輯評價……從清晰的觀點，做觀念之檢討，也從有效性的觀點，做論點之檢討」（註33），並且進一步提出澄清教育論述的實際建議。

　　布勞第曾對合宜的澄清過程做了一個很好的綜合，布勞第暗示，在教育基本概念的澄清過程中，包含了三個步驟：(1)從邏輯形式方面，對現有的定義及公眾的信念做批判性的檢討；(2)以實際情況來證驗；(3)給與適當的定義（註34）。

　　分析的過程，除了能產生澄清的作用之外，還會產生什麼樣的結果呢？根據布勞第的看法，一個定義在其邏輯意義上的合宜性，不僅意指理論層次上的意義，而且會影響到教育的實際層面。布勞第宣稱，定義一旦形成，它便會使它所主張的實務工作結晶而固形，因而任何偏離的作法都會受到阻止（註35）。這話的重要涵義是，定義的不同，不僅僅是語言上的差別，而且事實上會造成實務上的不同。這是很重要的分析的功用。一些批評分析哲學家的人，說他們只知耽溺於文字遊戲，而忽視了教育實際問題的解決，可謂見不及此了。

　　試舉例來說明此點。「教育愛」是教育界習見的詞語，但是

這個概念的涵義或其定義，即使在教育界，也存在混淆不清和誤解。例如有些人把教育愛看成放任，有些人把它視為軟性教育的異名同義詞，而可能有更多人，對它只有模糊、依稀，或模稜兩可的印象，卻缺乏明白、肯定的認識。在這種情形下，有人說他實施了教育愛，也有人說他反對教育愛；結果前者所實施者，真是教育愛嗎？而後者所反對者，亦真是教育愛嗎？現在一個學校的校長，說他要在校內推行教育愛，如果「教育愛」的涵義，還沒有做適當的澄清，在這個學校裡的校長和教師也還沒有形成準確的定義上的認知，那麼這個學校能否形成合理而有效的推行教育愛的政策，實很令人懷疑。對一個重要教育概念的檢視、分析、澄清和重新定義，其真正的目的，不是為了進行一種邏輯的、語言的遊戲，而是因為這樣做乃是形成合理實施計畫和步驟的先決條件。

再看我們國內推行的五育當中的德育和群育。這兩個概念，在內包（connotation）的定義上，有否重疊之處？如有重疊，在實施上（例如德育成績和群育成績的評量方面）應如何釐清適當的範圍？如果沒有重疊之處，那麼是否二者之間存有關聯？什麼樣的關聯？合理的德育和群育課程的設計以及其實施步驟的規畫，勢必先在全校師生，至少是在教師之間，形成相當的共識，才有可能順利的進行。而要形成這樣的共識，首先需對這兩個主體概念加以分析和檢討，釐清各概念確實包含了哪些成分，而這些成分彼此之間又有什麼樣的關聯。換句話說，應先確定二者的內包的定義。

許多教育問題的產生，許多教育上的爭論以及教育工作者彼此間的誤解，既然是由於教育語言和概念的混淆、不明、誤用所

造成，那麼對這些語言和概念做適當的澄清和定義，自是解決這類教育之非實質的「假問題」（pseudo-problem）的釜底抽薪之辦法。從另一方面來看，在澄清及定義概念的時候，正是為教育方向、價值規準、政策訂定以及實施步驟奠下具體實在的基礎。

分析概念，可先從其外延（denotation）著手。我們可先做聯想，哪些事例或實況可以歸屬到這個概念的範圍裡面。在做這種聯想的時候，有些例子是可以很明確地把它們歸屬或不歸屬到這個概念，但是也會遭遇到一些不明確、不易歸屬，或模稜兩可的例子。這時就要把這些實例的性質進一步分析，看看它們是否具備那些可以歸屬到此一概念的共同特性。在這樣做的同時，立即會牽涉到這個概念的內包定義問題。

所謂內包定義，實即此一概念之明確的、必要而充足的內涵特性。在確定某一概念的內包定義時，可以如上述的由外延著手，這是一種邏輯歸納法的應用。但是除此之外，也可以把已有的多種定義（例如現有的教育思想家的定義）羅列出來，加以排比檢討。在這樣做的時候，經驗的證驗固然是很重要的，但是一個人的直觀理解也會適時發揮作用，使得組織、統整和比較成為可能。

內包定義的形成，最後可以把其內涵的特性明白條述出來；如果是複雜的的概念，我們尚可把這些特性的上、下、左、右結構關係，用適當的文字描述或圖表勾畫出來。為了和實際的經驗互相檢證，在形成內包之後，進一步列出其可能的外延，也即是舉出恰當的實例。到了這個時候，我們個人初步的澄清工作，大抵完成。

進一步的檢驗工作，就是把我們的定義和別人的定義再做比較。比較的結果可能產生了一些修正。如果再進一步將某種概念，

像杜威的知識證驗法那樣子加以證驗的話，則更可以從其效用，發現一個概念的實質力量。

梭爾提士在其名著《教育概念分析導論》（*An Introduction to the Analysis of Educational Concepts*）一書中，曾經具體而詳細地提出分析的策略及其步驟，對初學分析者很有幫助。大多數的分析情境，都不是像他所提出來的三種策略形式那樣子簡單而輪廓分明，但是初學者如能熟悉這些基本形式，至少可以減少許多摸索，也可以減少許多人初次嘗試分析時，不知從何下手的茫然之感。

梭爾提士的三個策略是：

1. 一般特質（屬性）分析（Generic-type analysis）

2. 區分分析（Differentiation-type analysis）

3. 條件分析（Conditions-type analysis）

所謂一般特質的分析，其目的在找到一件事物或一個概念的特質或屬性。這類分析所要問的是這樣子的問題：「是什麼特質使得某事物或概念得以成其為 X？」例如「具有什麼特質才使得一個圖形成其為正方形？」像這樣的分析，梭爾提士歸納出四個步驟：

(1)選擇一個明確、清晰的標準的例子，並另選擇一個明顯相反的例子。

(2)從那個標準的實例，找出可能的必需特質（necessities）。

(3)使用正例和反例來測試必需和充足的（sufficient）的特質。

(4)依測試的結果，保留合適的特質，修改或排除那些不合適的特質。

像剛才的例子：是哪些特質使一個二度空間的圖形得以被稱之為正方形？這個策略的第一步是，從你有關標準正方形的一般

知識中，找出可能是必需的特質出來，例如，a.它應該有四個邊。現在有兩種方式可用來測試這個或其他更多的特質。首先是關於必需特質方面：你能否畫一個不是四邊的正方形？如果不能，那麼四邊似乎是形成正方形的一個必需特質。再試試看，你能否不用筆而畫出正方形？如果能，那麼用筆畫便不是形成正方形的必需特質。接下來要測試充足特質。你能否畫一個不是正方形的四邊形？可以。這個反例似乎告訴我們，正方形的形成還需要一些別的必需特質，例如：b.相對的兩邊應該平行。你能否去掉這個特質而仍然使其為正方形？如果不能，那麼它便是個必需特質。以上這 a 和 b 兩個特質是否已經充足？要檢證這一點，就要看看是否有那種對邊平行的四邊形而卻不是正方形的圖形？有，那是長方形。因此，我們還得加上第三個 c.四個邊都一樣長。現在檢查看看這是否為必需特質：能否去掉這個特質而仍然是一個正方形？不能，因此它是個必需特質。現在接著測試充足性。你能否找到一個具體上述abc三個特質而依然不是正方形的圖形？可以，那是一個菱形。因此，我們還需要加上 d.內角都是直角。沒有一個圖形在具備了上述abcd四個特質以後而仍然不是個正方形。所以這些是充足的特質。任何圖形如缺少了上述任一特質，也都不成其為正方形（註 36）。

　　區分分析是用來分辨某一事物的基本意義，以便能更完整地說明某個概念的領域全圖。它所問的是這樣的一個問題：「X 這個詞語有哪些不同的用法？」或「X 有哪些不同的類型？」，並尋求這些類型的特有標記。

　　區分分析的步驟也有四：

　　⑴以實例來尋找某一概念最常使用的標準用法。

⑵把這些用法直觀地加以分類，並檢查有否遺漏哪個類型。

⑶以明確的標名，加在每一個類別上面，藉以區分。

⑷以正例和反例來測試這個分類；可能的話，找出類別與類別之間的關係模式。

關於這類分析，梭爾提士曾以「物體」為例，加以說明，所謂物體指涉的範圍甚廣。如以一般特質分析法，我們可以分析出，所謂物體乃是具有可見之形式、有質量、能被感官知覺者等等之特質者。但是，假設我們現在所遭遇到之概念上的困擾，不在於這個概念所指涉的特質，而是在於難以分辨物體的不同種類。在這種情況下，適於應用區分的分析。

從某個意義來說，人也是物體。但是人這個物體顯然和蒲公英、門把、蕃茄、圖騰柱、蟾蜍等物體是不一樣的。在直觀上，我們可以分辨這六者的不同；而且，儘管只有六樣東西，我們還是能將他們適當地分類。在這六樣東西當中，和門把最接近的是圖騰柱，而人、蟾蜍、蕃茄和蒲公英這四樣又比較像，因為後四者都是生物，而前兩者則不然。在這四個生物當中，人和蟾蜍最接近，而蕃茄和蒲公英則又另成一類。現在，我們似可把這六樣東西分成無生物、動物和植物三類；而無生物又可分成有機的（如木頭）和無機的（如金屬）兩類。初步分類好了，我們可以進一步找更多的實例，把他們納入每個類別當中，以檢驗他們是否合適。為了容易區分，對每一類冠上適當、明確而響亮的標記是必要的。像門把和石頭，既不會餵養，也不會繁殖，但是人、蟾蜍及蒲公英等則會。「能營養」（nutritive）和「能繁殖」（reproductive）這兩種能力，成為分別生物和非生物的標記。不過這兩個標誌尚無以區分動物和植物。亞里斯多德所提出的動物的標記，

正好可以解決這個難題。他提出了「能動」（locomotion）、「能感覺」（sensation）、「能思想」（thought）三個標記，把動物給區分出來，而把最後的標記「能思想」（理性）單獨地留給了人類。這時我們大抵有了「物體」這個概念的區分，並且以亞里斯多德的標記勾勒出整個分類的「關係圖」（註37）。

最後，我們談到了條件式的分析。依梭爾提士的描述，條件分析所要問的是這樣的問題：「使得X這個辭語能夠適當使用的相關脈絡的（contextual）條件是什麼？」或者「在什麼樣的相關脈絡的條件下，我們可以準確地說某人正在做X？」例如，seeing這個字的適當使用，必須有這些條件：有物體出現，有足夠的光線，以及睜開眼睛等等。條件式的分析，也有四個步驟：

⑴找出一個能使X發生或使X出現於某一情境的、可能的必需條件。

⑵把上下左右的脈絡改換一下，看看能否找到有此條件卻沒有X出現或X發生的例子。

⑶修改條件以適應脈絡，或從已改換的脈絡中找出別的條件，然後再像上述⑵一般地測試。

⑷將已獲得的條件，再測試其必需性和充足性。

梭爾提士指出，有時候我們所遭遇到的概念方面的難題，不在於它有許多不同涵義——因為我們已經確定了要分析的那個涵義——而是一般特性的分析不可能或派不上用場。例如，什麼是適當使用「看」（seeing）這個辭語的邏輯條件？當然，一個人要有眼睛才能看。眼睛的視力要正常，而且是開著的。另外也需要有光線。如果一個人要看，他必須具備像這樣子的「功能正常的眼睛」的必需條件。但是我的朋友如果身處五百里以外的地方，

我就沒辦法看見他。我也看不見愛，看不見精靈，看不見關著的門後面的東西。所以，我要看得見某樣東西，那樣東西必須是在我的視野所及的範圍之內，而且那樣東西也必須是我能夠感知的那種「物體」。這可以稱之為「物體能見」的條件。如果這兩個脈絡相關的條件（contextual conditions）交會在一起，那麼我們便可以確定地說，某個人看見了某樣東西。

　　然則，這兩個條件是否為適當使用「看見」這個詞語的必需條件？想想看有一個打獵的人，張開眼睛，光線充足，而他正在找尋一隻鹿。他那可靠的嚮導正指向一個方向，而他也全神注視那個方向。在樹叢裡，有一隻鹿，好像嚇壞了，動也不動地站在那兒，回頭盯著打獵者，而這個打獵者卻說他看不到鹿。上述的兩個條件交會了，而他卻依然看不見。這時還缺少了一個必需的條件——分辨的條件（discrimination condition）。如果你不能從視野所及的範圍裡挑出你所要看的東西，你還是看不見它。這就好像你打開了珠寶盒，你所要的袖扣明明就在裡面，而你卻說「我看不見袖扣。」所以，從邏輯上說，分辨的條件也是「看見」這個詞語的必需條件之一。

　　歸納言之，開始分析的時候，先找一個明顯的必需條件。（如果開始的時候，不是使用「眼睛開著」這個必需條件，那麼「閉著眼睛」的例子將迫使我們修改條件。）然後，我們找到一個眼睛開著，但卻依然看不見的例子（愛、五百里外的朋友、精靈），來檢驗這個條件的充足性。這些相關脈絡的變因，引導我們增添新的必需條件——在視野範圍以內的物體。這些條件再合起來檢證其充足性，當發現有所欠缺時，便迫使我們增加「分辨的條件」。然後，再想像一些別的實例，直到想不出有什麼需要再增

添或做其他改變之時，才算大功告成。

第三節 直觀

　　直觀的方法，基本上假定人類天生具有某種特殊的、相對於今日之狹義的科學而言是帶有神秘色彩的認知能力。此種能力即是直觀的（intuitive）能力。直觀的認知，不是訴之於邏輯的推演或經驗的歸納，也不依恃理性而嚴謹的分析或綜合，而是先尋求認知者內在心境的平靜靈明（如禪定），或者暫時擺脫主觀成見、先前經驗、個人好惡及既存理論、學說的影響，先求取一種持平、客觀而無待的心態（如現象學）。這是很重要的認知的準備，而其實是使那種特有的認知能力得以自然流出或釋出的先決條件。

　　本文中提及的是兩種直觀的方法。一是現象學（phenomenology），一是禪定（meditation）或沉思冥想之方法。現象學是二十世紀歐陸的顯學，為奧地利哲學家胡塞爾所建立，影響及於海德格（Martin Heidegger, 1889-1976）等存在哲學家，成為存在哲學之方法。此現象學方法近年來受到教育研究者之青睞，亦開始應用於教育學之研究，強調對於教育現象及問題持客觀如實之觀察、描述和呈現之態度，由對個人內在體驗之省察，以了解自身與教育其他主體及活動間之接觸及互動的深層情形。禪定的方法，旨在使心識活動能在定靜情境下自然而自由運轉，俾更易見著「真理」或「真實」。禪定的相反詞是心之散亂，其相似詞是定靜，是舒服和自然，是鬆靜與中正的均衡，是舒適和集中的專注，是使精神保持一種平和卻敏銳而機靈的狀態，是智慧而中道的判斷。

禪定的結果可能是明心見性，使一切心識活動澄澈呈現，並且得
以清楚看見自我與周遭的人、事、物。禪定的結果，使我們感官
知覺敏銳，更細緻看見自己的心識，看外面的世界亦然，因而能
夠了然這森羅複雜之世界的實況。禪定是一種認知的環境或條件。

　　教育問題的了解及解決，從哲學的觀點而言，在求其深刻而
周全，並帶著悲憫的關懷。直觀的方法可以引導教育之研究者，
了解教育問題非是單獨、孤立的問題，非是淺顯簡易之事，但不
懷憚懼和厭煩，而是在了知實況之後，接納其苦與樂。他能了知
教育任一問題在較大之教育架構中的位置，以及在更大之人生架
構中的位置，以及更大之世界諸種存有及其變易之架構中的位置。
他看見他們彼此之間的關聯性和互動性。他體察了他們彼此間的
聲息相通，呼吸互應。他變得平和虛懷，知道自己該採取的是什
麼樣的行動。

一、現象學方法

　　「現象學」（phenomenology）這個名詞首次出現在朗伯特
（Johann Heinrich Lambert）的著作 *Neues Organon*（1764）之中，
後來又出現在以下諸人的作品中：康德（*Metaphysische Anfan-
gsgrunde der Naturwissenschaft,* 1786）、黑格爾（*Phanomenologie
des Geistes,* 1807）、雷諾維（Renouvier, *Fragments de la philosophie
de Sir W. Hamilton,* 1840）、哈默頓（Hamilton, *Lectures on Logic,*
1860）、艾米耶（Amiel, *Journal Intime,* 1869），以及哈特曼（E.
von Hartman, *Phanomenologie des Sittlichen Bewu Bewubtseins,* 1879）
（註38）。他們對「現象學」一詞的定義，彼此之間有很大的差

異。但是，有一個共同之點：他們都不把它定義為一種嚴謹的思想方法。

　　胡塞爾賦予現象學一詞的涵義，和上述諸人有很大的根本上的不同。胡氏所意指的是一種哲學的方法，或是思想的方法，或者如他本人所喜描述的是一種嚴謹的哲學活動的「科學」的方法——一種理想的哲學方法。它事實上是一種「客觀的」認知和反省的方法。它所要認知或反省或探究的乃是自身的意識活動，以及意識與其對象的關係。而這種方法，在基本上異於邏輯之思辨的過程，也和一般所謂的「自然的觀點」（natural standpoint）大異其趣。由自然觀點所發展出來的科學，如自然科學和社會科學等，關涉到的是有關這個世界的科學。但是現象學卻要描述純粹之超經驗的本質（註39）。

　　現象學在二十世紀已經對歐洲思想界產生了決定性的影響，而近年來，也開始對美國的學術界發揮作用，實例之一是已有不少學者認真地把現象學的方法應用於教育問題的研究。在兩次世界大戰之間，以胡塞爾為主所形成的現象學派，其成員包含了謝勒（Scheler）、殷加登（Ingarten）、法伯（Farber）、史坦（Stein）、貝克（Becker）、芬恪（Fink）、普芬德（Pfander）、葛耶（Koyre）等人。其後，這個方法經修改後為存在哲學家所採用，成為存在哲學的主要方法，使用者包括馬色爾、海德格、沙特和莫勞龐迪（Merleau-Ponty）等。少數特立獨行的思想家如尼可拉伊‧哈特曼（N. Hartman）也使用現象學方法。胡塞爾本人的思想則深受笛卡兒和康德的影響。從笛卡兒，他學習如何專心觀想個人的第一手的體驗，而從康德，他也學會如何探索基本的先驗的原理。現象學開始的時候，是研究人類的意識，意欲界定個人經驗的結構，

現象學到了最後，則是要找尋一些「基礎」，一切人類經驗和理解的先驗原理（註40）。

我們且引述海德格一篇自述性文字中的片段，以說明現象學對這位重要的存在哲學家的影響。他在「我和現象學」一文中提到，胡塞爾在一九一六年到弗來堡大學，接替李克特的職位，而李克特則到海德堡大學接溫德班的講座。海德格早在一九〇九年冬就到弗來堡當學生，後來並對胡塞爾的《邏輯的探究》（*Logical Investigation*, 1913）一書著迷。胡氏到弗大之後，海氏自是如魚得水，海氏描述胡氏的教學，採取的是現象學之「觀看」（seeing）的一步接一步的訓練，在這樣做的同時，他也要求學生不要把偉大思想家的權威導入對話之中。但是，海德格指出，一個人在逐漸熟悉了現象學的方法以後，對於那些偉大思想家的著作的了解，會有更大的斬獲，也越難割捨。一九一九年以後，海德格在胡塞爾的指導之下研習現象學，不但練習「觀看」，也練習現象學的教學。他除了教學和例行的研討會以外，還參加一個特別的研討會，專門研究《邏輯的探究》一書。當然現象學的道路並不好走，不但漫長，而且有許多的停頓、錯誤和改道。但是海氏也指出，現象學不是一個學派，而是一種思想的可能性，有時變易，因此能符應人之思想的不同需求而長存。現象學的主要性格，不在於實際成為一個哲學派別，它的可能性的地位更高於實際性，「要真正了解現象學，必須把它當成可能性來看待。（註41）」

那麼現象學的方法是怎麼樣的一種方法呢？它有什麼樣的一些特質呢？它在教育上如何應用？

首先，現象學方法的一個基本特質是所謂「簡約」（reduction）和「暫停判斷」（epoche, abstention）的過程。胡氏視此為

他哲學最大的發現，事實上也是他的哲學中爭論最多的話題之一。
簡約的目的是為了保證描述的純粹性，以有助於本質的發現。簡
約是要保證我們所描述的「客體」，是現象，是經驗之有意向的
客體，而不是別的任何東西。簡約要我們去注視那我們所看見的，
而不受預設的干擾。例如我現在要對落日作現象學的描述，我便
不宜如此說：我看到了一個距離 93,000,000 哩遠的充滿瓦斯氣的
火球，它看起來是紅色的，這是地球大氣層的折射所造成的。我
應該做這樣的描述：它是一個紅色的盤子，距離好像在一百公尺
上下。換句話說，雖然我不否定有關太陽系以及大氣層光線的知
識，但是我要把這些知識暫時擺在一邊，暫停使用他們，以便我
能夠從我真正看到的開始做哲學（註42）。 且在此引述胡塞爾自
己的話：

　　　　每個人開始做現象學思考的時候，首先要下定決心，
　　把我們現有的知識擺在一邊。……一個人初學做哲學家，
　　就要遵循這個規則：只依證據來下判斷。而這證據又需
　　有進一步的證據做基礎，來支持它。如此一來，我們只
　　能倚賴那些立即、直接而明確無疑的證據。我們能否找
　　到這種最初始的，先於其他一切的證據？當我們如此沉
　　思時，有一件事是明確的而且是先於其他證據的，那便
　　是這個世界的存在。一切科學都指涉我們生存的這個世
　　界，而在此之前，我們在日常生活也已經指涉這個世界。
　　這世界的存在先於一切事，這個道理是如此的明顯，甚
　　至沒有一個人認為有必要重述它。我們對這世界的經驗
　　是連續不絕而無可置疑的。然則，這個經驗的證據果然

是如此明白，並且先於其他證據乎？不是有時候我們的
經驗只是幻覺嗎？那些一貫而完整的經驗，會不會只是
一場夢？因此，只撇開所有的知識，並視科學為先入為
主之見，仍然是不夠的。即使是我們有關於這個世界的
經驗，也可能只是一種無法接受的素朴或幼稚的信念而
已，它只是一個尚待證明的假設耳（註43）。

所謂暫停判斷是說我們不能隨便斷言這個世界是存在的實體，
當然也不隨便否定它。這種懷疑的精神也應用於其他的人和事。
人和事是因為我們的感官經驗而令我們感知，但此時我們也懷疑
自己的感官經驗，所以不能倚靠它了。但是，我們並不因此就否
定整個經驗生活中的流動、物體的表象、他人以及文化情境的表
象等等。一切都沒有改變。暫停判斷並不意味著「消失」或「不
存在」，但是我要暫時擺脫我任何的意見、判斷和評價，以保持
認知上的純粹性。我要藉著這種現象學的方法，了解我自己的自
我和意識活動，在自我與意識的活動中，整個客觀的世界相對於
我而存在；世界中的每一事物，一切時空的存有，相對於我而存
在，因為我經驗了它，知覺了它，記得它，想著它，給與判斷和
評價，或有著對它的希冀。笛卡兒把這一切的意識的活動，用一
個字來代表：思（cogito）（註44）。

對於我們不清楚、不肯定的，我們自然是要暫停判斷，而對
於那些我們肯定的、清楚的，也要停止判斷。例如我們站立公車
旁，然後我們上了公車，我們不是去懷疑站在公車旁和上公車的
經驗，而是對是否真的站在公車旁並上了公車停止判斷。我手上
拿著書，我並不懷疑拿書的經驗，也不懷疑書的存有，但我懷疑

書之存在模式的存有，因為書可能存在於夢的模式當中（註45）。
現象學方法做到最後，會把一切能懷疑的都「畫入括弧」，然則
最後會留下來什麼呢？胡塞爾指出，在現象學的切斷關聯之後，
剩下來的乃是不受影響的「意識」（consciousness），這是「現象
學的剩餘物」（phenomenological residuum）。但這並不表示其他
的東西都消失了，內容並不減少，只是置入括弧而已（註46）。
胡氏說，他不像詭辯學家（sophists）那樣子否定這個世界，也不
像懷疑主義者那樣子懷疑這個世界，他只是要把那些屬於自然觀
點的論點，暫時不去使用，但是這整個世界仍然在那兒。「一切
有關這自然世界的科學，儘管我肯定它們，滿心讚賞他們，一點
兒也不去拒斥它們，但是我還是要『暫時』切斷和它們的關係，
絕對不以它們做為我判斷的基礎。（註47）」

　　以下胡塞爾的一段話，說明了如何透過現象學的簡約，以捕
捉那純粹自我的意識：

　　　　在我自然的存在中，當我說「我是，我思，我生活」
　　之時，意思是說，我是世界中眾人之一人，我因著肉體
　　而與自然有了關聯，而在我這身體當中，我的沉思、知
　　覺、記憶、判斷等等都融合而成了身心的事實。以此觀
　　之，我，我們，人類，動物，乃是客觀之科學的材料，
　　也即是生物學、人類學、動物學以及心理學的材料。心
　　之活動，這一切心理學的材料，亦只被視為這世界中的
　　心理生活。純粹的笛卡兒主義的方法論要求我，這個正
　　做哲思的人，要做現象學的暫停判斷，要把一般之客觀
　　世界的實體以及有關此世界之科學，從我的判斷領域裡

消除。結果，對我而言，沒有「我」的存在，也沒有心
理的動作，亦即心理學意義下的心理現象。對我自己而
言，我不再以一個人類而存在，而我的沉思也不再以身
心世界的成分而存在。但是藉此，我卻發現了真正的自
己。我發現我自己便是純粹的自我，有純粹的存在和純
粹的能力（例如能暫停判斷這種明顯的能力）。光只透
過自我，這個世界的存有以及連帶的任何存有，對我有
了意義，以及可能的妥適性。這個世界所涵蘊的非存有，
不但沒有把我的純粹存有消滅，反而預設了我的純粹存
有。……藉由現象學的暫停判斷，自然的人的自我，特
別是我的自我，便被簡約為超越的自我。此即現象學之
簡約的意義（註48）。

胡塞爾有一段話，是很令人感動的。他說，哲學是做哲思者
的個人的事，不是承襲前說，人云亦云。任何一個想變成哲學家
的人，在他一生當中總要有一次，把所有前人的理論，一切科學
的發現，都擺到一邊，把他經驗的累積，也都擺到一邊。哲學是
個人的事，哲學應該源自個人的智慧，是他自證而後推擴以至於
普遍性的知識，是一種從一開頭他就有可能去回答的知識，是在
每一步驟，能依自己絕對的洞識去獲得的知識（註49）。

將這樣的意識「淨化」的過程，應用於教育哲學的研究，亦
頗具實用。美國當代教育哲學家奈勒（George Kneller）曾舉例說
明現象學如何應用於教育研究。奈勒指出，所謂現象，即是精神
活動內容所呈現的事物的表象（appearance）。現象既非如電光石
火，亦不是模糊一片，而是以概念的形式呈現的，如果事物對我

們呈現，則它們的表象須能符應我們的概念，否則便不能為我們
所經驗。不同的人對同一個概念，會有不同的使用，但是基本上
他們仍認同其基本的涵義。比方說，成績優異的學生、被當掉的
學生、任教的教師、化學專家或校長等人，對於科學實驗室的體
會都不一樣，但是他們都認定它是一個實驗室。現象學企圖去描
述一切知識之基礎的概念的性質，把這些知識奠定在一些絕對確
定的基礎上面。

　　我們要如何才能發現並描述這些概念呢？首先，我們要把所
有可能歪曲呈現出來的現象本質的預設擺開一邊。用胡塞爾的話
來說，就是把它們「畫入括弧」。最重要的是要把這個常識性的
看法──人是生活在一個物理的世界裡，這些物體都是獨立自存
的，並且使我們產生種種的經驗──都一一地畫入括弧。因為事
實上我們所碰到的不是事物本身，而是事物的經驗，是我們透過
自己的概念所營造起來的經驗。下引的文字是奈勒所舉應用現象
學方法思考的實例：

　　　　假設你現在正想把用來營造教學這個經驗的概念給
　　分離出來。你把所有與教學有關的，所有教育學的、心
　　理學的、社會學的、所有權威與責任等的觀念都畫入括
　　弧。你甚至把這樣的信念，你現在走進來的或想像中的
　　這個教室是獨立於你之外的存在──也畫入括弧。你盡
　　量使自己變成小說家亨利詹姆士（Henry James）所說的
　　那種「完完全全的反映者」，變成一對毫無偏見的眼睛。
　　其次，你把這個經驗和其他實際的或可能的經驗相比較。
　　要怎麼比較呢？在你的心靈的眼睛裡，把這經驗的特性

加以更換，一個接著一個。對每一個特性你都問自己：
這個新換上來的特性跟原先的基本上是不是一樣？（或
者是原先的變化，但比原來的更能代表事物的本質）你
問自己，它是不是也具有和原來的特質同樣的屬性和結
構，並反映了同樣的有組織的概念？在考慮了廣泛範圍
的經驗以後，你就把這概念的基本特性分離出來。胡塞
爾說，如果你嚴格地遵循這個程序，並且把你自己的結
果和別人的結果做一番比較，那麼你就可以把你所屬的
社會或團體的成員所共同認定的概念描述出來了。

　　試想想一位你所欣賞的教師，她是怎麼樣來呈現教
材，吸引你的注意，回答你的問題，訓練你，給你打分
數，以及諸如此類的事？把她的教學做為你的第一經驗，
然後你再回想一下別的教師，在態度、教材、年齡、性
別、脾氣、教學方法、知識等某一些方面跟她不同的教
師，試著去找出他們的教學和她的教學之間的共同點。
現在把你的腦子投射到更遠的地方。想一想父母親、政
治人物、銷售人員、傳教者、女店員。想想電腦、電視
廣告、報紙，這些人或事物有沒有教過人？如果有的話，
是什麼時候？怎麼樣教的？再想一想銷售廣告詞，牧師
的講演，暴風雨的警報，一段忠告的話，以及慷慨激昂
的政治演說。想到這個時候，你是不是認為他們仍然是
在教人？如果是的話，是在什麼意義下的教？如果你認
為他們已不能算是教，那麼理由何在？如果你已經碰到
一些不屬於教學的特性，那就表示你大概已經到達了這
個概念的邊邊了。比方說，銷售員和教師不同的地方是，

前者關心的是你的荷包；傳教士和教師不同的地方是前者關心的是你的靈魂，然而請你注意一點，教學這個概念的核心特質，很少是一下子就能捕捉得到的。你要緩慢的，從容不迫地從模糊曖昧逐步達到清晰明確。當你認爲自己已經建立了這些核心的特質以後，就可以開始將你的發現跟別人的做比較了（註50）。

二、禪定

禪定的目的在生智慧。這種智慧，不僅僅是普通知識的獲得，而且是運用知識的能力，智慧的能力不排斥感官經驗，不否定邏輯推理，但是猶要超過這些。它包含日常的理解、判斷和解決問題的能力，但也具有對事象的穿透洞識力、預測力和通觀的見解。這種智慧力返於自身，可以清楚了解自我精神活動及變化的細微末節的過程，可了解我與周圍環境的關聯，而當然也了然於自身之處境。不僅如此，這種了解是在整個世界、整個宇宙、整個社會、整個大環境、整個小環境等之層層的、錯雜而實有其理路脈絡之結構中的存有關聯的了解，也同時是掌握這結構之運動的理則，默察於心，不即不離，既入於其中又出於其外的理解。這種智慧要把我與他、此生與彼生、大小諸事物、各種精神的及物質的存有和活動，都在世界之理則體系中來觀照、來理解、來回應。他告訴我們事物之實然，準確而完整。

獲得這種大智慧，是宗教和哲學應該努力的目標，因為只有藉此智慧，個人才有幸福，社會才有正義，世界才有和平。蘇格

拉底的「知」指的是此智慧，孔子的「朝聞道，夕死可矣」的道是此智慧，老子的道、理學家的理與佛教之佛的境界，應都是指此圓滿的智慧而言。莊子諸寓言中，亦多描述得此智慧之種種感受和現象。此智慧當然不限於知識，而實通於真善美。柏拉圖之至善指此，而他的至善亦是至美。黑格爾的絕對精神亦指此，此智慧實涵蓋、融攝一切真理或真理之各面。一切的學問，論其極致，不外是此智慧。知德與行德，都不外乎此，而禪宗之論「理入」、「行入」，亦都含於此。此智慧至廣大而亦至精微。它是哲學家和宗教家夢寐求之的理想。有此智慧，則此人內涵、外表無不顯現「完美無缺」，它是一種理想相，但不是不可達致之理想。

以此來界定禪定的目標，並不表示禪定是達成此一目標的充足條件，其實，禪定是一個必需的條件，而非充足條件。所有的哲思，包含邏輯與非邏輯，在其思索的某些階段或過程中，必然要進入相當程度的禪定狀態，否則深刻的哲思為不可能，而通全的觀點亦不可得。禪定是哲思能有所得的基礎，所謂「定、靜、安、慮、得」，沒有定便不會有得。禪定是一種精神活動的狀態，同時也是一個人身心活動的某種狀態，因為身與心是聯動的。哲學上的活動以及哲學問題的解決，缺乏了禪定，便不可得。同樣的情形，教育哲學的省思活動及問題之解決，亦須以禪定為其基礎，藉此禪定之法，配合其他必需的條件，以生教育之哲思的智慧，是教育哲學家的主要任務。

禪起源於印度，其原意即靜坐斂心、正思審慮，以達定慧。在佛陀以前，印度已有以「生天」為坐禪之目的的思想，至釋尊時，始開展了遠離苦樂兩邊以達中道涅槃為目的之禪（註51）。

漢末禪法已傳入中國，最初多小乘之禪觀思想，東晉鳩摩羅什以後，介紹各種禪法，尤重念佛法門。劉宋求那跋陀羅譯《楞伽經》四卷，列愚夫所行禪、觀察義禪、攀緣真如禪、如來禪等四種禪之說。菩提達摩東來，所傳基於《楞伽經》（註52）。

　　「禪」是梵語「禪那」（dhyana）的簡稱，「定」是梵語「三昧」之譯語。三昧（samadhi）又作三摩地、三摩提、三摩帝。意譯為等持、定、正定、定意、調直定、正心行處等，即將心定於一處（或一境）的一種安定狀態。禪之意譯作思惟修。思惟修者，思惟所對之境，而研習之義。禪或譯靜慮，即心體寂靜、能審慮之義。定是心專注於一境而離散動之義。《大智度論》說：「善心壹處住不動，是名三昧。」「一切禪定，亦名定，亦名三昧。」「一切禪定攝心，皆名三昧」。

　　《頓悟入道要門論》中說：「妄念不生為禪，坐見本性為定。」木村泰賢指出，佛教之禪源於印度古代一般所修習之瑜珈、三摩地等修養，它「制心一處，統一種種的表象，最後終於令到無念無想的修養。（註53）」木村泰賢進一步指出，禪定的消極意義，在於制止心的散亂，但在此之同時，要把心力專注於一點而強化它，「依之徹底的觀察某種對象，使自己終於成為那個對象」（註54）。

　　有人對「禪定」下此定義：

　　　　禪定是一個特殊的心理、生理狀態。在這個狀態下，心理方面的顯著現象是心注一境，或無波動或妄念起伏的現象；生理方面的顯著現象是呼吸作用，血液循環和心臟跳動的緩慢、微細以至於絕對的停止（註55）。

　　高登海註智者大師之修習止觀坐禪法要，內中說：深的禪定，大都呼吸停止，心跳停止。用佛法觀人身生理結構、消化、呼吸、循環、排泄系統等，均為支持神經系統的作用而設，而神經系統亦只為精神（心識）活動之依據（緣）而已。在入定時，心識幾乎已停止活動，神經系統不必忙碌工作，支持神經系統的諸系統也就不需活動了（註56）。

　　但禪定並非只靠禪定本身便能成功的「技巧」。存在哲學家雅斯培對此有深刻之描述：

　　　　刻意控制自己的意識，使某事彰顯，使另一事消失，乃是危險之舉。沒有適當基礎的人妄行此法，只有招致毀滅。所謂基礎，即是一個人生活的純淨化。我們主要的要求是生命之業中的覺醒，將此覺醒延續至禪定中，並在禪定中獲得完全的識見。識見充斥〔吾身〕，亮光將〔無明〕〔逼走〕。把亮光帶至深奧處乃是修行、禪定及沉思〔默想〕的共同原則。禪定的進程中，不應有迷醉、狂喜或類似迷幻藥及鴉片等引起的快樂，而應該是在明亮中的超乎所有普通識見的洞見，在此洞見中，事物本身呈現出來，而不僅僅是想到而已。宇宙普遍的戒命乃是如此：不讓任何物蟄伏在無意識〔無明〕中，使〔無明〕無肆虐的餘地；讓完全的覺醒伴隨著你的行為和經驗（註57）。

　　其實，禪定不是一孤立事件，不能靠其自身單獨完成，這種觀點，早已載於佛教經論。智者大師說：發心起行，欲修止觀者，

要先外具五緣。這五緣是：

1. 持戒清淨

2. 衣食具足

3. 閒居靜處

4. 息諸緣務

5. 近善知識（註 58）

　　雅斯培也說，佛教徒的追求真理，應在最深刻的思想中〔理入〕和每日生活的言行中〔行入〕雙管齊下；他們應持戒，過著貞潔、不可飲酒、不可殺生和邪淫、偷盜的生活，而且要在內省中觀看自己，將人的潛力藉著禪定而提升至無限高之處（註59）。

　　木村泰賢也說：

　　　　修道的要領，雖在於均等的修戒定慧，但其中有最重大意義的，如前所說，是禪定。……戒，要之，爲修定的準備；定爲得慧的準備（註60）。

　　以上所引，告訴我們一點，禪定方法的練習，除了技巧本身以外，須以內在心識純淨和外在言行的修養做爲基礎。另外，生活的方式和生活的環境，也要做適當的安排和調整。對一個教育工作者和教育研究者來說，禪定不但是一種哲學方法，幫助他深刻而周全了解教育問題，而且會在更根本處改變他的生命觀和生活觀，因而也影響了教育觀。它本身即是一種教育的方法。

附註

1. Irving M. Copi, *Introduction to Logic*，張身華譯，《邏輯概論》
   （臺北：幼獅文化事業公司，民 75〔61〕），頁 86。

2. Wesley C. Salmon 著，何秀煌譯，《邏輯》（臺北：三民，民
   61〔56〕），頁 62；張身華譯，《邏輯概論》，同上，頁 86-88。

3. 張身華譯，《邏輯概論》，同上，頁 188-189。

4. 同上，頁 191。

5. 同上，頁 193-196。

6. 同上，頁 196-198。

7. 同上，頁 173。

8. 同上，頁 174。

9. Wesley C. Salmon 著，何秀煌譯，《邏輯》，同上，頁 99-101。

10. 同上，頁 102。

11. 何秀煌，《邏輯》（臺北：東華，民 73），頁 39。

12. Bertrand Russell, *"The Philososphy of Logical Atomism,"* (1918) in
    Robert Charles Marsh (ed.), *Logic and Knowledge* (Capricorn Books
    Edition, 1971 [1956]), PP.179-180,197-198.

13. Ludwig Wittgenstein, *Tractatus Logico-Philosophicus,* trans. by D. F.
    Pears and B. F. McGuinness (New York: Humanities Press, 1961), P.
    49.

14. *Ibid.*, P.37.

15. *Ibid.*, P.151.

16. *Ibid.*, PP.25,59.

17. Ludwig Wittgenstein, *Philosopical Investigations* trans. by G. F. M.
    Anscombe (London: Basil Blackwell & Mott, Ltd., 1958), P.x.

18. *Ibid.*, P.3e.

19. *Ibid.*, P.6e.

20. *Ibid.*, P.7e.

21. W. T. Jones, *A History of Western Philosophy: The Twentieth Century to Wittgenstein and Sartre* (New York: Harcourt Brace Jovanovich, Inc., 1975), PP.370-371.

22. Ludwig Wittgenstein, *Philosophical Investigations, op. cit.,* P.32e.

23. W. T. Jones, *A History of Western Philosophy, op. cit.,* PP.380-381.

24. Ludwig Wittgenstein, *Philosophical Investigations, op. cit.,* P.50e.

25. B. Othanel Smith and Robert H. Ennis (eds.), *Language and Concepts in Education* (Chicago: Rand McNally & Company, 1961), Preface.

26. Israel Scheffler, *The Language of Education* (Springfield, Illinois: Charles C. Thomas, Publisher, 1960), P.9.

27. B. Parl Komisar, "'Need' and the Needs-Curriculum," in Smith and Ennis, *Language and Concepts in Education, op. cit.,* P.24.

28. Richard S. Peters, *Authority, Responsibility and Education* (London: George Allen & Unwin, 1977 [1955]), P.122.

29. *ibid.*

30. *Ibid.*, PP.122-131.

31. *Ibid.*, PP.13,15.

32. Israel Scheffler, *The Language of Education, op. cit.,* P.10.

33. *Ibid.*, P.9.

34. Harry Broudy, *Building A Philosophy of Education* (New York: Prentice-Hall, Inc., 1954), PP.9-12.

35. *Ibid.*, P.13.

36. Jonas F. Soltis, *An Introduction to the Analysis of Educational Concepts* (Reading, Massachusetts: Addison-Wesley Publishing Com-

pany, 1978 [1968]), PP.97-98.

37. *Ibid.*, PP.97,101-102.

38. J. M. Bochenski, *The Methods of Contemporary Thought,* trans. by Peter Caws (New York: Harper & Row, 1986 [1965]), P.15.

39. Edmund Husserl, *Ideas: General Introduction to Pure Phenomenology,* trans. by W. R. Boyce Gibson (New York: Macmillan, Collier Books, 1962 [1931]), PP.46,191.

40. Robert C. Solomon, "General Introduction: What is Phenomenology?" in R. C. Solomon (ed.), *Phenomenology and Existentialism* (New York: Harper & Row, 1972), P.1.

41. Martin Heidegger, "My Way to Phenomenology", In *On Time and Being,* trans. by Joan Stambaugh (New York: Harper & Row, 1977), PP.74-82.

42. Robert C. Solomon, "General Introduction: What is Phenomenology?" in R. C. Solomon (ed.), *Phenomenology and Existentialism, op. cit.,* P.21.

43. Edmund Husserl, "Paris Lecrures," [1929] in *Phenomenology and Existantialism. op. cit.,* PP.46-47.類似的敘述也含於胡塞爾的另一重要作品 *Cartesian Meditations,* trans. by Dorion Cairns (The Hague Martinus Nijhoff, 1973), PP.17-18.

44. Edmund Husserl, "Paris Lectures," [1929] in *Phenomenology and Existentialism, op. cit.,* PP.47-48.又 Edmund Husserl, *Cartesian Meditations, op. cit.,* PP.19-21.

45. W. T. Jones, *A History of Western Philosophy: The Twentieth Century to Wittgenstein and Sartre* (New York: Harcourt Brace Jovanovich, Inc., 1975 [1952]), P.266.

46. Edmund Husserl, *Ideas, op. cit.,* 33, P.102.

47. *Ibid,* PP.32,99-100,116.

48. Edmund Husserl, "Paris Lectures," in *Phenomenology and Existen-tialism, op. cit.,* PP.50-51.

49. Edmund Husserl, *Cartesian Meditations, op. cit.,* P.2.

50. George Kneller, *Movements of Thought in Modern Education* (New York: John Wiley and Sons, 1984), PP.28-30.參閱張銀富譯，《當代教育思潮》（臺北：五南，民78），頁35-36。

51. 慈怡主編，《佛光大辭典》（高雄：佛光出版社，民77），第七冊，頁6459。

52. 同上，頁6460。

53. 木村泰賢著，《小乘佛教思想論》，演培法師譯（臺北：慧日講堂，民67〔46〕），頁656。

54. 同上。

55. 智者大師，《修習止觀坐禪法要》，高登海注釋本，名為《佛家靜坐方法論》（臺北：臺灣商務，民62），頁19。

56. 同上。

57. 雅斯培（Jaspers Karl）著，《哲學的偉人》，陳迺臣譯（臺北：新理想，民66），頁43。

58. 高登海註，《佛家靜坐方法論》，同上，頁16-17。

59. 雅斯培，《哲學的偉人》，同上，頁43。

60. 木村泰賢，《小乘佛教思想論》，同上，頁654。

第四章

形而上的假設

第一節　緒言

一、萬有本體的探索

形而上學要探討(1)存有（being）或實體（reality）的本質；以及(2)宇宙的發生、變化、結構及其規則或原理。前者稱為存有（本體）論（ontology），而後者則稱為宇宙論（cosmology）。

以前者而言，所探討的是「是什麼」（what is）的問題。這和知識論不同，知識論所探討的是「我們對於『是什麼』的知識」（our knowledge of what is）。這兩類問題常常交織在一起，在哲學的問題討論中，很難完全分開。例如我們在討論「心靈」這個存有（本體）論的問題時，也會面臨到「我們如何知道別的人有心靈？」或「我們如何知道我們看見的是同樣的顏色？」這類知識論方面的問題。

但是並非所有 what is 的問題，都是形上的問題。例如「書架上有多少書？」是 what is 的問題，但不是形上的問題，理由之一是這樣的問題還不夠普遍化（一般性）（general）。科學的問題雖然夠普遍，但是只停留在經驗的領域，所以只能算是「科學的」問題，而不能算是「形而上的」問題。有人說，如果科學的問題全回答了，那就沒有什麼問題留給形而上學了。其實不然，因為存有（本體）論要處理的是「實體的基本性質」。凡是能用實證方法單獨解決的是科學問題，能用數學方法單獨解決的是數學問

題，而剩下來的便是形上的問題。例如「事實的問題」（factual issues）可分成兩類：經驗的與非經驗的（empirical and non-empirical），形上的便是屬於後者，它不能依平常的經驗的方法，只能依系統之理解的運作來解答（註1）。

　　簡言之，存有論者，意欲探索宇宙萬事萬物之根本體的諸性質。此根本體於今之物理學界也已在積極探索之中，例如「終極粒子」（ultimate particles）之尋找，但與哲學形上研究相比，其範圍仍有廣狹之不同。物理學之探討與哲學之探討，在方法上亦有差異。前者或用實驗之法，所謂實驗物理；或用數學演算之法，所謂理論物理。而哲學之存有論則用演繹、分析、綜合、直觀等法以建構之。物理學之研究，以其自然科學之特性，仍偏向於某一特定、局部性問題之探索，不若哲學以通全及深刻了解為著眼。然則物理學的研究發現仍不可小覷也，因其提供了了解、研判宇宙本體之具體而詳細的資料。

二、宇宙演化規則的理解

　　宇宙論要研究這（些）宇宙是如何發生的，又是為何演變的。這是自古以來人類不了解而又有很大的好奇心想去了解的一個問題。要了解這個問題，可能有三個途徑。第一是用科學的方法來證實；第二是用推理的方法（邏輯思考的或數學的演算）推算出來；第三是用特殊的心靈觀照的方法（直觀法）來了解。第一和第二種方法今天在科學界都有不少的科學家（物理學家）在進行，例如實驗物理學要用實驗室的方法證驗一些宇宙生成變化的假設，而理論物理學家則用數學的方法計算、推演一些同樣的假設。

　　第二種方法則亦為西方哲學家所使用，他們主要用演繹的方法來建立宇宙觀。當然完善的哲學宇宙觀的建立，還是缺少不了第三種方法，亦即直觀的觀照方法，否則第一原理何由成立？而這也引發了笛卡兒和現代胡塞爾的靈感。至於宗教的宇宙論，則建立在第三種方法上面，雖然也兼採了第二種方法。

　　談到宇宙論，首先即觸及一個問題：何謂宇宙？宇宙在人的想像中，是容易受萬有存在的無限。它是無始以來便已存在，而似又延伸至於無窮的時間；然而它也是一種真實、一種現實，它存在於此刻，造就了你我及其他萬物的實存。然而，宇宙也者，實有其實體，有其客觀之存在，抑或只是萬有覺識中之虛幻？它究竟是亙古永存，抑或是瞬息即變？此實非凡庸、渺小如吾人，所能輕易解答，卻又亟想解開之謎。

　　然則人類探究此類虛無縹緲之問題，究竟有何意義？上已述及，人類本有好奇之心，對於越是不明白的事，越想去了解。同時，人類生存于山河大地、日月星辰之間，對於自身到底身處何時何地，焉有不聞不問的道理？再者，人的自覺自省不可能將自身孤立於宇宙之外而為之，他須先了解他在宇宙間的位置，才能體會自身的價值及其限制，他要體察自身與宇宙及宇宙間其他存有的關係，並默察宇宙間諸運作之法則，而決定自處之道：他要把道德哲學和其他的價值理論，奠基在宇宙之自然的法則上面。他不但尊重這些法則，而且會去仿行，推廣應用於一切行為上。他甚至會想像有一個宇宙的心靈，而盡力去揣知那個心靈。再者，由於人現世的生命短促，肉體迅將腐朽，他深切期待這是一個多元的宇宙，可以使自己透過不同時空之生命形式的轉換，而達到生命的延續。他甚至希望透過心靈的淨化，以升高至一種超越有

限生命、超越生命轉換之不自由的完美存在。此時的宇宙觀便宗
教化了。

　　因此，我們可以知道，宇宙論不是哲學家所創造的玄思的遊
樂器；它是符應人類心靈及生命追求的內在需求而自自然然產生
的。它是生命之學的基礎。哲學家研究宇宙，是因為相信宇宙間
潛藏有生命奧秘的原理，他們要去發見並描述這些原理，而後應
用於自身，應用於這世界；它至少是一種間接的實用之學，而就
足以滿足心靈需求這一點來說，它又是直接的實用之學。

　　科學家雖然也一直在探索宇宙，如上所述，但其和哲學家的
工作是有不同的。科學家在這方面的研究工作的終結之時，正是
哲學家開始工作之時。科學家局部之宇宙鑽研的結論，提供了哲
學家統整、價值判斷以建立完備之宇宙觀的資料和基礎。哲學家
由此基礎出發，描繪出宇宙比較完整的圖象，尋找並綜納或領悟、
參透出宇宙的法則，由此法則及其各種現象，推衍出對生命許許
多多的啟示和應用。

三、形上問題的價值

　　依據歐康納的看法，所謂「形而上的述句」（metaphysical sta-
tements），指的是此述句所指涉的實物（entities）或事實（fac-
ts），其存在非人類之觀察及經驗範圍所能及。所謂「形而上的
論證」（metaphysical arguments）指的是此論證意欲證明此類實物
及事物之存在。歐康納舉了四個述句為例加以說明：(1)在一五六
七年一月一日那天，有 6537 隻鱷魚在桑倍西河（River Zambesi）
裏。(2)某些善行是神聖恩典的結果。(3)凱撒的血型是 AB 型。(4)

凱撒的靈魂不朽（註 2）。他指出四個述句中的第(2)和(4)句是形而上的述句，而第(1)和(3)則不是。歐康納進一步在評論時指出，雖然在傳統的哲學體系裏，形而上學占著重要的地位，但是到了二十世紀英美分析哲學的興起，形而上學的地位受到了影響。在實證論者及經驗論者的心目中，談論一些無法求證的問題，乃是沒有意義的事。「形而上學的基本弱點是，形上論者宣稱他們的結論是客觀的真理，但是他們無法辨識出有哪些是足以證驗其結論的客觀標準」（註3）。

　　儘管有這樣的批評，但是形而上學的發展仍然方興未艾，而哲學家當中，依舊有許多人樂此不疲。事實上，這種批評本身，便代表一種形上的觀點和立場。

　　形上學家所受到的最大鼓舞是，人類天生是形上的存有，他喜歡凡事追根究底，甚至探索那些他現有的經驗及知識所無法確切回答的問題。即使沒有具體明白的答案，他也能從探尋的過程中，得到很大的精神上的滿足；而沒有最後的定論這種情形，只不過進一步激發他更大的探索興趣。

　　研究形上學還有一個很重要的理由：幾乎每個人在其成長歷程中，都多少會形成一些形而上的信念，而這些信念又影響了他的生活和行事。一個人要在他的生活和工作各方面，擺脫這種形上信念的影響，幾乎是不可能的事。這種影響在教育領域也是很明顯的。一個教師或教育行政人員在其決策、計畫、執行、教學和輔導的過程中，不可能不受自己或上級之某些形上信念的左右，不論是有意識或者無意識的。

　　最後，形而上學的研究雖是超乎實證經驗的研究，而造成了以經驗生活為主導的人們許多困惑或者驚恐。但是這個問題的關

鍵所在，也許不在於形上問題提出的不恰當，而是人類認知習慣和方法的不成熟所造成的。或許有一天，人類有可能發展出更成熟而應用更寬廣的「科學」方法來。

　　總括而言，形而上的追根究底的態度，是人性中那最深沉的、渴望了解根本真象的呼喚。形上學代表一個人對一切人、事、物、世界和宇宙之最基本的、通括的、可以為他種見解之基礎的了解和看法。形上學是最簡約的、一切知識的根本，及一切信念的基礎。

第二節　西方的形上思想

一、蘇格拉底以前

　　西洋最早探索本體真相的「哲學家」有艾阿尼亞學派（Ionics）的泰利士（Thales, 624-550 B. C.）、安納西門得（Anaximander, 611-547 B. C.），和安納西米尼斯（Anaximenes, 588-524 B. C.）等人。泰利士以「水」為宇宙的本體；但其繼起者安納西門得則說有某種「東西」，既非水，亦非任何別的所謂要素，而是一種無限的實體，它藉著某種過程，而演變成日常生活經驗中的萬事萬物。安納西米尼斯則以「氣」取代了泰利士的「水」，做為宇宙的本體；另外他又以「稀釋」和「凝聚」兩種作用，來說明宇宙的生成變化，隱約開創了宇宙論的先河。

　　稍晚的畢達哥拉斯（Pythagoras, 572-497 B. C.）企圖以數字建

構宇宙的平衡、秩序與和諧之理論。赫拉克立特士（Heraclitus, 533-475 B. C.）卻以「火」做為宇宙的本體，認為這世界過去是、現在是，而將來也是由一種「永不止息的火」所構成。赫氏以為這是一個有秩序的宇宙，藉著心靈，我們得以開啟其奧秘。但是這宇宙乃是在不斷變易之中，所以一個人不可能把腳伸進同樣的水流兩次，因為當他第二次伸腳進入流水時，此水已不復前水。不但流水如此，即使靜止的水也是一樣。萬事萬物的變化，是不停在進行的。從表面上來看，這桌子和椅子跟它們幾分鐘、幾小時或幾天前沒有兩樣，但是「事實上」並非如此。它不但跟它幾分鐘前不一樣，而且跟它現在也不一樣；它是存在而又不存在於同一時間之內，立刻存在而又立刻不存在；一種連續變化的本質論。因此，赫拉克立特士把世界分別為二，一個是尋常的感官知覺所認識到的表面世界，一個則是「真正的」世界。這一種二分法，對於以後柏拉圖的哲學構想，應該有很大的啟示作用。這兩個世界，既似衝突，又為同一，故在二分當中，又隱然存在著一致的和諧性。

巴門尼底（Parmenides, C 515-456 B. C.）受到赫拉克立特士「萬有變化流轉」學說的影響，而主張在變化當中，有其不變者存在。赫氏認為萬事萬物無不在變，但巴門尼底以為變者只是虛幻，不變者才是真實。因此他比赫拉克立特士更徹底地畫分這世界為二：感覺世界是變的世界，是幻影；理性的世界才是真實的存在，永恆而不改易。但巴門尼底的這一真實存在，究竟為心為物，後世頗有爭論，故有以巴門尼底為實在論之鼻祖，亦有以他為觀念論的創始者。德謨克里特士（Democritus, about 460-371 B. C.）的原子論（atomism）似是發揮了巴門尼底的物質思想所建立

者；而柏拉圖的觀念則承襲並發展了赫拉克特士和巴門尼底兩人的形上思想。

　　恩比多立（Empedocles, C. 495-435 B. C.）以為這世界乃是一個不斷循環的過程，而地、氣、水、火則是四個不生不滅的永恆元素，其間萬物的聚散倚恃的是兩種動力：一是「愛」，掌管聚合；一為「爭鬥」，掌管分離。人事聚散，不是上天早先的安排，而是偶然與巧合。恩比多立之說，是西方多元論之始。

　　安那撒哥拉斯（Anaxagoras, 500-428 B. C.）反省了恩比多立之地、氣、火、水宇宙四大根源，心想，此四物何以能變化生成萬物？而且巴門尼底曾說變化乃是虛幻，在虛幻與真實之間所存在的矛盾，如何才能消除？於是安那撒哥拉斯設想，⑴這世界的本質乃是永恆的；⑵宇宙萬物，各有其歸屬之「物」（柏拉圖之觀念論受此影響）；⑶變動是一定存在的。宇宙萬物中的每一物，各包含他物的一部分，例如頭髮這一物當中，也包含肌肉的質料、花的質料等等，它之所以被稱為頭髮，是因為在此物中頭髮的質料占了上風，此一質料遂得凸顯出來。恩比多立原來只有四大基本質料，現在安那撒哥拉斯將之擴增到無限多的質料，每一種質料就像是一粒種子，它們是無限的小，否則這世界便要爆滿。恩比多立的「愛」與「爭鬥」兩大聚散動力，也被安那撒哥拉斯簡化，而易之以「心」，奇怪的是此「心」也是物質。「心」是宇宙秩序之原動力，使得萬物井然有序，已隱含著「目的論」微光（註4）。

　　原子論（Atomism）是蘇格拉底之前最後的一個重要形上學說，以盧西伯斯（Leucippus, fl. 440 B. C.）和上述的德謨克里特士為代表。德謨克里特士認為知識可分為二，一是真知（Genuine

Knowledge），一是晦知（Obscure Knowledge）。後者如視、聽、
嗅、嘗、觸等屬之，前者則異於是。只有當後者之感官知覺減少
至最低限度時，真知始能凸顯（註 5）。感官知覺的知識是主觀
而特殊的，但是除了感覺世界以外，還有個真知的世界，這個世
界是客觀而普遍的，只有藉著理性，始能了解。那麼，它又是怎
樣的一個世界呢？

> 只有原子（*atoms*）和空間（*empty space*），其他的
> 東西只是想像中的存在而已。這世界中又有無數的世界，
> 它們生成，又消失了。……原子的大小和數量無限，生
> 成在宇宙的漩渦之中，再產生一切的合成物——火、水、
> 氣、地；這些都是由原子所合成。……一切事物之所以
> 產生，是由於必然性，而漩渦則是萬物創造的動因（註
> 6）。

二、柏拉圖

柏拉圖（Plato, 427-347 B. C.）最早把共相這個問題在哲學中
加以討論。他認為真正存在而不變的不是這椅子、那椅子，這朵
花、那朵花，這隻狗、那隻狗等這些個殊的東西，而是他們的共
相，即是「椅子」、「花」、「狗」等「觀念」（Idea，或譯「理
型」）。藍襯衫、藍椅子、藍天、藍色的海，都是存在於時空中
的個殊之物，但是他們都有個共同點：都是藍色的。「藍色」
（blueness）在此是不受時空限制的共相。

　　柏拉圖所說的完美的善、完美的品德、完美的公義，在這感官經驗的世界實際上都不存在的。但是，當我們說大家畫的圓不夠圓的時候，便意味著有一個完美的圓的標準存在著，有某個完美的圓的「觀念」（idea; Idea）。這個完美的圓的觀念，不是存在於現實的時空之中，而是只存在於普遍性的，那個超越時空而恆久不變的領域裏面。在這世界上有各種各樣美麗的花，但「花」這個觀念在這時空的世界上並不存在；只存在於普遍性的天地裏。在這世界上，一切的馬都是不完美的，但是在某處卻有個完美的馬存在，那完美的馬是這世間所有馬的原型（archetype），而世間馬則是此理想馬的摹本（copies）。

　　柏拉圖被稱為觀念論（Idealism）的創始者，因為他認為一切存有的本質，不是物質世界這些感官可以觸及的東西，而是抽象的、超經驗的觀念。柏拉圖以為世上的一切事物，不過是「實在」的影像而已。什麼是「實在」？當然就是「觀念」。這一切的經驗世界或感覺世界，都只是「觀念」的幻影和摹本，都是不實在的。永恆不變的實體──形相（Forms）或觀念──是世界構成之原理，也是科學與哲學同要探討的自然秩序。它們是流動世界的意義。

　　影像之於實在，猶如意見（opnion）之於真知（註7）。若以虔敬而論，便有假虔敬與真虔敬之分，前者為道聽塗說，或為人云亦云，或憑一時感覺，並無一定標準；但後者則不然，它今天是，明天仍是，是有永恆而客觀之價值判斷標準的知識，也就是真理。若以勇敢或其他美德而論，其理亦同。柏拉圖因而說，我們要追求的，乃是這種永恆不變的知識。

　　如此一來，柏拉圖便畫分了兩個世界：實體世界和表象世界，

而後者是前者的摹本。這實體世界，非人類的感官所能認知，只有心靈的眼睛才看得見（註 8）。凡是物有相類形相，而人對之具有相類觀念的便有一個普遍的代表性名稱（註 9）。例如床頭和桌，世間極多，但以形相而論，則只有兩個，一個是床的形相，一個是桌的形相，世界一切的床和桌，都是依照這兩個形相來造的。其他的東西，無不依其所屬的形相所造。至於形相，則不是工匠所能造得出來的（註 10）。由此，我們可以看到，事物的觀念或理型，乃是一種普遍而絕對的標準。柏拉圖對於標準，似乎頗有好感，因為他曾說，能以度量數目為準則，來分辨事物，乃是屬於心較善的部分（註 11）。在他眼中，每一事每一物都應該有它的標準，標準本身便是完美無缺的理想物。世間之物，無論多麼完美，總不若形相之完美。因此，理型本身便具有一種價值的判斷：凡是越接近這一標準的摹仿物，便越接近理想，越合乎真理，也越屬於美善的領域。

三、巴克萊

另一位重要的觀念論者，英國的巴克萊（George Berkeley, 1685-1753）認為，人類心靈的迷惑，主要的根源是由於誤信物質或物質之實體的存在。他指出，在這世界上真正存在的，只不過是精神（spirits）和觀念（ideas）（註 12）。所謂物質或物的實體，並不是真實的存在。人的感官知覺，形成了觀念，而觀念與觀念又聯合起來，形成了所謂的「物」（thing），然後我們給這物取了個名字；而其實，這全是「心靈」（mind）的作用而已。像一株櫻桃，它只不過是一些感官印象，或多樣感官的知覺所造

成的一些觀念的聯合（註13）。巴克萊在這樣說的時候，並不否認有樹、石、火、水、鐵等「物」，但是這些「物」都因為先有了人的「心靈」覺知，而始存在（註14）。巴克萊的觀點可以用簡要的話如是敘述：那些此刻立即覺知的客體即是觀念，而所有的觀念都存在於心靈之中。

如此說來，是否我不認知這建築物時，它便不存在呢？試想，每次我來到這教室，這教室便已在那兒，從無例外，因此我的經驗告訴我，或使我〔誤〕以為這教室一直都是在那兒的，不論我有沒有出現、走近，它總是一個客觀、獨立的存在物。但是這種經驗能證明這教室獨立自存嗎？當我不在那兒的時候，我根本無法證明那教室是一直在那兒的。每當我走近，它應該就存在，因為有我的心靈的和感官的認知。我甚至無法請別人證明然後告訴我：當我不在那教室的時候，它是在那兒的。因為一旦有任何人走近它、觀察它，它就在那兒了。這使我想起一則有趣的故事：有個小兒子有天問他父親：「爸爸，你是不是從來不睡覺？」原來每天早上小兒子醒來時，做爸爸的已經醒著在活動，而晚上小兒子則總是比做爸爸的早睡。

但是有一天，全世界的人類都消失了，那麼心靈的覺知作用也沒有了，則世界上的一切「物」是否也不存在了？如果根據巴克萊的理論來推衍，答案應該是肯定的。然而巴克萊卻說，這種後果是不會產生的，因為還有上帝在，祂無時無刻不在看著這個世界，所以即使人類全消失了，世上的「物」還是能因為上帝之聖靈的覺知而繼續存在。巴克萊如此巧妙地證知上帝的存在：

　　只有，而且也只有被心靈覺知時，這感覺世界才存在；這感覺世界仍然存在，但不是被人類的心靈所覺知；因此，這個感覺世界必然是被一個無限的心靈所覺知（註15）。

四、亞里斯多德

　　與觀念論持著相對立之主張的本體（存有）論，便是實在論（Realism，或譯唯實論）。西洋哲學最早的重要實在論哲學家是亞里斯多德（Aristotle, 384-332 B. C.）。亞里斯多德是柏拉圖的學生，他一方面繼承其師的一些重要觀點，另一方面也做了重要的改變，本體論便是個例子。亞里斯多德寫形而上學，雖然繼承了柏拉圖的「形相」的概念，卻又另創「質料」以為對應，而不再只以形相或觀念為唯一的實體。亞里斯多德既開啟了二元本體（存有）論的完整體系，也為以「物質為獨立實體」的實在論主張奠定密實合理的基礎。

㈠形相與質料

　　柏拉圖說世界的實體是「形相」（form），亞里斯多德受柏拉圖的影響，也講形相，但他的形相的含義，跟柏拉圖的並不相同。亞氏說形相並不是世界之實體的全部，在它以外，還有質料（matter）。例如說磚塊是由黏土做成，黏土是磚塊的質料，而磚塊那特有的樣子，則是它的形相，這兩者合而為一，才構成磚塊

這「東西」或這一「物」。凡是被稱為磚塊的,都具有同樣特質
的樣子和同樣特質的材料,此磚與彼磚的不同,主要是此磚用的
是此塊黏土,而彼磚用的則是另一塊黏土。磚塊是很簡單的東西。
以人這複雜的例子來說,基本道理還是相同的。人與磚塊的不同,
不但在於質料的不同,也在於形相的不同。萬物之所以有形相,
是因為形相能使此物達到某種特定目的或發揮特定功能。筷子的
形相與湯匙的不同,因為其功能有異;帽子與圍巾亦然。簡言之,
功能決定形相,使其具有特定的結構,以達到某種特定目的。結
構往往由一個以上的部分所組成,這些部分為了達到某種功能,
組成了一個完整的整體。至於質料,則使這種結構和功能成為可
能。以人而言,沒有質料,無以造成其形相,沒有形相,各個質
料亦互不關聯。人這一存在,便是形相與質料共同構成,缺一不
可。相同質料,不同形相,則造成不同之物。個人如此。以社會
來說,其質料是個人,其形相則依此社會之目的或功用而定。在
此社會中,個人與個人間依所屬社會的特定目的而形成一種關聯,
此即現代德國哲學家斯普朗格(Eduard Spranger, 1882-1963)所謂
之「結構關聯」。亞里斯多德把世界看成萬物之關聯的整體,而
每一物且都是有生命的個體,都在生長或發展當中,都還沒有達
到「完全」的境地,所以,每一形相,在開始的時期,都只是一
種潛能,它對於質料雕之塑之,就好像是在玩黏土一樣,但這個
雕塑者不是隨便玩,而是有一定目的。形相因而也可以被視為一
種驅力或動力,以達到個體的自我實現。亞里斯多德把形相的這
種性質稱為 Entelechy,而所謂「生長」也者,不過是形相運作之
可見的結果而已(註 16)。但生長和變化是不同的,生長是同一
形相由未完成逐步達到完成,也就是自我實現(完成)的過程;

而變化卻是形相的改變，這也是亞氏說明世界如何由一變多的道理。

㈡四個因

上述的功能或目的，雖是哲學家及科學家所最關切的，但它到底只是事物的性質之一而已。亞里斯多德將事物之功能或目的，稱為「最後因」（final cause，或譯目的因），欲了解一事物，除了這最後因之外，還須了解其他三因，即是「質料因」（material cause）、「形相因」（formal cause）和「動力因」（efficient cause），分別指涉構成之資料、物之形相及其所以構成之動力（註 17）。這四者即是亞里斯多德有名的「四因」。以今天的語言來說，只有第四因能夠稱為因，這種語言上的差異，也說明了亞氏時代的科學知識，和今天的科學知識是有著不同的。以今天的話語來說，質料因指的是「物」所構成的質料，動力因指的是形成「物」的動作、行為或活動，最後因指的是「物」之存在的功用或目的，形相因則是「物」所實現的形相，以達成其目的者。

這種四因說如用來解釋人造之物，如蓋房子等，很是清楚易懂，但如用來解釋複雜的自然現象，則會遭遇到某種困難。例如植物生長的目的是什麼？它生長的動力因又是什麼？不論怎麼說，這四因如加以歸納簡化，還是「形相」與「質料」這兩個基本概念的演化過程。即使在柏拉圖哲學中居於最高超地位的「善」的觀念，在亞里斯多德看來，也是一種質料形相化的知識。柏氏的哲學帶著神秘而超越的色彩，亞氏卻似更看重經驗世界的認知，雖然兩人都贊同個別現象的認識不是真正的知識，但兩人對於真知的看法卻有差異，柏氏所尋求的是涵攝所有殊相的抽象而普遍

的知識，亞氏所追求的卻是各個事物之關聯的知識，即是質料之形相化的知識。

(三)自然哲學

亞氏說，自然是可感知的，但自然並不全等於感覺世界，因為感覺世界包含自然物，也包含非自然物，前者如花草木石，後者如桌椅床凳。所謂自然，不但可以感知，而且具有內在的、天生的動力，能夠生長和變化。他又說，自然就存在在那兒，無須證明，它是自明的，我們須能分辨自明與非自明之物（註18）。

自然也可以被定義為「動與變的原理」，所以我們須先知道「動」的含義，然後才能了解自然。動是一種持續，而最先表現於「持續」之中的便是「無限」。除了上述二者以外，「位置」、「空間」、「時間」等都是動的必要條件。亞里斯多德認為存在之物可分為三類，一是已經完全實現的存在，一是潛能存在，另一則是既有潛能也有實現的存在。論到物與物的關係，有過與不及之分，也有促動與被動之別。所謂動，絕不能置外於事物，總跟事物的質、量或位置等有關。由是，動或變的型態亦有多種。我們可以下定義：「任何有潛能的存在，其實便是動，例如增加或減少，或位置的移動等是。（註19）」但從另一個角度，又可以將動定義為：「任何能動之物的實現。任何與能動之物有關係的屬性之因。」

在《物理學》一書中，亞里斯多德也討論了「位置」、「空間」和「時間」等概念。他說如果每一物都有位置的話，那麼它無疑是個限制，但一物之位置，既非此物的部分，亦非其狀態，物與位置乃是分離的。他下結論說，位置就是其所包容之物的範

限,是一種最深藏的、不動的範限。至於時間,他說它既不是動,但也不是完全與動無關,兩者常被相提並論。他的結論是,時間乃關係到前後的動之數,因此,時間是數的一種。動是連續,時間亦然。時間被用來做為衡量動的標準,因而也間接地成為衡量靜止的尺度。每一變化和每一動的東西都在時間裏面進行或發生。至於空間,亞氏則說那是沒有東西存在的位置(註21)。

宇宙萬物,凡是存在的,都在動之中,其所以動,定有使之動者在,也就是有個「第一動」,有個「第一被動」。因而也有一個不動的促動者存在。它是永恆的,也是一切動的原理。如果第一原理是永恆的,則宇宙亦為永恆。既然動是不停息的,那麼時間也不停息。如果有一天動停止了,那一定是它與第一原理脫了節。第一原理可大可小,也可成任何種樣子。它不可分割,是個完整體(註22)。

五、洛克

英國兩位在知識論方面同屬於經驗主義(Empiricism)的哲學家洛克(John Locke, 1632-1704)和巴克萊,在本體論方面的主張卻是南轅北轍。巴克萊是位觀念論者,上面已經敘述過了;而比他稍早的洛克卻是近代一位重要的實在論者。

洛克的《人類悟性論》(*Essay Concerning Human Understanding*, 1690)一書。雖是著名的探討人類知識的作品,卻也在其第二部(Book II)中討論了物之本體實存的問題。他指出,人生下來之時並無所謂「本具的觀念」(innate ideas)。人的觀念都是來自於感官的經驗。人的心靈在出生之時如同白紙一般,空無所有,

自亦無所謂觀念。由感官自外界物體的刺激，我們人獲得了大部分觀念，這是感覺（sensation）作用；另外我們的心識對這些觀念加以運作，如分析、組織、懷疑、複合等，則是省思（reflection）作用。故觀念的來源看似有二，而其實皆不出外界之經驗。觀念最初是「簡單觀念」（simple ideas），兩個或兩個以上之簡單觀念則組成「複合觀念」（complex ideas）；前者必然出自感官經驗，後者雖可不必直接來自感官經驗，卻也是間接出之於此。

在《人類悟性論》第二部最後的地方，洛克指出人類的簡單觀念是真實的觀念，因為它們乃是由真正的事物所產生的，不是人的心靈所臆創者。但是並非一切簡單觀念必然準確地代表那被知覺的實體（substance）。在此洛克將物體的性質分別為二：主性質（primary qualities）和次性質（secondary qualities）。主性質既真實又準確，而次性質雖真實，卻不見得完全準確代表那外在的實體。

但是在這裏，洛克的看法有別於素朴的實在論（naive real-ism）。素朴的實在論雖然和洛克一樣，同樣認為：(1)有一個物體的世界存在（如樹、屋、山等等）；(2)這些物體當其被人知覺時存在，但當其不被人所知覺之時亦存在，它們乃是獨立於人之知覺以外的客觀存在；(3)我們人對物體的感覺印象是由物體所造成的，亦即先有樹木，我們才能有「樹木的感覺經驗」。但是素朴實在論下述的這個看法，卻是洛克所不同意的：透過感官，我們對這物質世界的知覺，一如物質世界之所呈現。也即是說，素朴實在論認為我們所看到的這個世界，正是這世界真真實實的樣子。洛克卻以為，這些獨立於外界的物體所呈現於我們面前的，在許多方面是和它們的真實體不同的。水中之箸，見其彎曲，而離水

復直。山上的樹木，遠近所見，顏色不一。酒醉者常有幻覺。兩眼焦點不一，可能見物而有重影。事實上，我們何由而得知真正的物體是什麼？我們的感官有時會「騙」我們。但何以知道它們不是一直在騙我們？也許整個世界只是個大的幻局，或者如笛卡兒所說，也許有個惡魔作祟，把一切都安排得使人誤以為有個真實的物質世界，而其實什麼也沒有（註23）。

　　洛克說，主性質是那些明顯地和物體不可分的部分，無論在何種情況下都是如此，不管它受到什麼改變或壓力，仍恆常保持如此（註24）。他以一粒麥子為例，無論我們如何切割它，它的每一部分仍保有同樣的硬度、延展性、外形和變動性。故我們可以說，主性質是物體本身具有的性質，不受人之知覺的影響。這些本有的性質，通常能用科學的方法加以測量和處理。像大小、形狀和重量等都是。

　　所謂次性質，洛克說，不是物體本具者，而是因其主性質所產生的「能力」（powers），使我們亦產生各種感覺者，像顏色、聲音和味覺等都是（註25）。次性質不像主性質那樣子真實，因為主性質不論人知覺與否，都是存在不變的，而次性質則不然。「人的視覺如不去看光與色，耳朵不去聽聲音，味覺不去嚐，鼻子也不去嗅，那麼所有的顏色、口味、氣味和聲音等這些特別的觀念，都會消失和中止，而只回復到使它們產生的原因，也就是其主體、形狀和各部分的動作。（註26）」可見次性質不是物體真正的性質。例如顏色，在白晝、星光和暗夜之下，所呈現的都不同；它依著光線，但也依著觀看者的狀態。又透過不同的工具，所見者亦不一。如果你已經先吃了酸的食物，再吃甜食便覺其更甜。物體本身並無顏色，但是在它某些看不見的部分——例如分

子的結構中——有種能力，使知覺者產生感覺經驗。我們稱之為
紅的東西，在其中並無紅之存在，而是此物有一種力量，使我們
產生一種稱之為紅的感覺經驗。能力是存於外物中，而「紅」卻
以觀念的方式存在於我的心中。這些感覺經驗還有賴於環境的玉
成，例如在黑暗中，物體便無法使我們產生紅的感覺經驗。

六、笛卡兒

以上我們舉了觀念論和實在論的一些代表性的哲學家，說明
他們對於萬物存在之本質的看法。觀念論和實在論若是執著極端
的立場，就會完全否定物質的真實存在性，或完全否定精神的主
導作用。不過，許多哲學家並不如此採極端的看法，即使被視為
最早的重要的實在論者亞里斯多德，事實上乃是持著二元的立場：
心與物都同樣重要，缺一不可，否則無以形成存有。法國近代哲
學家笛卡兒也是位二元論者。

笛卡兒（Renē Descartes, 1596-1650）曾用拉丁文寫《第一哲
學沉思》（*Meditations on First Philosophy*，於 1641 年出版），此
書的副題是「以此證明上帝的存在以及靈魂與身體的區別」。在
此書中，笛卡兒以其著名的懷疑思考的方法，首先證明了自我的
存在，因為「我能懷疑」。他說：

> 因此我要假設所有我看見的都是虛假。我要相信所
> 有我那會欺騙的記憶帶到我眼睛前面的都是不曾存在的。
> 我因而也沒有感覺：身體、形狀、延展、變動和處所，
> 都是我的想像所虛構。還有什麼能被認為是真實的？也

許只有這件事：沒有一件事是確定的。

　　但是……我是否跟這身體及感覺有著緊密關聯，因而如果沒有他們我便不能存在？然而我已經說服自己，在這世界上，什麼都沒有：沒有天，沒有地，沒有心靈，沒有身體。然則我是不存在的了？可是我非存在不可呀，如果我要說明自己相信上面的想法的話。那麼是有個最有能力、最狡猾的騙子，總是有意地在欺騙我。如果他欺騙我的話，那麼無疑的我是存在的。不管他怎麼騙我，總不能使我這個本來沒有的人去思想吧！在仔細而充分地衡量每件事情以後，我可以斷言，每次我在說或想「我是，我存在」時，這樣的述句乃是必然真實的（註27）。

　　笛卡兒在證明自我的存在以後，進一步由自我的存在證明上帝的存在。他說：

　　……我是能思想之物，也就是說，能懷疑、肯定、否定、知曉一些事、昧於許多事、能冀望、能拒絕、並且能想像能感覺之物。……我確定我是能思想之物。……
　　……我曾這樣子問：如果「因」沒有那種實體，它能使「果」擁有那個實體嗎？由之也可推想，一物之存在不能由無中所生；而一物之較完美者，亦即含有較多之實體者，不可能由那較不完美、包含較少實體者所生。……
　　……由是可以明證，因著那自然的原則，我的如同印象的觀念，無法及得上那產生印象之物，而我的觀念

也無法包含比觀念更好、更完美的東西。

⋯⋯如果那使我產生觀念的客觀實體，不在我之內，而我因而也不是觀念之因，那麼我必須由是推論得知，我在這世界上不是孤獨的，必有他物——即觀念之因——存在著。⋯⋯

因而最後只剩下上帝這個觀念。⋯⋯我了解「上帝」意指無限獨立的實體，智慧及能力都至高無上，祂創造了我，也創造了別的——如果還有別的東西存在的話。所有這些特質，我越仔細地想，就越覺得不可能由我自己單獨產生。因此由上所述，我們必須斷言上帝必然存在（註28）。

最後，笛卡兒由上帝的存在，再進而證明這世界之物體的存在。笛卡兒認為，這世界有三種實體：心靈、上帝、物體。上帝是第一因，造就了這世界，而這世界乃是由精神和物質二者所形成的。笛卡兒之證明物體存在的過程如下述：

但是我一旦知覺到有一個上帝——因為同時我也了解到所有別的事物都依恃著祂——而且祂不是騙子，我因此論斷每一樣我清楚而明顯知覺到的事物必然是真實無妄的。⋯⋯

我因而自然地看清楚每一種科學的確定性和真實性都依賴上帝之真實性的認知，其依賴的程度已經達到這樣的地步：在我未認知祂以前，我完全不可能認知別的任何事物。但是現在我已經可能確定而完整地認識無數

的事物——包含上帝和其他理智方面的事，以及所有物體的本質，也即是純粹數學的研究對象（註29）。

　　……無疑的，上帝能創造任何事物，也即是我現在能夠知覺的這些事物。……

　　……根據我知道我是存在的這個事實，而同時我判斷除了我是能思想之物這件事以外，沒有別的任何東西是屬於我的本性或本質，我因而可以正確地下結論，說：我只是個能夠思想之物。也許（或者，如同我剛不久說過，可以確定）我有個身體緊密地與我結合，但是，在一方面，我有個清晰的自我的觀念——我是個能思想之物而非延展之物，而在另一方面我又有一個清晰的關於身體的觀念——只是個延展之物而非思考之物，我因此可以肯定我真正地與身體有別，而且我即使沒有它也能夠存在（註30）。

七、休謨

　　英國哲學家休謨（David Hume, 1711-1776）對「心」與「物」的實在性，都持懷疑態度，並且認為即使他們有著實體，其真相亦非人的知覺所能知。他把人類心靈的知覺分成兩類，即印象（impressions）和觀念（ideas）。所謂印象，即是那些強而有力、生動鮮活的知覺，所有我們的感覺、熱情和情緒，當它們初次出現在靈魂之中時皆屬之。而所謂觀念，乃是指上述這些印象在我們思考和推理時已變得微弱者（註31）。休謨又說，比較微弱而

較不生動的知覺，是觀念或思想（thoughts）；而比較生動的知覺則是印象，例如當我們在聽、看、觸、愛、恨、欲或立意之時，都是印象，而對這些印象進一步反省（reflect）則是思想或觀念了（註32）。

無論是印象或是觀念，又都可以分成簡單的（simple）和複合的（complex）兩類。前者是無可再區分或分解者，而後者則可以再分析出其成分來。但休謨也指出，許多複合的觀念沒有其相當的印象，而許多複合印象也難以準確地轉成觀念。他說，每一個簡單的觀念都有個類似的簡單印象，而每一個簡單的印象也能有相對應的觀念。那個在黑暗中我們腦子所想到的「紅」的觀念，和在陽光底下我們眼睛所見到的「紅」的印象，只有程度上的不同，而沒有本質上的差異。但是簡單的印象總應該是先於其對應之觀念而出現的。印象之後，隨著而始有觀念，所以印象應該是觀念之因，而不是觀念為印象之因（註33）。不過，也可能有極少數的特別，是先有觀念而後有印象的。〔這種特例請參閱休謨的《人性論》（*A Treatise of Human Nature*）一書的第一部、第一章、第一節、第十段（Book Ⅰ, Part Ⅰ, Section Ⅰ, Paragraph 10）。〕

休謨指出，我們幾乎可以確定，沒有印象即沒有觀念，而所謂觀念，不過即是印象的複本（copies）。所以如果想要使得觀念明晰清楚，最好的辦法是使印象重現，例如再度面對現場，或使原先的情緒重新產生（註34）。

對於所謂的因果關聯（cause and effect connection），休謨也提出獨到的看法加以澄清。基本上，休謨認為他看不出因果關聯是一種必然存在的實體，也即是說，一個外在東西當其呈現在我們感覺可及的範圍之時，並沒有顯示出它有某種因果能力（energy）

或力量（power）；而對於單一事件來說，我們也看不出它有何必然的關聯會產生。我們只發現，一個事件接一個事件發生，就像打撞球的時候，一個球撞到別的球，引發了那個球的運動一般，從單一或特定的因果關係，我們看不出它有何種必然的關聯（註35）。

因果關聯之觀念的產生，首先是由於經驗，其次是由於內在的反省。從經驗來說，我們由多個類似的事例，發現到這些事經常地會連結在一起，透過反省，而產生了這些事似乎有著必然關聯的觀念（註36）。類似事例的一再重複，使我們的心靈形成習慣，看到一事的出現，就聯想到另外一事會接著出現。所以像這樣子的因果關聯，其實是我們人的心靈所「感受」（feel）到的一種情緒（sentiment）或印象，再進一步形成力量或必然關聯的觀念而已。起先我們看到一件事接著另一件事發生，並不感覺有何異常，但是在多次觀察這種現象後，我們便在「想像」（imagination）中把兩者連結起來，而其實事情本身並沒有什麼改變，改變的只是我們的想法。結論是，因果關聯乃是起於我們人的觀念中或思想（thought）中。至於是否有一種因果關聯之實體的存在，實非我們所能知（註 37）。休謨因而給因與果下這樣的定義：「一物為另一物所相隨，而與第一物類似之物亦為與第二物類似之物所相隨」。換句話說，「如果第一物未出現，則第二物亦不存在。」或「一物為另一物所隨，而前者之出現使人聯想到另一物。（註38）」哲學家在觀察了許多因果關聯的事例以後，形成了一個定理：所有因果關聯的必然性是相等的。所以會有意外或例外的情形產生，必定是有些相反的因子潛伏著，未為我們察覺的緣故（註39）；蓋世事大多錯綜複雜，很多現象之產生，其原

因亦不止一端，難免疏忽或完全不識。

　　對於事相的描述，休謨盡量避免去觸及實體。一切的物體，似乎都存在於人的印象及觀念中。印象之較新鮮、活潑而準確者是「記憶」（memory）；印象之較老舊、褪色、模糊，甚至不準確、弄不清前後次序，或有倒錯誤置者則是「想像」（imagination）；對事物之印象鮮明、強而有力，且穩定地經常重複者則為「信念」（belief）（註40）。至於因果，如上所述，也只是觀念的習慣而已。所謂物體，真正的本質如何，非人類所能得悉，甚至有無實體之存在都甚值得懷疑。然則休謨是唯心論者乎？也不見得，蓋對他而言，心靈之本質，亦是不可知之事，甚至上帝之存在亦是不知（註41）。

　　休謨以為實體（substance）者，乃是簡單觀念之集合（a collection of simple ideas），它因為想像而綴合在一起，然後賦給它一個名稱，以便於記憶或描述。例如黃金，起先由於感官的感覺，認識到它的金黃顏色、重量、延展性、可熔性；放進王水，它會溶解，我們又多認識它的一樣性質；再加上其他性質，我們把它歸納成一種實體（註42），然後賦予一個名稱，以後同一類東西，都歸屬在這名稱之下。像這樣子，我們乃有了黃金這個觀念，而我們對黃金的了解也只能僅止於此。

　　對於外在的存有，我們的認識僅限於知覺所及的範圍。物之所呈現於我們的心靈者，不過是知覺，我們對物之認識不可能離印象和觀念而產生（註43）。至於時間，是觀念和印象之連續（系列）所形成，例如熟睡者或專注於工作者，渾然不知時間之流逝，而因為知覺進展有遲有速，則時間之想像亦有快有慢（註44）。時間是由部分集合而成，不是同時並存的，所以一個不變

的物體就無法給我們時間的觀念，因為它產生的是同時的印象，而非前後系列的印象（註45）。至於空間，是由兩種感覺（senses）傳到心靈所形成，這二者即是「視」（sight）與「觸」（touch）；任何占有空間的東西，必須是可見的或者是可觸知的（註46）。

　　如果心靈是個實體的話，則必有個所謂心靈的印象；但是遍索自身，仍有一些情緒、情感、思想等等起起落落，相續不斷，卻都不見有一物叫心靈者。故心靈應該也是集合這些零散的印象而形成的一個集會名稱而已。至於自我（self）亦無非如是。故休謨說：「人不過是一束知覺，或知覺之集合，彼此前後相續，遲速不一，然總恆常處於流變與運動之中。…心靈像是劇場，在其上各種各樣的知覺相續不斷地登場；逝，再逝，遠颺，而於無限多之各類不同的狀態及情境中，交錯混雜。（註47）」

八、懷德海

　　依英國當代新實在主義哲學家懷德海（Alfred North Whitehead, 1861-1947）的看法，這個現實世界（actual world）是一種歷程（process）；而這歷程包含的是現實體（actual entities）的變化（becoming）。現實體是造就這世界的終極實物（final real things），它們是經驗的點滴（drops of experience），複雜，但是彼此倚賴。這些現實體，懷德海或稱之為現實場合（actual occasions），或經驗之場合（occasions of experience）（註48）。

　　現實體之所以被認為彼此倚賴，乃是因為它們彼此理解（prehension），彼此包含（involve）。彼此理解而形成一個組合體群。稱之為「群集」（nexus，複數為 nexūs）。上述的三個概念：現

實體、理解、群集，代表了立即之現實經驗的終極事實（註49）。

現實體（又稱現實場合）是世界形成的終極實物，無法再予以細分，而在其背面也找不出任何更為真實的東西。現實體當然是廣布於萬象：上帝固然是個現實體，而在遙遠虛無太空中那最小的飄浮物也是個現實體。他們在重要性方面雖然有差等，而在功能上亦各分化，但自原理論之則無二致（註50）。

懷德海在此所預設的宇宙終極實體，其涵義應該廣於今日物理學界所探索的「終極粒子」。物理學的研究尚未達到定論，但懷德海先要假設宇宙構成的最基本成分，其用意類似宋朝理學家所構設的「太極」理論。

在懷德海眼中，這個宇宙是個其間成員互相理解、關懷、包含和協助的宇宙。每個宇宙間的存有，都不是孤立的，而是彼此形成內在的關係（internal relations）。每個主體從其周圍「感受」（feel）到各種資訊，然後將之融進一個令人滿意的整體當中。這個把客觀資料主觀化的過程，懷德海稱之為「感受」（feeling）。現實體本身因此也是在變化當中，他即是一種歷程，而不是固定的「東西」或「材料」（stuff）。「感受」一詞，近於亞歷山大（Alexander）《空間、時間和神》一書中的「享有」（enjoyment），而也和柏格森（Henri Bergson, 1859-1941）的「直觀」（intuition）一詞有著關係。它也近似洛克的「觀念」，而實更似笛卡兒的「感受」，其義實無異於「思想」（thinking）。「感受」者，亦屬於「理解」（prehensions）中的積極面（註51）。現實體之與宇宙中他物連繫者，靠的是理解。理解亦有其消極面，亦即將他物排拒，不使其對主體的內在結構做出積極性的貢獻。但是即使負面的理解，還是對主體有影響，因為會加入其「情結」

（emotional complex），也形成各主體間彼此影響力量之一（註52）。

　　所謂「秩序」（order）是相對於「無秩序」（disorder）而言；之所以要談論宇宙或人間的秩序，是因為其間亦有無秩序在。故依懷德海的看法，秩序有種想要達到某種目的或理想的調適意義在內，而非「本然」（givenness）即是如此。這種目的是為了使「群集」（nexus）中的成員，也即是現實體，獲得滿意（satisfaction）。事實上，「秩序」一詞是個泛指性的辭語；只有在特定情境下才有所謂秩序，而每種情境也包含有「無秩序」。秩序有助於目的或理想之達成，而無秩序則反是。群集中之每個現實體，其要達成的理想並不是完全一致或只有一個的，但在多數的理想當中，總會有個比較突出的主導理想，而受到多數現實體的認同（註53）。

　　懷德海以生物學之「癒合」（concrescence）一辭描述現實體發展過程中整合的特性。明確的滿意獲得時，癒合的過程會中止。現實體追求的理想是「主觀目的」（subjective aim），這是「感受」（feeling）的誘因，也是心靈的種子；而所謂心靈，懷德海指的是一個現實體結構中所包含的複雜的精神運作。感受的氣息創造新的獨特的事實，但感受卻不完全為資訊所決定，尚須視主觀形式（subjective form）的採擇（註54）。

　　「滿意」（satisfaction）也是個泛指性的辭語，不同現實體的滿意亦不同；秩序會促進滿意，無秩序則反是。現實體之「主觀目的」越能達成，滿意度越高，主觀目的成為現實體的「終極因」（final cause，或譯目的因，此乃懷德海借用了亞里斯多德的辭語），能夠促使發現實體的「癒合」。如此一來，已經獲得的滿

意,乃成為創造性之目的內涵的一部分。現實體因之有三重的性格:(1)它有過去所「賦予」(given)的性格;(2)它有指向癒合之過程的主觀性格;(3)它有超主客觀的(superjective)性格,此即形成超越創造(transcedent creativity)之特定滿意的實用價值(註55)。

社會是由許多現實體所組成的,在此「秩序」意指這許多現實體所共同認定和享有的關係。社會是現實體的一種群集(nexus);但社會不是單純的現實體的集合,然後冠以一個共同名稱而已。社會之構成,須是其間成員形成共同性格,或彼此分享其所定義的共同性格,且此共同性格足以維繫社會的生長。社會若無其個別成員的認同,便不再有效存在。故懷德海說:「在一個社會中,其成員須依循社會統理的法律才能生存,而法律又須有社會成員間的類似性格才能形成」(註56)。

然而,即使社會達到了其理想的秩序,也不可能永遠維持如是不變。經過若干階段的生長之後,社會將衰微,不再增生,而終於消失(註57)。而一般現存的社會,亦是好壞參半,增生與衰敗並存,少有真正達致理想者。

總結懷德海的宇宙論,有幾個重點:

(1)宇宙是不斷地在創造當中,創造性是終極物的範疇(category of the ultimate),涵蓋所有事物,無有例外。創造性也是新奇的原理(the principle of novelty),使新穎的出現有了可能,故創造性的意思即是「創造的進展」(creative advance)。

(2)事物體在創造進程中,汰舊生新,而獲致一種客觀的不朽(objective immortality)。

(3)這宇宙是個變易、流動的宇宙，有成與住，亦必然有壞與空（perishing）。

(4)宇宙間一切事物，沒有真正孤立的，他們彼此「感受」（feeling），彼此「理解」（prehension），互有關聯（interrelated），也互生互倚（interdependent）。這是一種有機哲學（philosophy of organism），而不是機械（machine）理論。人類社會的原理亦同。

第三節　我國的形上思想

一、老子

道德經之對宇宙事物本體的描述，言辭甚簡，想像空間因而甚廣，然亦因此而有明確理解之困難，遂致各家爭鳴，其故當是因為本體之真實情狀本不易恰適描繪，再加上語文本身功能有限，以有限逐無限，殆矣。此或即維根斯坦所說語文表達不必非明確不可，當明確處明確，當模糊處模糊，俾以存概念之真也。

老子之宇宙本體名之為「道」，而此道之性狀則為「無」。所謂「天下萬物生於有，有生於無」（註59）。又說「無，名天地之始，有，名萬物之母。故常無，欲以觀其妙，常有，欲以觀其徼。此兩者同出而異名，同謂之元，元之又元，眾妙之門。（註60）」此無當非真無，但無法為感官所認知耳，以現代科學之名以名之，則為能（energy）或力（power），亦後來宋之理學家所

謂的氣或陰陽。此證之今天的物理學，已知終極粒子應為一種非平常所謂有的有，是為一種似無之有，難以描寫。故老子說：「道可道，非常道，名可名，非常名」（註61）。又說「道常無名」，雖然是樸而小，天下卻莫能臣之（註62）。老子嘗從不同角度描述此道的性質和功用：

　　道沖，而用之或不盈。淵兮似萬物之宗；挫其銳，解其紛，和其光，同其塵，湛兮似或存。吾不知誰之子，象帝之先（註63）。

　　谷神不死，是謂玄牝，玄牝之門，是謂天地根。……（註64）。

　　有物混成，先天地生，寂兮寥兮，獨立不改，周行而不殆，可以為天下母。吾不知其名，字之曰道（註65）。

　　道之為物，惟恍惟惚，惚兮恍兮，其中有象；恍兮惚兮，其中有物；窈兮冥兮，其中有精。其精甚真，其中有信。自古及今，其名不去，以閱眾甫。吾何以知眾甫之狀哉？以此（註66）。

　　道生一，一生二，二生三，三生萬物（註67）。

　　道生之，德畜之，物形之，勢成之。……故道生之，德畜之，長之育之，亭之毒之，養之覆之。生而不有，

為而不恃，長而不宰，是謂玄德（註68）。

天下有始，以為天下母（註69）。

道者萬物之奧。（註70）

以上是說道為萬物滋生之本源，且隱含道為一能動創化之本體的意思。其中而且隱隱然告訴人類某種宇宙法則的訊息——生而不有，為而不恃，長而不宰。

比較詳細的描繪見之於第三十四章：

大道氾兮，其可左右。萬物恃之而生而不辭，功成而不有，衣養萬物而不為主。常無〔欲〕，可名於小；萬物歸焉而不為主，可名為大。以其終不自為大，故能成其大。

此段大抵與上述所引者相類而可互為發明。有一點可特予注意者，此道可大亦可小，可小是因其常無，可大是因其可造就形成萬物。這一點和上面提到的今日物理學的理論亦若合符節也，似可明道實為一極小粒子，且為一最重要而不可缺少之微細元素。

宇宙論者探索宇宙萬事萬物生成變化之學也。此學之研究，即使物理學和其他科學，仍多臆測之見，而迄未有統整一致之看法。老子之宇宙論，承其本體之說而同出現於書中者多。

宇宙論者可從兩方面論之，一為宇宙生成變化之事實，二為其之所以如此之法則，所謂自然的法則或謂之天道。茲亦自此二

者以論。

　　宇宙的根源為道，上已述之。然此道何以成此宇宙？過程如何？此在道德經中亦有描述。道的性質是「大，逝，遠，反」（註71）。此已預設了創造的可能及廣被，而且也暗示了物極必反，事無絕對的理則；更奇妙的是它亦告訴我們物質或質能不滅只是轉換形式的道理。

　　由此可創發創化之道，化生化育了萬物，其中有一種名之為氣的作用在運轉者；氣分陰陽，使萬事萬物都有了正負二極，此陰陽或即今正極負極之電磁。此二極又非截然可分者，而實為一體兩面，似分而實不可分者也。試以圖示道德經第四十二章：

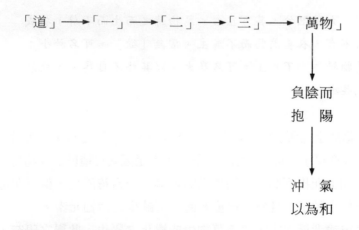

「道」⟶「一」⟶「二」⟶「三」⟶「萬物」

負陰而
抱　陽

沖　氣
以為和

〔按四十二章原文為：道生一，一生二，二生三，三生萬物，萬
　物負陰而抱陽，沖氣以為和，人之所惡，唯孤寡不穀，而王公
　以為稱……〕
又《道德經》五十一章表宇宙萬物生成之條件及程序，圖示如下：

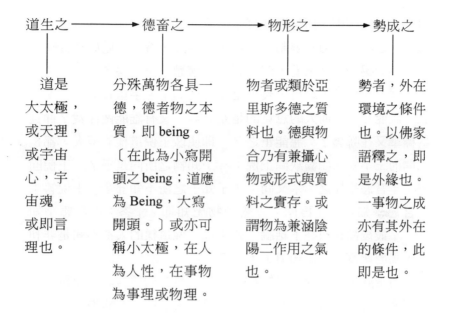

道生之 ────→ 德畜之 ────→ 物形之 ────→ 勢成之

道是大太極，或天理，或宇宙心，宇宙魂，或即言理也。	分殊萬物各具一德，德者物之本質，即 being。〔在此為小寫開頭之 being；道應為 Being，大寫開頭。〕或亦可稱小太極，在人為人性，在事物為事理或物理。	物者或類於亞里斯多德之質料也。德與物合乃有兼攝心物或形式與質料之實存。或謂物為兼涵陰陽二作用之氣也。	勢者，外在環境之條件也。以佛家語釋之，即是外緣也。一事物之成亦有其外在的條件，此即是也。

〔按五十一章之原文為：道生之，德畜之，物形之，勢成之。是以萬物莫不尊道而貴德。道之尊，德之貴，夫莫之命而常自然。……〕

二、莊子

　　莊子似是一個認知的、本體論的相對論者，否定世俗或某些哲學思想所主之絕對論。他在「齊物論」中的「弔詭」一詞，活生生道出了宇宙及人生的迷離複雜、是非虛實錯綜。我們對人事物的認識和理解，不可只執其表象，或但憑成說，或執一主觀、

武斷之見，否則，所見即非真，蓋真假是非，本即不易見出。此道出人之認識能力的限制，也指出世俗許多看法不見得為真確。

　　然從另一角度來看，莊子似為一實體不可知論者。人的認知「真理」，依莊子之言，幾乎是不可能的了。宇宙真理的標準何在？誰能知之？而人的意見的是是非非，又有誰能做仲裁？仲裁的標準又在哪裏？「惡能正之？」即使像王倪這樣的至人，都是三問而三不知。如齧缺問王倪：「子知物之所同是乎？」王倪回答：「吾惡乎知之。」又問：「子知子之所不知邪？」王倪答：「吾惡乎知之。」再問：「然則物无知耶？」答：「吾惡乎知之。」最後齧缺只好下結論，如果像王倪這樣的人都不知是非利害，那麼便沒有人能知道了（註72）。

　　但是莊子的這種不可知論，似乎又是指的感官之知而言；若是透過人的某種特殊直觀能力，亦能透視事理，如解牛然：

　　　始臣之解牛之時，所見无非牛者。三年之後，未嘗見全牛也。方今之時，臣以神遇，而不以目視，官知止而神欲行，依乎天理（註73）。

　　所謂官知止而神欲行，乃是莊子所謂認知之法，而其法無他，就是依乎天理，因應自然而與之合的意思。這有點像「同理心」（empathy）的移入作用。所以莊子在「養生主」開始雖說「吾生也有涯，而知也无涯，以有涯隨无涯，殆已。（註74）」表面看來，似為反知之論，但所反者應為感官經驗膚淺之知，或零碎片斷的知識，而不及真知。

　　因此我們推想，莊子的所謂知識，是有其層級高下之分的。

但憑感官的表象之見，或以主觀為師的所謂師一己之心之見，乃是等而下之的假知假識，去真知真見何啻十萬八千里。比這個高一等的，乃是經驗累積的知識：

> 知人之所爲者，以其知之所知，以養其知之所不知，
>
> 終其天年，而不中道夭者，是知之盛也（註75）。

但莊子進一步指出，經驗累積所得的知識，並非絕對，依不同的認知對象而作適當的判斷，仍有其需要，所謂「夫知有所待而後當。（註76）」這種累積與推論之知，雖然了不起，而被莊子將之與「知天之所為」並列，認為是知之至（註77），但是，它仍然會有判斷錯誤的時候，在根本上與「知天之所為」的直觀作用，還是有距離的。此種「天而生也」的直觀能力，是先乎經驗而存有的，似可培養經驗，引領經驗，以達真知。莊子認為「真人」始有真知。故欲培養真知，首須教育自己或教育他人，使成為真人。真人似為莊子心目中理想人格之象徵。

故莊子知識等級之最高者，應是能了解宇宙及人生之諸現象的本質的智慧。人的此種知識，非由外加，乃屬生而有之，自然之所賦予者。既然人生而具有認識真理的潛力，為何具有真知的人少之又少？這緣於兩種原因。一是實存的本體或本如本不易認知，常為許多假象所包圍或遮蔽；一是人常習於成見，「隨成心而師之」，許多主觀的是非善惡，都形成了真知的障礙。換句話說，不合乎自然的道體，便有了假真假偽、假是假非；若合乎道體，這些假象便會泯滅，不再困惑著我們。莊子說：「自彼則不見，自知則知之。（註78）」有了自我和主觀的存在，便有了障礙。

　　但是真人、至人或聖人的大知，便沒有這些心智活動的障礙，因而得以見著真是真非。初讀莊子的文章，會以為他主張人世間是沒有是非與真假的標準的。但是細思之，便會明白莊子並不以為世間沒有是非真假，而是以為沒有絕對的是非真假，此乃合於上面我們所提到過的莊子是認識論之相對論者此一假設。至人之所以沒有認知上的障礙，就是因為他們了解了真理的這個特質。所以至人不隨便肯定或否定某一種看法、意見，也不隨便論斷某一事物之價值的高下，因為意見、看法之對錯，事物價值之高下，並無絕對標準，而須視情況、條件，甚至一人、一物之處境，才能決定。而至人又富於同理心，常能站在他人的處境來了解其心境看法，因而也就越發無法下判斷，因為「了解」比「判斷」更重要，也更接近宇宙與人生之「真理」（「真象」）。而這一點不也和現代人文主義心理學，尤其是羅傑士（Carl Rogers）的輔導理論，若合符節嗎？所以莊子說：「大道不稱，大辯不言，大仁不仁，大廉不嗛，大勇不忮。（註 79）」所以「彼是莫得其偶，謂之道樞」，而樞因為「得其環中」，所以足以「應天窮」（註 80）。這樣一來，也難免莊子會說「天地一指也，萬物一馬也」了（註 81）。所以聖人或至人不是沒有是非，相反的，他們洞察是非之理，避免假是假非，莊子批判的正是後者。由於觀點和處境的不同，世相便有了許多不同的了解和看法，但事雖萬殊，而性同得，故「无物不然，无物不可」，「其分也成也，其成也毀也，凡物无成與毀，復通為一，唯達者知通為一，為是不用，而寓諸庸。（註 82）」所謂「和之以天倪」（註 83）是也，天倪者，能辨明是非的真知。可見莊子不認為沒有是非。

　　能認知這種真理，則和光同塵，心境開朗，既以韜光養晦，

抑且無適用不自得，乃能「乘云氣，騎日月，而遊乎四海之外，死生无變於己，而況利害之端乎？（註84）」這是指心境識見，都能超越時空的限制和人我物類的界限，甚至連生死也都超越了。至此，自也能「旁日月，挾宇宙」（註85）。

　　莊子進一步指出，不但人的認識是相對的，即宇宙之本體和人之實存也是相對的，因而有了以下的妙喻：

> 予惡乎知說〔悅〕生之非惑邪？予惡乎知惡死之非弱喪而不知歸者邪？…予惡乎知夫死者不悔其始之蘄〔祈〕生乎？夢飲酒者，旦而哭泣，夢哭泣者，旦而田獵？方其夢也，不知其夢也，夢之中，又占其夢焉，覺而後知其夢也。且有大覺，而後知此其大夢也。……予謂女〔汝〕夢，亦夢也。是其言也，其名為弔詭。

　　由是觀之，莊子似以整個人生為一弔詭，而宇宙亦為一弔詭。此論點無以名之，或可名之為宇宙及人生之弔詭論。此即莊周之夢蝶，「不知周之夢為胡蝶與？胡蝶之夢為周與？（註87）」

三、易經

　　儒家之形上學，奠基於《易經》，而其思想系統之明確結構的發展，則一直到宋的理學家手裏才算大功告成。

　　在易繫辭上傳有言：「易有聖人之道四焉，以言者尚其辭，以動者尚其變，以制器者尚其象，以卜筮者尚其占。」這是說明易的四種主要功用，其中包含了對事理之語言的描述，包含了事

物及人類行為之變易的軌跡和理則，包含了模仿這些理則所形成的典章制度以及其他各種具象的世間的仿製品（如柏拉圖之仿理型所成之世界萬物），最後它尚包括了預測行為後果及其吉凶的方法或程序。因為易有這樣的妙用，它事實上便成為宇宙真理之本體和其應用的象徵性之系統，有著簡約之組織的形貌，卻更有著深沉的內容和巧妙的運用，故繫辭上傳亦言：「夫易，聖人之所以極深而研幾也。唯深也，故能通天下之志。唯幾也，故能成天下之務。唯神也，故不疾而速，不行而至。」又說：「子曰：『夫易，何為者也？夫易，開物成務，冒（帽）天下之道，如斯而已者也。』是故聖人以通天下之志，以定天下之業，以斷天下之疑。」

但是聖人斷吉凶的目的何在？在於教民體察宇宙及世界上自然及人事變化的理則，從了解中來趨吉避凶，順應自然之道，而獲得幸福。所以繫辭上說：「聖人以此洗心，退藏於密，吉凶與民同患，神以知來，知以藏往，其孰能與於此哉？古之聰明睿知神武而不殺者乎？」

在《易經》裏，描述了哪些宇宙間的真理或變易的理則呢？而這些理則又如何而能應用於人生以趨吉避凶獲致幸福呢？

易的本體（存有）論和宇宙論是值得首先發掘出來的。然後要找出其道德及人生之價值系統的脈絡來。

從本體（存有）論來看，易裏面所揭示的乃是「太極」這個最基本的成分或根源。由太極生兩儀，即陰與陽；復由兩儀而生四象，即老陰少陰，老陽少陽；再由四象而生八卦，即乾、坤、震、巽、坎、離、艮、兌。以人體類之，「乾為首，坤為腹，震為足，巽為股，坎為耳，離為目，艮為手，兌為口。（註88）」

　　乾是陽之物，坤是陰之物，所以孔子說：「陰陽合德而剛柔有體。（註89）」剛柔相推而生變化，所以說：「動靜有常，剛柔斷矣。（註90）」這是由本體而生變化的軌則，是宇宙萬物流行的資始，成為《易經》的宇宙生成變化之論。因為剛柔相摩，所以八卦相盪，鼓之以雷霆，潤之以風雨，日月送行，而有了寒暑的循環。乾道成男，坤道成女，而有了人類的產生。此陰陽之相生相成，便是變易之道，故曰：「一陰一陽之謂道。（註91）」能順此陰陽之道而行，即是善。這是易經之自然主義的道德哲學的形上基礎。故曰：「繼之者善也，成之者性也。（註92）」這一宇宙的生成變化一旦啟動，便生生不息，產生了連續性的變化，所以又說：「生生之謂易。（註93）」

四、周敦頤

　　理學的發展一直到周敦頤（1017-1073）才有了明晰而完整的面貌。雖然在周子之前，北宋已有了一些哲學家，但是周子仍被視為理學的建立者，是第一位真正勾勒出新儒學的前景並確立其發展方向的哲學家。在《宋史》中，有這樣的一段話：

　　　　文王、周公既沒，孔子有德無位，既不能使是道之
　　用漸被斯世，退而與其徒定禮樂，明憲章，刪詩，修春
　　秋，贊易象，討論墳、典，期使五三聖人之道昭明於無
　　窮。故曰：「夫子賢於堯、舜遠矣。」孔子沒，曾子獨
　　得其傳，傳之子思，以及孟子，孟子沒而無傳，兩漢而
　　下儒者之論大道，察焉而弗精，語焉而弗詳，異端邪說

　　起而乘之，幾至大壞。

　　　千有餘載，至宋中葉，周敦頤出於舂陵，乃得聖賢
不傳之學，作太極圖説、通書，推明陰陽五行之理，命
於天而性於人者，瞭若指掌。……（註94）

　　周敦頤的《太極圖説》和《通書》給予儒書思想新的面貌。
在這兩篇著作裏，周子為後來的理學奠立了宇宙論、本體（存有）
論和倫理學的基本形式。在周子之前，沒有一位儒學家曾對宇宙
之存有與變化做過系統而完整的描述。周子的太極圖説（請參閱
附圖）解説了宇宙的創化過程：由太極藉著陰靜陽動的能力，而
化生了萬有。這種說法一方面遵循了儒家《易經》的創化概念，
另一方面也吸納了道家的無極觀。周子之所以汲汲於把宇宙論和
本體（存有）論置於其哲學體系中，不能不說是受到了佛教思潮
的鼓動。周子也從古典儒學繼承了一些重要的概念，如誠、命、
性和聖等，並予以發揚光大。

　　周子說，誠是一種純粹而完全的善，是諸德——仁、義、禮、
智、信——的基礎，也是一切活動根源（註95）。周子進一步指
出，所謂「聖」事實上就是「誠」而已（註96）；聖人就是一位
經常處於誠的心理狀態、並能隨時注意心念初動之微妙變化的靈
明者（註97）。很顯然，聖是教育之目的，而誠則為善之本質—
—是道德教育欲鼓舞、發展之理想。聖與誠這些概念，都非理學
家所首倡，卻是周敦頤給了他們形上的理論基礎。

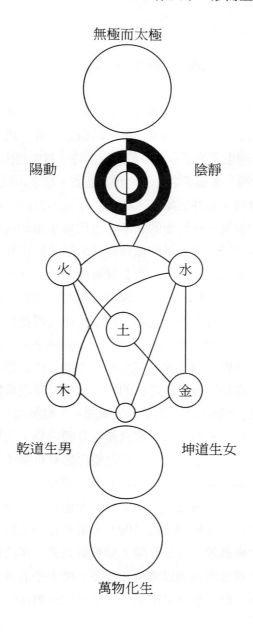

五、張載和朱熹

張載（1020-1077）以《易經》為基礎發展其宇宙論。他在著名的作品「正蒙」中，強調了「氣」的概念。此一概念後來成為朱熹哲學中一個重要的部分。張載論氣之時，首先提出了「太和」以為變易之動機。依張子之意，太和乃是道，是宇宙間諸事物「絪縕、相盪、勝負、屈伸之始」，中涵「浮沉、升降、動靜、相感之性。」太和似為一種均衡的狀態，也代表宇宙朝向和諧平衡運動的趨勢。張子以太虛和氣的微妙關係來描述宇宙變動的情形。宇宙廣大無垠的狀態是太虛，而其間萬物生成運作的元素是氣。氣在宇宙間以各種各樣不同方式聚散，聚而為萬物，散則復歸於太虛。氣之聚散總遵循著一定的「理」，而這理是有秩序且不會犯錯的（註98）。理是和諧的代表，是一種純然美善的氣氛，可視之為宇宙之法則，為造就宇宙太和之本源。由是觀之，太和不但為動機，似亦為宇宙變易之目的。太和也是理之具體的象徵。

氣之流動，四面八方，而其形式風貌，千變萬化，極盡想像。氣有二元素，曰陰與陽，陰陽聚合產生具體之物。人類和其他萬物都由是而生；由於陰陽，宇宙間之變化始有可能（註99）。

朱熹（1130-1200）說每一事物都有一終極之理，其擁抱、統整天、地，及一切事物之理的是太極。太極是至高無上的，再無一事物能超越此一太極者（註100）。朱熹此一太極的概念，來自周敦頤的太極圖說，但他有關太極和氣的進一步的闡說，則係依據二程子之觀念而再加以澄清和解釋。據朱子的說法，天地間只有一個太極，此太極為宇宙間之一切殊相個體所受納，而存於

一切殊相之中，但仍保持其統整性與非分割性。這就像是天空的月亮，照在大地的河川湖泊，到處可見，但我們不能說這些是分割月亮而來的。這世界在造就的時候，有兩個不可缺少的元素：理和氣。理是一切事物產生之源。萬物滋生之時，必受氣以成形。理所造就者只是一純然虛曠的世界，類似亞里斯多德的「形式」之概念；氣則能凝聚以成物，又類似亞里斯多德的「質料」之概念。

　　太極者擁一切事物之理，為諸理之最高的合攝。理為世上每一事物之完美與理想的象徵，是個人和每一事物追求或發展的最高的境地，故被朱子以「極」字形容。朱子說每一個人都有一小太極，為此人極之合攝；每一物亦皆如此，在此整個宇宙，則有一大太極，此大太極為純然之善，亦一絕對完美之道（註101）。由此觀點而論，理亦類似柏拉圖的「觀念」之概念——是一個獨立的實體，先天地及人類而有者。在柏拉圖的「饗宴」對話錄中，蘇格拉底解說人如何從對物體之美的愛，轉移至對美之本質的愛。美之本質在此所指的是一美的觀念，如果用朱熹的話來說，便是美之理了。朱子與柏拉圖（或蘇格拉底）之不同在於，蘇氏於「巴門尼得斯」對話錄中，指出世上有正義、美、善等等的觀念，但卻沒有髮、泥、垃圾等卑下之物的絕對觀念；至於有無人、水、火等觀念他不敢確定。但是朱熹認為世上無一物無理而能生存。不過蘇格拉底也承認，他有時覺得似乎每一事物都應有其理，即使最卑微的東西也不應例外。然而，蘇格拉底又擔心，這種極端的看法會變得沒有意義。

　　綜納而言，理是宇宙的靈魂（Soul）、精神（Spirit）、理性（Reason），或理想（Ideal）。但非靈魂、精神，或任何其他名

稱得以單獨而準確地描述的。它似比上述任一名詞的含義更多。

理之在於人心，便稱之為性、本性或天性，而這性也和理一樣永遠是純粹、完美而善良的。理之在於事物，便稱之為事理或物理，如樹之理、孝順之理（孝道）等。由此義觀之，理乃類似柏拉圖的觀念（Idea）或形相（Form）。

有些理學家明白宣稱理存在一切人類和事物之中。邵雍說理統攝了天和人類，並可在大小諸事物中見著（註 102）。程顥說一切事物皆有其理（註 103）。陸象山則說理充塞宇宙間，無一人一物能免（註 104）。

我們也可以把理看作自然的法則，是宇宙間一切存有之生長、發展和完成的依據。從另一個角度來看，理是道德的原理，是人心運作與人類行為的準則。理是自足的、不變的，但卻是一切變化的動力（註 105）。在世界上只有一個理，但是它的具現卻是無限多的。

張載這位二元論者首先提出「氣」這個觀念以與「理」相對。程頤和朱熹都謹守著張載這種二元本體（存有）論的立場。在陸象山和王陽明的作品中，則少見有關氣的討論。陸、王都是一元論者，堅主心即是理，理即是心，沒有了心，也就沒有了一切。

依張載之意，氣是在宇宙間擴散、分別，並能成形者。它聚合、分散，不停息地向不同的方向運動，合陰與陽，產生了宇宙間的萬事萬物。陰陽者氣之二基本成分也。然而氣的運作是有秩序而不會錯的，因為它總依著理而運動（註 106）。朱熹說，世界的形成有兩個不可缺少的因素：理和氣。前者是萬事萬物產生的根源，但是在產生的那個時刻，納入了氣，因此有了形體（註 107）。由是觀之，理類似亞里斯多德的「觀念」或「形相」

（ "ideas" or "forms" ），而「氣」則類似亞氏的「物質」
（ "matters" ）。

附註

1. John Hospers, *An Introduction to Philosophical Analysis* (Englewood Cliffs, N. J.: Prentice-Hall, Inc., 1967 [1953]), PP.349-350.

2. D. J. O'Connor, *An Introduction to the Philosophy of Education* (London: Routledge & Kegan Paul, 1980 [1957]), P.17.

3. *Ibid.,* PP.41-45.

4. Plato, *Phaedo.*

5. Democritus, "Fragments 11," trans. by C. K. Bakewell, in *Source Book in Ancient Philosophy* (New York: Scribners, 1907), PP.59-60. 又參閱 W. T. Jones, *A History of Western Philosophy, the Classical Mind* (New York: Harcourt Brace Jovanovich, Inc., 1970), PP.75-76.

6. Diogenes Laertius, *Lives and Opinions of Eminent Philosophers,* trans. R. D. Hicks （ "Loab Classical Library" [Harvard University Press, 1925]), Vol. Ⅱ, PP.453,455.

7. Plato, *Republic,* Book Ⅵ.

8. 同上。

9. 同上，Book Ⅹ.

10. 同上。

11. 同上。

12. George Berkeley, *Three Dialogues Between Hylas and Philonous* (Indianapolis: Bobbs-Merrill Educational Publishing, 1979 [1954, 1713]), P.82.另參閱 George Berkeley, *A Treatise Concerning the Principles of Human Knowledge* (Indianapolis: Bobbs-Merrill Educa-

tional Publishing, 1979 [1957, 1710]), P.26.

13. Berkeley, *Three Dialagues Between Hylas and Philonous, op. cit.,* P. 97.

14. *Idid.,* P.76.

15. *Ibid.,* PP.55-56.

16. *Aristotle, Metaphysics,* trans. by W. D. Ross.

17. Aristotle, *Physics,* trans. by R. P. Hardie and R. K. Gaye, *The Basic Works of Aristotle,* edited by R. Mckeon（台北虹橋翻印），Book II, CH.3-7, PP.240-248; Aristotle, *Metaphysics, trans.* by W. D. Ross, *The Basic Works of Aristotle, op. cit.,* Book I, CH.2,3 and Book V, CH.1.

18. Aristotle, *Physics, op. cit.,* Book II, 236 ff.

19. *Ibid.,* Book III, CH. I, PP.253-254.

20. *Ibid.,* Book III, CH. II, P.255.

21. *Ibid.,* Book IV, CH.4,7,11.

22. *Ibid.,* Book VII and VIII, PP.340-377.

23. John Hospers, *An Introduction to Philosophical Analysis, op. cit.,* PP. 494-496.

24. John Locke, *Essay Concerning Human Understanding,* Book II, Ch.8.

25. *Ibid.,* Ch.9.

26. *Ibid.,* Ch.8,17.

27. Renē Descartes, *Meditations on First Philosophy,* trans. from the Latin by Donald A. Cress (Indianapolis, Indiana: Hackett Publishing Company, 1979 [1641]), "Meditation Two," P.17.

28. *Ibid.,* "Meditation Three," PP.23-24.

29. *Ibid.,* "Meditation Five," PP.44-45.

30. *Ibid.,* "Meditation Six," PP.45,49.

31. David Hume, *A Treatise of Human Nature* (1939, 1940)(Oxford: Oxford University Press, 1981 [1888]), P.1.

32. David Hume, *An Enguiry Concerning Human Understanding* (Indianapolis: Hackett Publishing Company, 1977 [1748]), P.10.

33. David Hume, *A Treatise of human Nature, op. cit.,* PP.2-5.

34. David Hume, *An Enquiry Concerning Human Understaning,* §Ⅶ, Part Ⅰ, paragraph 4.

35. *Ibid.,* §Ⅶ, Part Ⅰ, para.6.

36. *Ibid.,* §Ⅶ, Part Ⅱ, para.3.

37. *Ibid.*

38. *Ibid.,* §Ⅶ, Part Ⅱ, Part Ⅱ, para.4.

39. *Ibid.,* §Ⅷ, Part Ⅰ, para.12-16.

40. David Hume, *A Treatise of Human Nature,* Book Ⅰ, Part Ⅲ, Sect. Ⅴ.

41. David Hume, *An Enquiry Concerning Human Understaning,* §Ⅶ, Part Ⅰ, para.25.

42. David Hume, *A Trestise of Human Nature,* Book Ⅰ, Part Ⅰ, Section Ⅵ.

43. *Ibid.,* Book Ⅰ, Part Ⅱ, Section Ⅵ.

44. *Ibid.,* Book Ⅰ, Part Ⅱ, Section Ⅲ.

45. *Ibid.*

46. *Ibid.*

47. *Ibid.,* Book Ⅰ, Part Ⅳ, Section Ⅵ.

48. Alfred North Whitehead, *Process and Reality* (1927-28)(New-York: The Free Press, 1979), PP.27,28,33.

49. *Ibid.,* PP.29-30,35.

50. *Ibid.,* P.27.

51. *Ibid.,* P.65.

52. *Ibid.*, PP.35,66.

53. *Ibid.*, P.127.

54. *Ibid.*, PP.130-131.

55. *Ibid.*, P.133.

56. *Ibid.*, PP.138-139.

57. *Ibid.*, P.139.

58. *Ibid.*, PP.11,31.

59. 道德經第 40 章。

60. 同上第 1 章。

61. 同上。

62. 同上第 32 章。

63. 同上第 4 章。

64. 同上第 6 章。

65. 同上第 25 章。

66. 同上第 21 章。

67. 同上第 42 章。

68. 同上第 51 章。

69. 同上第 52 章。

70. 同上第 62 章。

71. 同上第 25 章。

72. 莊子「齊物論」。

73. 同上「養生主」。

74. 同上。

75. 同上「大宗師」。

76. 同上。

77. 同上。

78. 同上「齊物論」。

79. 同上。

80. 同上。

81. 同上。

82. 同上。

83. 同上。

84. 同上。

85. 同上。

86. 同上。

87. 同上。

88. 《易》「說卦傳」第九章。

89. 《易》繫辭下。

90. 《易》繫辭下。

91. 同上。

92. 同上。

93. 同上。

94. 托克托等著，《宋史》，載於《四庫全書》（台北：台灣商務，民72重刊），第288冊，頁11。

95. 周敦頤，《周子全書》（台北：商務人人文庫，民67），頁115 — 125。

96. 同上。

97. 同上，頁135-137。

98. 張載，「正蒙」，載於《張載集》（台北：里仁，民68），頁7-10。

99. 同上。

100. 張伯行輯，《朱子語類》（台北：台灣商務，民58），頁1-2。

101. 同上。

102. Shao Yuan, "Selected Sayings," in Wing-tsit Chan, *A Source Book*

in Chinese Philosophy (Princeton: Princeton university Press, 1973), P.494.

103. 明道先生語，見朱熹編，《近思錄》（台北：台灣商務，民56），頁 11；又見朱熹編，《河南程氏遺書》（台北：台灣商務，民 67）上冊，頁 39-40。

104. 黃宗羲《宋元學案》中「象山學案」所引象山先生之語。

105. 《河南程氏遺書》，同上，上冊，頁 39-49。

106. 張載，《張載集》，同上，頁 7-10。

107. 黃宗羲《宋元學案》中「晦翁學案」朱子語；又見《朱子語類》，同上，頁 1-2。

第五章

人性的發展

第一節　緒論

一、教育與人性發展

在談到有關教育的各項問題之前，我們要先談到人自己。這是因為教育的對象是人，而實施教育的也是人。無論從施教者或受教者的觀點來看，教育的主體都是人。

在這世界上，人之異於其他存有者，是人類有教育的活動。藉著教育的活動，人類發展、實現或恢復那本來具有的「人性」。

所謂發展或實現人性，是要使那本來並不怎麼完善的性質，變得更為「完美」，更趨近於「理想」。所謂恢復人生，是假設那原來的人性已經十分完美，但是化身於現世中的各個現實存有，各人類的個體，卻是有各種各樣的缺陷和偏失，所以要藉教育恢復人性原來完美的樣子。

無論怎麼說，這都假設人類本身的現實存在，或多或少是有缺陷的；而在另一方面來說，人類的理想相或完美性，也不是子虛烏有，沒有意義的。

二、追求完美之人性

理想有時也許只是白日夢境中的想像，永遠追求不到。但是，有些理想並不是如此遙不可及，如此縹緲而不可得。無論如何，

人類對自身之完美性的希冀和追求，永不曾止息。人類之所以能夠不斷進化，甚至有時能夠突破現實而做出不可思議之跳躍式的創化，乃是拜此追求完美之一念之所賜。

人類因為現實的不完美性，而有了冀求完美的念頭；雖不見得能夠立即（甚至永遠也不能）達致理想境地，但至少不致偏離理想越來越遠。如果一個人能夠經常存此一念，便是善念，便是有心向善，便具足了做為一個人的基本條件，便已具有了人的本質，便已經有了一個良好的出發點，有了個堅實的立足之處。

司馬遷在史記「孔子世家」中說，「雖不能至，然心鄉〔嚮〕往之」。存此一念，即是心嚮往之、追求完美和理想的心念和意志。

當代心理學家，尤其是人文心理學家（humanistic psychologists），如馬斯洛（Abraham H. Maslow, 1908-1970）和羅傑士（Carl R. Rogers, 1902-1987）等人，多認為人類有一種「自我實現」（self-actualization）的基本動機（或需求）。「自我實現」一詞並不即等於「追求完美」，但卻假設人類潛存有一種超乎現實之得失和利害之考慮的強烈傾向，希望突破現狀，超越已有的成就，把個人潛在的能力發揮至淋漓盡致的地步。

奧地利之精神分析學家阿德勒（Alfred Adler, 1870-1937）假設人生下來便多少是自卑的。自卑的產生是由於人體認了自己的缺點。適度的自卑驅使人類去祈求補償，並藉著適度的努力而得以趨近於完美。

荀子論性惡，以為善者偽也。人類有本質上的缺陷，所以需要靠教化的力量來引導、約束，藉以使缺失越來越少。荀子在其「性惡篇」中說：「凡人之欲為善者，為性惡也，夫薄願厚，惡

願美，狹願廣，貧願富，賤願貴，苟無之中者，必求於外……用此觀之，人之欲為善者，為性惡也。」人性既惡，又何以有向善的意志和動機呢？荀子在此似假設人性中有一種自動補償缺陷的動機，和上述阿德勒之說類似。荀子的所謂性惡，似可解釋為人天生在性格上便有著缺陷，而同時人天生也有追求完美的動機。在追求完美的自我補償的過程中，師、法、禮、樂扮演了催化的作用，加速化性起偽的進程。人設若無此傾向，則師、法、禮、樂之功將轉為十分困難或不可能了。

第二節　人性發展的理想

一、儒家

㈠孔子

　　儒家的人類理想相，是聖人。但聖人不是那麼容易就能達致的。孔子說：「若聖與仁，則吾豈敢？（註1）」，孔子最得意的學生是顏淵，孔子曾經如此稱讚顏淵：「回也，其心三月不違仁，其餘，則日月至焉而已矣。（註2）」仁是完美人格的總體現，而這樣的人便是聖人。由孔子的話，可以見出要做個聖人並不容易，像顏淵那樣傑出的學生，也只能做到其心三月不違仁，而在眾多的學生當中，能跟得上顏淵的，又是多麼寥若晨星、多麼難得！

　　然而在另一方面，聖與仁雖不易得，卻也不可「敬畏」之過甚，所以孔子也說：「仁遠乎哉？我欲仁，斯仁至矣！（註3）」亦是勉勵人應立志為聖賢的意思。

　　做聖人不是一蹴可幾，而在現實的世界裏，你我甚至可能永遠也達不到那麼一個理想的境界。雖然如此，做為一個人，那個向上向善的心念卻絕不可無。教育最主要的目的之一，是讓學生能夠經常存此心念。這個心念是仁的心念。能夠經常存有仁的心念的，便是個「好」學生，儘管他目前還不是做得很理想，還不能得滿分。這種存仁心肯學好的人，孔子稱之為君子。肯學好一心向善的人，雖然眼前還做得不理想，而將來也不一定能做得很理想，但仍然有資格被稱之為「人」，或被稱之為「好人」。為什麼呢？因為「苟志於仁矣，無惡也。（註4）」所以君子應該「無終食之間違仁，造次必於是，顛沛必於是。（註5）」

　　由是觀之，聖人是人類的理想相，是完美的人格的稱謂。但是在芸芸眾生當中，在所有教育工作者不斷努力之下，在許多學生的自我期許之下，真正可以達到完美人格的，可說是鳳毛麟角，甚至是千百世以來難得一見。所謂人人可以為堯舜，乃是說人人有可以為堯舜的潛在可能。這說明了理想與現實之間的距離。如果套用柏拉圖的「理型論」來說明，聖人是人的理型，而各個現實存有的個體，是此理型的摹本，總是不完美的。教育工作者要體認這個真實，但不是放棄努力，而是盡量使每個個體趨近理想。而在另一方面，教育工作者也不要苛求每個學生都是完美的，只要學生心存向善、努力學習，便是好的，便是「君子」。所以孔子說：「聖人，吾不得而見之矣！得見君子者，斯可矣。（註6）」

　　然則，這個理想的人格——聖，具有什麼樣的特質呢？而這

些特質，是否古今都不變呢？

簡要地說，聖人的特質可涵蓋於「仁」之一字。但是，什麼是仁呢？在《論語》一書中，孔子曾從許多不同的角度來描繪它。

仁是先難而後獲（註 7），這是先天下之憂而憂，後天下之樂而樂的胸襟。仁是「己欲立而立人，己欲達而達人。（註8）」仁是「己所不欲，勿施於人」（註9）。仁是「愛人」（註10）。仁是能行「恭、寬、信、敏、惠」五者於天下，「恭則不侮，寬則得眾，信則人任焉，敏則有功，惠則足以使人。（註11）」仁是「其言也訒」（註12），訒是忍的意思，言必思而後發，忍其言之衝欲。「剛毅木訥，近仁」（註13），剛毅木訥不等於仁，但是近於仁。

由儒家哲學的研究，我們感受到仁是一種胸懷，一種人道精神，一種責任感，也是服務和人際相處的道德。它不但代表個人的修養，也展現人際倫理和個體對團體的恰適關係。仁是一種精神的境界，也是一種實踐的哲學。所謂恭、寬、信、敏、惠，用現代的概念和語言來說明，那便是言行敬謹，待人寬厚，行事牢靠，值得信賴，做事勤敏、精進而有效率，並且樂於布施。這些都頗有啟發於現今的工商社會。與之相反的是，巧言令色，缺乏真誠，故孔子：「巧言令色，鮮矣仁。（註14）」

仁者很重要的一個特質是己立立人，己達達人，所以他不是只求自己的幸福，而且追求全體人類的福祉，甚至是視天下人之苦樂更重於己身的利害。

(二)孟子

孟子認為，聖人的起始點，是居仁由義。如果一個人「言非

禮義，謂之自暴也；吾身不能居仁由義，謂之自棄也。仁，人之
安宅也；義，人之正路也。曠安宅而弗居，舍正路而不由，哀哉！
（註 15）」

　　這裏所謂的自暴、自棄何義？乃是放棄人之所以為人的權利，
放棄人的尊嚴，遺忘人的本質。人與禽獸的界限薄細如紙，一旦
自暴自棄，便沉淪至動物之卑微的一般屬性之中，不是悲哀是什
麼呢？西哲康德之倫理學說的至為可貴之處，不在於他，而在於
肯定了人性的尊嚴，肯定了人之生存的自我目的性，所以，人不
是一種方法或工具，不是達成其他人以外之目的的手段或過程，
「一切有理性者之所以存在，是由於自身是個目的，並不是只供
這個或那個意志任意利用的工具」（註 16），有理性者我們定義
為「人」，人而無理性只是個軀殼，與一切動物何異？我們研讀
孟子書，感覺到他一直要將人性提升，要避免人性的沉淪。所謂
聖人，不過是人性到達圓滿無缺的境界，所以孟子引顏淵的話：
「舜何人也？禹何人也？有為者亦若是。（註 17）」其實做聖人
談何容易，上已述之；不過，談何容易並非不去談，就是因為不
容易所以更得去談，至少須心嚮往之，這是人性的一種奮鬥精神，
僅此嚮往一念，僅此奮鬥一念，即足以使情勢改易，即是種上昇
的動力，不致沉淪。孟子曰：「人之所以異於禽獸者，幾希。庶
民去之，君子存之；舜明於庶物，察於人倫，由仁義行，非行仁
義也。（註 18）」這種奮鬥不必矯作而行，不必外求，只須循著
本性的仁義即可，所以又是自然不過之事。故仁義之道，只為循
本性的自然之道罷了。孟子曾對告子說：「子能順杞柳之性，而
以為桮棬乎？將戕賊杞柳，而後以為桮棬也？如將戕賊杞柳而以
為桮棬，則亦將戕賊人以為仁義與？（註 19）」就是反對矯揉做

作、違悖天性，而自以為是行的仁義。孟子又說：「乃若其情，則可以為善矣，乃所謂善也。若夫為不善，非才之罪也」（註20），只要順著本性，便可以行善，不待外求，故曰：「仁義禮智，非由外鑠我也，我固有之也」（註21）。此一看法，實受子思之影響，蓋子思在《中庸》第一章開頭便說：「天命之謂性，率性之謂道，修道之謂教」。

(三)宋明理學家

宋朝的哲學家朱熹和明朝的哲學家王陽明，都曾勉勵讀書人應該立志，學為聖人。他們都認為，聖賢與凡庸，在本質上沒有不同，差別在於前者能夠下決心，努力去朝著可欲的理想邁進。宋明的理學家並不要求他們的學生有朝一日都成聖人，但是他們確實期待所有的學生，能夠不斷地自我期許，超越凡庸，能夠盡可能地趨近於這個教育的理想。

朱子認為，長於記誦，會寫好文章，在科舉考試的考場上得意，和成為聖人這件事沒有必然的相關。所謂聖人，應該是由於自我訓練和學習，而能了解自然的理則和正義所在，另一方面又能幫助別人達到同樣的目的（註22）。

程明道先生說，聖人就是能體認仁的本質，並能與萬物合為一體的人（註23）。陸象山先生認為，聖人就是能夠分辨什麼是該做的、什麼是不該做的，什麼是對大眾有利、什麼是只對一己有利的人（註24）。王陽明先生認為，聖人就是心中只存天理、不存私欲的人；所謂成為聖人，亦即重獲或恢復人性中本具的性質（註25）。

張載先生說，聖人是一個具備完全的誠心的人，遵守理則，

並因而得利（註26）。伊川先生則說，一個人若執守中道，基於真誠，時時表現出最恰當的行為，那麼他就是聖人。他又說，一個人當其完全轉變為善的本體（亦即無條件的善，完美無缺）時，便是聖人（註27）。

周濂溪先生謂，聖即是誠，除誠之外，更無他物；而所謂誠，就是純粹完全的善（註28）。

所謂純粹至善，包含了許多美德，例如智、仁、勇、義、公正無私等等。在這些美德當中，仁幾乎是最重要的。張載在「西銘」一文中，對仁有很好的解釋。他說：「民吾同胞，物吾與也。……尊高年，所以長其長；慈孤幼，所以幼其幼。聖其合德，賢其秀也。凡天下疲癃殘疾惸獨鰥寡，皆吾兄弟之顛連而無告者也。」

程伊川先生認為有仁心之人，視天地及萬物為一體，無一物不屬於他自己（註29）。因此，張載橫渠先生說，當一個人成為聖人的時候，也會一心一意要幫助別人，使別人也能成聖。他和別人分享知識的喜悅，也希望別人達到和他相同的成就（註30）。邵雍先生寫《皇極經世書》，謂「不我物則能物物，聖人利物而無我」（註31）。不我物者，不以我主觀的看法來強使他人接受，也不勉強役物，亦即能尊重人與物，如此乃能建立彼此良好的互動。聖人亟於把好處給別人，渾然忘卻自我。明道先生也指出聖人能夠內外兩忘，去除人我的分別心，如此則能澄然無事，內心安詳平和，無事乃能定，定則心智靈明，如此又有何物之為累乎（註32）？

㈣現代聖人概念

綜納而簡要地說，聖人是完美人格的象徵。他的心靈純淨，不雜私欲。他的道德判斷和行為實踐，不違理性（良知），不離中道，而這是高度智慧與良善意志的結果。他是存誠之人，合於純粹至善。他是有仁心之人，視天地萬物為一己。他修身達於至善，並亟於助人，俾使他人亦同登善境。他愛人，也愛物。他敬謹任事。他不憂、不懼、不惑。

這樣的人，合乎現代的社會需求嗎？會不會是落伍而陳腐的思想？現今最流行的、被認為最合乎人性的社會型態和生活方式是民主。且看儒家的「聖人」的概念和現代的「民主」理念有什麼關係。民主講求平等，仁的博愛思想，是不是一種真正的平等呢？民主講究互相尊重、彼此關懷，這不是「仁」嗎？有仁心的人，推己及人，當然會把他的能力貢獻給同胞、人類及社會，這不是服務的人生哲學嗎？聖人在做判斷和選擇的時候，總能秉持智慧、良知和善意，而這也是一般人所謂的理性。理性思考和行事，不正是一個健康的民主社會所必不可少的特質嗎？

二、道家

㈠老子

老子的理想人格觀，與上述者頗異其趣。整部《道德經》談到了宇宙觀和存有觀也有許多有關人生和道德的討論。而在這當中，均或多或少暗示了人類之發展的理想特質。比較明顯而直接

的理想人格的描述，在《道德經》的第十五章和第二十章。老子
說：

> 古之善爲道者，微妙玄通，深不可識。夫唯不可識。
> 故強爲之容。豫兮若冬涉川，猶兮若畏四鄰，儼兮其若
> 客，渙兮若冰之將釋，敦兮其若樸，曠兮其若谷，渾兮
> 其若濁。孰能晦以理之徐明？孰能濁以靜之徐清，孰能
> 安以動之徐生。保此道者不欲盈。夫唯不盈，故能蔽而
> 新成（註33）。

老子以為，「善為道者」的人格特質，外人難以盡窺，也不易描
述。勉強描述之，則有謹慎、小心、恭敬、雍容大度、敦實、樸
素、自然、謙抑、虛懷、不刻意造作等現象，可謂氣象萬千，應
物自然，無適而不自得。在紛亂混濁的環境中，他是惟一冷靜、
清醒而靈明的存有；但若是在死寂沈悶的氣氛，或是保守而停滯
不前的情勢之下，他卻能帶動新的生機。凡事他都能緊守著持盈
保泰的原則，掌握變化的契機，因此乃能生生不息，創發不已。
　　在《道德經》中又有如是之描述：

> ……眾人熙熙，如享太牢，如登春台。我獨泊兮其
> 未兆，如嬰兒之未孩，儽儽若無所歸。眾人皆有餘，而
> 我獨若遺。我愚人之心也哉，沌沌兮！俗人昭昭，我獨
> 昏昏，俗人察察，我獨悶悶。澹兮其若海，飂兮若無止。
> 眾人皆有以，而我獨頑且鄙。我獨異於人，而貴食母（註
> 34）。

在此章中，描寫的是一個特立獨行者的心情。這樣的心理狀態，倒不一定是個完美人格的象徵，而更像是追尋真理、不同流俗者的孤獨和寂寞。他要把一切外累和世俗的看法，畫入括弧；要把知識和智巧，以及世俗的價值系統，暫時擺在一旁。他一心一意要追尋的，是那「食母」──生養萬物的道。

老子的《道德經》，亦說及聖人的修養。他說：

> 是以聖人抱一爲天下式。不自見，故明；不自是，
> 故彰；不自伐，故有功；不自矜，故長（註35）。

這裏提到聖人之所求者，還是一個「道」字。聖人的言行是，不自我表現，不自以為是，不自誇功勞，亦不恃其能。

在老子的哲學裏，聖人亦代表一個領導者。「聖人之治，虛其心，實其腹，弱其志，強其骨。（註 36）」「聖人去甚、去奢、去泰。（註37）」又說：「是以聖人欲上民，必以言下之；欲先民，必以身後之。……以其不爭，故天下莫能與之爭。（註38）」又云：「是以聖人終不為大，故能成其大。（註39）」老子又說：「是以聖人無為故無敗，無執故無失。（註40）」這些談的都是政治上或行政上的領導原理或統御藝術，用現代的話來說，可說是老子式的行政或企業之管理哲學了。

綜納《道德經》裏的敘述，聖人一詞意涵的，一方面是因任自然、虛懷若谷、持盈保泰、無私無爭、謙抑敦樸之真理──道──的追求者。而另一方面，似又顯現了老子的「外王」之道或政治哲學，甚至等而下之的是政治的「術」。然此後者能夠掌握人際互動原理和技巧的「聖人」，和前者那因任自然的真理的追求

者，二者之間到底有著什麼關係呢？這是一個難以理解卻值得進一步深究的地方。

㈡莊子

　　在莊子的哲學論著中，理想的人格稱之為「真人」、「至人」或「聖人」。這種人，具有超乎常人的認知能力。是大知者，是真知者。常人不易認識真理，其識見常為假象所欺，或者習於成見，「隨成心而師之」，許多主觀的是非善惡的論斷，都變成了通往真理的路障。但是真人沒有這些心智活動的障礙。真人了解真理的本質，他知曉是非善惡的「相對性」。至人不隨便論斷某一事物之價值的高下，因為意見、看法、事物等價值之高下，並無絕對的、一路不變到底的、一體通用的標準，而須視情況、條件，甚至一人、一物之處境，才能決定。而至人又富於同理心，常能站在他人的立場來了解其處境和看法，因而也就越發需要審慎判斷，因為「了解」比「批判」更重要。所以莊子說：「大道不稱，大辯不言，大仁不仁，大廉不嗛，大勇不忮。（註41）」因此，「彼是莫得其偶，謂之道樞」，而樞因為「得其環中」，所以足以「應天窮」（註42）。如此一來，也難免莊子說：「天地一指也，萬物一馬也」（註43）。

　　然則，討論至此，我們要很小心，以免陷於空泛、飄搖、無是非、否定真理的懷疑論的泥淖之中。聖人或至人不是沒有是非，相反的，他們洞察是非之理，也洞知假是假非。現象雖萬殊，而本質相同。故「无物不然，无物不可」，「其分也成也，其成也毀也，凡物无成與毀，復通為一，唯達者知通為一，為是不用，而寓諸庸。（註44）」所以至人能做到「和之以天倪」（註45），

所謂天倪，正是能辨明是非的真知。可見莊子不認為沒有真假、是非。

至人能領悟這個道理，自然是和光同塵，心境開明，無適而不自由，「乘雲氣，騎日月，而遊乎四海之外，死生无變於己，而況利害之端乎？」（註46）。其心胸已超越了時空限制及人我物類之界限，也超越得失及生死，自能「旁日月、挾宇宙」了（註47）。

三、古代希臘三哲

㈠蘇格拉底和柏拉圖

雖對「真知」的定義，與上述的莊子不同，但古代希臘哲學家蘇格拉底和柏拉圖師徒都很重視「真知」，並引以為哲人終生追求的目標。在蘇格拉底和柏拉圖兩人的哲學裏，一個理想的人格，應該是擁有真知之人，而這樣的人乃是有大智慧者。同時，由於知即德，有真知者亦必於其言行和日常生活中顯現和實踐，所以智者也同時是具有美德之性質並能身體力行的人。如自稱有真知，而其生活、言行卻不能配合，甚至反其道而行，則此人必非有真知者，充其量只不過是零碎知識的倉儲，或因為擁有一偏之見而沾沾自喜罷了。

柏拉圖雖將這種真知稱為知識，而其實稱之為智慧更為恰當。對蘇格拉底而言，追求真理的目的，在於了解德行的本質。在柏拉圖「普羅塔哥拉斯」（Protagoras）對話錄中，蘇格拉底說：「什麼事能保證給我們善的生活？無疑的是知識，尤其是衡量審度的學問」（註48）。所謂審度衡量的學問，便是「衡量相關的

優點、缺點或好壞參半，這是知識的一支，或知識的某一種特殊
技能。……沒有比知識更為有力的了。……一個人對於善惡，所
以會有錯誤的選擇，實在是因為缺乏知識的緣故。（註49）」

　　這種知識，其實是一種「道德的判斷」，而不是外在於價值
的「非道德判斷」（nonmoral judgment）。所謂衡量審度，必有其
規準，以為依據。蘇格拉底以為理性就是規準的來源。道德判斷
不是憑個人一時的喜惡而產生的。故他駁斥辯士（或譯哲人學派
哲學家，sophists）的判斷規準相對論，直指普羅塔哥拉斯「人為
萬物之權衡」說的謬誤。

　　蘇格拉底亦反對普羅塔哥拉斯的另一論點：「雖然無知，卻
可以有善行」。蘇格拉底說：

　　　　一個人之所以懦弱，是因為他不知道什麼該怕、什
麼不該怕的緣故。……有了什麼該怕、什麼不該怕的知
識，便不會對這些事無知。……知道什麼該怕、什麼不
該怕的這種知識，便是勇敢（註50）。

　　柏拉圖繼承其師蘇格拉底的思想，並發揚光大之。柏拉圖深
信人是靈魂與肉體的結合。他認為，靈魂是不滅的。生命經過某
個階段而消失後，會在另一時間的階段再度出現。人如努力回憶，
當能憶起前生所已經認知的事理。這是他那有名而頗富神秘色彩
的「憶起說」（The doctrine of recollection）（註51）。

　　柏拉圖以為靈魂的形式，介於觀念與物質之間，但它類似「理
型」（Idea，或譯觀念），所以不朽，而且是物體變化的主要動
力。柏拉圖在其對話錄「費陀」（Phaedo）中指出，人的意識在

死後仍然是存在而活躍的。在此，他的主要論點是，好好地照顧我們的靈魂，使它盡可能地完美，是我們每個人的責任；當然，這也是教育工作者的重要任務。

柏拉圖在他晚期的對話錄「法律」（Law）的末尾，說到靈魂是高於肉體的；是靈魂，才使我們成為現在的我們。人死之後，便離開這世界到諸神面前算總帳，這時，誰也幫不了我們的忙。所以人在生時，應該盡可能地過著「善」的生活，如此離開這個世界的時候，便可以坦然無懼。

「靈魂」（soul）這個詞語的翻譯，似乎從一開始就不是很恰當。希臘的原文是 Psyche，如將之譯成理性、心或生命的生化原理，似乎更合乎原義。它是恒常，是變之因，但本身卻不變。靈魂是一，也是多，又是使多融合在一起的均衡。

柏拉圖很有名的是靈魂的三分說，也就是說人的靈魂或人的精神活動包含了「理性」、「勇氣」（或「意志」）和「情欲」三個部分。其實這三分法並不是柏拉圖之心理學的嚴肅立論，只不過是舉例來說明靈魂作用的多樣性罷了。

依柏拉圖的看法，每個人的精神活動都含著理性、勇氣和情欲等不同的層面，但是這些層面的比重，卻是因人而異的。富理性者愛慕智慧，可以為哲學家和統治者；富勇氣者好競鬥，可以為軍人；至囿於情欲者，則適於從事經濟活動。在一個著名的譬喻中（註 52），柏拉圖曾將理性比方為駕馭者，他所駕二馬，一為勇氣，另一為情欲，三者成為一體。個人的精神結構如此，國家的組成亦然。「正義」（justice）之人，三者和諧而成一完整之精神體，但是仍以理性為主導，勇氣固然要遵從理性的指導，如果情欲與理性衝突，亦應捨情欲而就理性。正義之邦，也即是哲

學家帝王及其他行政人員、軍人、工商業者等等各階層人士分工合作的社會，其間各人都能扮演好自己的角色，盡到應負的職責，而彼此之間也有良好的協調配合，但是領導、治理者，仍然應該是富於理性、智慧的人。他是策畫者、監督者，也是最後的仲裁者，因為他富於理性，能做最明智的判斷和決定。理想的人格，乃是「理性人」。

㈡亞里斯多德

柏拉圖的學生亞里斯多德曾著「論心靈」（On the Soul, De Anima），是古代心理學力作，以今天科學心理學的眼光視之，它是一部哲學的心理學的作品，也帶著形而上學的色彩。

亞里斯多德說，心靈是「具有生命潛力之自然體的第一層級的實現」。對生命體來說，心靈代表著它主要而基本的「形相」（Form）。這世界上之所謂「體」（body），或者有生命，或者無生命，都只是「質料」（Material）。質料是與形相相對而言。在亞里斯多德的存有論當中，一切存有都由形相與質料所合成。刀在刀鞘，是刀之第一層級的實現，刀在切割時則為其第二層級的實現。心靈既非身體的一部分，也不是多餘的器官，而是身體的組織、統整與功能。如果身體有潛在生命的話，那麼心靈便是生命的實現，是已經發展了的潛在。它之所以被稱之為第一層級的實現，是因為並非所有的功能在每一時刻都在運作。再者，心靈是不會朽壞的（註 53）。

心靈有何作用呢？亞里斯多德說，它能思考、能知覺、能營養，也能繁殖。一般的生命體只能營養和繁殖，但是人類天賦有思想的能力，這種能力能夠脫離別的心理能力而單獨存在及運作，

這是人類獨特的地方。

　　依亞里斯多德的看法，心靈是身體的「因」，是身體的根源，是「動」的開關，所以它是身體的「動力因」。它又是整個生命體的本質，所以也是身體的「形相因」；它更是身體存在之目的，所以是「最後因」（或譯目的因）＊（註54）。

　　亞里斯多德又討論人的感覺。他說感覺是將可覺知的形相接納進來，而將其質料排除在外的能力。人有五覺（five senses），感官的作用是將各種訊息雜而不亂地組織在一起而接納進來。人似乎還有個第六覺，那便是「共覺」（common sense）。

　　因此亞里斯多德的心靈論，便把人類心靈的一切作用，分成三類：一是營養方面的作用，其目的在維持身體各器官的協調運作；二是感覺方面的作用，其目的在使個體能夠知覺；第三是理性方面的作用，其目的在使個體能夠思想，而凸顯了人之異於其他動物的特色。所以亞里斯多德說，人是一種理性動物。

　　由於人能夠思考推理，所以亞里斯多德創造了理則學，寫下《邏輯》一書，以為人類正確思考推論的依據，開後世邏輯學之先河，影響深遠。但是人除了能夠思考、判斷外，還能實踐，將理性與行為結合起來，以理性指導行為，俾建立幸福的人生。

第三節　結論：再論現代的聖人

　　對古時候的儒家的教育者而言，聖與仁是他們終生教育工作

＊〔關於亞氏四個因的理論，請參閱本書第四章「形而上的假設」。〕

的努力目標，而且其價值是絕對無可懷疑的。聖與仁這種完美觀念的具體表徵，當然是「聖人」。「聖人」的完美價值因而也是無可懷疑的。但是隨著時光的流變，生活環境及社會條件的改變，今天的一般人，甚至是教育工作者，是否仍然對其價值及其所涵攝的意義深信不疑？

這樣的問題是值得深思和深入探討的。

首先，我們要知道，儒家的原始觀念，是認同變化的哲學，而且早期的哲學家也在宇宙、人生及人類行為的變化中，找尋變化的軌跡，並歸納變化的原理及規則，以為人類了解環境及了解自身之助。《易經》是研究的部分重要的成果。

既然宇宙、人生及人類都是會變而且也確實都在變化之中，則任何的原理和規則，都必須預留許多彈性的空間，否則便不成為能夠真正涵攝個例和特例的原理原則。所謂道，便包含著變化在內，也即是說：「經」和「權」都是道的一部分。

儒家的理想人格「聖」，是整體的概念，其內涵及定義應該可以用不同時代的語言和概念來加以詮釋，而不致悖離原義，否則它便不成其為「理型」。

用「現代的聖人」這樣的詞語，是表示用現代的理念和語言來描述其特質的一種嘗試。

現在且依循聖與仁的定義，描述「現代的聖人」的一些人格特質如下。這些描述的特質，無論就「聖」的意義或就現代人類的需要而言，都是很重要的。但是要說明的一點是，這些特質只是舉例而已，並不意味著盡舉或完全涵蓋了他的所有人格特質。

首先，聖人能夠「同理心」地了解別人，能夠與他人真正而有效的溝通；他關心別人、視人如己，至少能做到如馬丁·布伯

（Martin Buber）所說的「我與汝」（I and Thou）的關係，把別人看成一個應受尊重並真誠對話的主體。他可以先從周圍的人做起，例如家人、同事和親友，然後擴大，以至於社區、社會、人類以及其他的存有。這可以消除現代人類的各種疏離和仇恨。

其次，聖人能夠善御自己的情緒、情感和欲望，自然而合宜地調節在理性的引導之下。柏拉圖和亞里斯多德都強調理性的重要，而儒家也指出喜怒哀樂必須發而中節，私欲更要祛除，才能使心靈澄明，良知得以運作，不致影響道德判斷的實踐智慧（practical widsom）。現代社會充滿緊張、焦慮、不安、衝突和沮喪，這些不快樂的根源主要是由於自私、有我和物欲。儒家強調透過經常性的自我訓練，可以獲得內在的寧靜和平。

然則，王陽明也曾指出，一個人不要只是因為貪圖那禪定之樂，而便耽溺其間，以自得其樂為務，終於還是不免於一個私字。依理學家的看法，一個人內在的寧靜和平之所以重要，是因為它能使我們心思澄澈靈敏，在做判斷時能夠做出最有智慧的決定。這是為別人及社會服務的準備工作。現代的聖人不是個退隱者，也不是自了漢，而是有熱忱提供一己才能以服務別人的人。這在基本上符應了儒家己立立人、己達達人的理念。這也是儒家之異於伊壁鳩魯哲學的地方。

當代美國教育哲學家杜威，也有類似的主張，他把這種服務的態度視為民主社會的重要特質之一。杜威說每一個體的發展，應該使用來增益社會整體之共同的利益和福祉，並促進社會持續的進步。因此，教育一方面應該發展個人的潛能，而另一方面則應發展他的社會意識，以便培養服務的精神。

再者，知行合一是很重要的。有道德的勇氣，實踐的意志，

再加上試驗、創新的精神，可以使理想不至於成為空談，而服務社會人群的抱負也不至於變成夢想。在這樣做的時候，有些人格特質是不可缺少的：創造思考及解決問題的良好習慣及能力。因為現今社會變遷的快速，更數倍於往昔，許多難題是前所未遇的，依循舊的方法和途徑，不但效率欠佳，而且根本就可能於事無補或無法解決難題。現代的聖人，不但有造福人群的意願，而且有道德的勇氣，實踐的意志，勇於嘗試，兼且有創造思考及解決問題的能力。

　　合作的精神無論在中國的古典哲學，或現代西方民主理念，都是被推崇的。我國文化精神，很講究「和諧」：個體內在精神的協調統一，精神與肉體的協同，個人與個人之間關係的融洽，個人與團體之間的彼此認同，甚至於達到「天人合一」的至高精神境界。和諧基本上是一種美德，但是「和而不流」，和諧又不等於同流合污，而是在本質上具有一種理性而善良的美感，故君子成人之美，卻不成人之惡。孫中山先生的進化哲學，從人類的層次來看，是以互助合作為其動力，這是合乎「道」的，衝突難免，但衝突只應該是一種調整的短暫的過程，有時是病態的，有時是必需的，但基本上應該復歸於和諧。柏拉圖的「正義」（justice）理念，便涵蘊著和諧的質素，一種理性的秩序。現代民主方式，注重人與人之間或團體與團體之間的溝通，希冀以理性而和平的方式，達到異中求同，或和而不同，使彼此的力量不會因衝突或排斥或消極冷漠的抵制而抵消。現代聖人從合作中促進社會群體的福祉和發展。

　　總而言之，現代聖人是深具同理心的人，有著慈悲的心腸；能與他人做良好的溝通；善於掌握自己的情緒和欲望；熱誠參與

對大眾的服務；有善意及勇氣去貫徹應做的事；富創思，長於問題解決；能獨立思考，能做智慧的判斷和選擇；能與他人合作；有廣博的知識和足夠的能力獻身於對社會人群的服務；在忙亂緊張、變動快速的生活環境中，也能保持頭腦的冷靜和心情的平和，因而總能做出最明智的判斷和決定。這些特質，在現代進步的社會中是可欲的；把他們轉化為教育中的價值，便可以具體地表現於教育的目的和理想，成為教導健全、完美之現代人的重要指標。

附註

1. 論語，「述而」，7：33。
2. 論語，「雍也」，6：5。
3. 論語，「述而」，7：29。
4. 論語，「里仁」，4：4。
5. 論語，「里仁」，4：5。
6. 論語，「述而」，7：25。
7. 論語，「雍也」，6：20。
8. 論語，「雍也」，6：28。
9. 論語，「顏淵」，12：2。
10. 論語，「顏淵」，12：22。
11. 論語，「陽貨」，17：6。
12. 論語，「顏淵」，12：3。
13. 論語，「子路」，13：27。
14. 論語，「學而」，1：3；「陽貨」，17：17。
15. 孟子，「離婁」上。
16. 參閱 Immanuel Kant 著，Lewis White Beck 英譯之 *Foundations of*

the Metpahysics of Morals,(Indianapolis: Bobbs-Merrill Educational Publishing, 1980 [1959, 1785]), Second Section, P.46.

17. 《孟子》,「滕文公」上。

18. 《孟子》,「離婁」下。

19. 《孟子》,「告子」上。

20. 同上。

21. 同上。

22. 《朱熹》,「白鹿洞書院揭示」,載於《朱子大全》（台北：中華,民54）,冊九,卷74,頁16-17。

23. 《二程全書》,（台北：中華,民54）,冊三,粹言一,頁7-8;又同書,冊一,遺書二上,頁2,3。

24. 陸九淵,《象山先生全集》（台北：台灣商務,民68）,下冊,頁271。

25. 陳榮捷註,《王陽明傳習錄詳註集評》（台北：學生,民72）,頁119。

26. 張載,「正蒙」,誠明篇第六,載於《張子全書》（台北：中華,民70）,卷二,頁21。原文是「至誠則順理而利,偽則不循理為害」。

27. 程頤,「顏子所好何學論」,載於《二程全書》（台北：中華,民54）,冊二,伊川文四,頁1。原文是「蓋聖人則不思而得,不勉而中,從容中道」。

28. 周敦頤,《周子全書》（台北：台灣商務,民67）,上冊,頁116-124。周子「通書」云:「誠者聖人之本」,又云:「聖,誠而已矣」,復云:「乾道變化,各正性命,誠斯立焉,純粹至善者也」。

29. 《二程全書》,同上,冊一,遺書二上,頁2。原文為:「仁者以天地萬物為一體,莫非己也」。

30. 張載，「正蒙」，誠明篇第六，載於《張子全書》，同上，卷二，頁 17。原文為：「性者萬物之一源，非有我之得私也，惟大人為能盡其道。是故立必俱立，知必周知，愛必兼愛，成不獨成。」

31. 邵雍，《皇極經世書》（台北：中華，民 54），冊二，卷八下，頁 27。

32. 程明道，「答橫渠先生定性書」，載於《二程全書》，同上，冊二，明道文集三，頁 1。

33. 老子，《道德經》，第十五章。

34. 同上，第二十章。

35. 同上，第二十二章。

36. 同上，第三章。

37. 同上，第二十九章。

38. 同上，第六十六章。

39. 同上，第六十三章。

40. 同上，第六十四章。

41. 《莊子》，「齊物論」。

42. 同上。

43. 同上。

44. 同上。

45. 同上。

46. 同上。

47. 同上。

48. Plato, "Protagoras," trans. by W. K. C. Guthrie, in Edith Hamilton and Huntington Cairns (eds.), *The Collected Dialogues of Plato* (Princeton: Princeton University Press, 1971), P.347.

49. *Ibid.*, P.348.

50. *Ibid.*, P.351.

51. Plato, "Meno", trans. by W. K. C. Guthrie, in *The Collected Dialogues of Plato, op. cit.*, P.364.另參閱柏拉圖另一對話錄 "Phaedrus," trans. by R. Hackforth, in *ibid.*, PP.492-493,496.

52. Plato, "Phaedrus," trans. by R. Hackforth, in *The Collected Dialogues of Plato, op. cit.*, PP.499-500.

53. Aristotle, "De Anima" ("On the soul"), trans. by J. A. Smith, in Richard McKeon (ed.) *The Basic Works of Aristotle,* (Rainbow-Bridge Book Co., Reprint, 1970), BK Ⅱ. CH. Ⅰ., PP.554-556.

54. *Ibid.*, BK Ⅱ, CH.2,3,4.

第六章

人生的意義

第一節 生活中的價值

什麼是人生？什麼樣的人生才是有意義的人生？什麼才是幸福的人生？這是本章所要探索的一些主題。由這些主題的了解出發，在本書稍後，尚要進一步研究這些主題與教育的關係。

凡是人類的生活當然都可以稱之為人生。但是和人類彼此之間的差別一樣，人生也存在許多差異。有些人生似乎很不令生活者本人滿意，也不令別人滿意，則這樣的人生算不算是真正的人生？有些人似乎並不怎麼計較生活的實質內容如何，也不在乎其所代表的意義為何。對他們而言，人生好歹都是人生。

但是，詳究起人的行為，我們將發現人生幾乎一刻也離不開價值。我現在想去休閒一番，到底是去散步呢？聽音樂呢？打球呢？找朋友聊天呢？安排一次旅遊？或者找一本喜歡的書，舒舒服服地坐下來閱讀？當我這樣子想著，並且要去做決定的時候，便有某種價值觀在我的整個價值體系中運作；不論我有沒有意識到它的存在或運作，它確是在那兒影響著，參與我的判斷、選擇和決定。而現在我決定要去聽音樂了。但是，我到底要選擇什麼樣的音樂呢？這也牽涉到價值。凡是我在此刻所選擇的，至少符合我此時所認定的某一價值。我寧願選擇看甲電影，而不看乙電影；我寧願選擇清粥小菜，而不去赴那山珍海味的盛筵；我寧願獨步於清風明月之下，而不去競逐那名利聲色之光彩。張先生就要結婚了，在眾多的對象當中，他選擇了王小姐，而不是陳小姐或李小姐。在許多可能入學的大學當中，劉同學把某校某系排在

第一志願，而卻把某校某系摒除在志願表之外。你看，小至於選擇看什麼電視節目，大至於選擇什麼樣的職業、和什麼人結婚等等，都受到了一些價值觀的作用和影響。

如此看來，人本身似即為一價值充滿的存有，並善於反省、思索意義。其實，不在乎生活如何的這種態度，本身便預設著某種價值觀，所以並不是價值中立的。不在乎生活得如何所涵蘊的價值觀，生活的方式或內容如何是不重要的，他會因此傾向於去過一種順乎自然的、隨遇而安的生活，並且認為刻意去經營或追求某種特定的生活方式及內容，是不必要的，甚至是不值得的。所以標榜著價值中立的人生的定義，其實仍包含著價值判斷在內。

至於標明如何如何的人生才算是真正的人生，不用說當然是明顯有著價值傾向的。甲問乙說：「什麼是人生？」乙回答：「人過的生活是人生。」但甲並不以這樣的答案為滿足，因為什麼才是人過的生活呢？當甲以這樣的問題再問乙的時候，乙必須賦予「人過的生活」某些意義或價值的解說。對於第一個問題的答案，是不易引起爭論的，但對於第二個問題，則幾乎可以肯定必然會出現許多不同的，甚至彼此矛盾的意見。

這些意見上的爭論或分歧，主要是價值觀的差異所造成。人的價值觀究竟如何形成，其詳情不擬在此細述。但是簡要地說，它受到了一些因素的影響：(1)個人先天的氣質，例如才智、性向和習氣等；(2)個人成長過程中所受到的價值觀的影響，尤其是近親和師友；(3)個人後來生活環境重大變遷所產生的影響，例如結婚、職業變換、其他生活上的重大變故等；(4)大的生活環境的影響，如社會的風氣、時流的趨向等；(5)哲學信念和宗教信仰產生的影響等等。這些影響的因素，有許多和教育的關係密切。換句

話說，除了個人先天的限制之外，教育幾乎可以說有完全改變、重組一個人之價值觀和價值體系的潛在可能，雖然在事實上，某一特定教育能發揮多大效力，是另一個層次的問題。從某個角度來說，教育是價值之教導的歷程。

　　人是價值充滿的，上已述及，而人生也是如此。在為人生下定義的同時，亦賦與人生某種價值。人生的意義，是因為人認為這樣或那樣的人生有意義；而人之所以認為這樣那樣的人生有意義，是因為他認為這樣那樣的人生有價值。人是生活在價值的體系當中的。

　　人生的價值像是個網路系統，錯綜複雜，枝葉蔓延；它像是個神經網路，而又有其階層性。這樣的網路系統，我們姑且稱之為價值體系。在體系中，有些價值的地位優於別的價值，例如甲價值與乙價值，分別在不同的判斷情境時，都會被當事人所選擇。但是當甲價值和乙價值同處於一個判斷情境，而當事人只能二中取一之時，他寧取甲價值而捨乙價值，那麼在他的體系裏，甲價值的層級顯然高於乙價值。但這是就某一特定的情境而言。如果在別的情境，當事人必須在甲、乙二價值當中選擇其一，這時他可能取乙而捨甲，那麼在他的體系裏，乙的價值又優於甲的價值。這說明，一個人的價值體系不是固著不變的。但體系也不是一定總在變動的。這關係到判斷情境的變化，當然也關係到一個人價值觀及價值優先排序的變化。這兩個主要因素的交互作用，影響了一個人的判斷和選擇。

　　為了研究的方便，哲學家將人生的各種價值做比較大範圍的分類，以使人在思索及討論價值問題時，不至於太過覺得茫無頭緒。比方說把人生的價值歸納成四個主要的領域：知識的價值、

道德的價值、美學的價值、宗教的價值。知識的價值關係到的是
認知及思考正確與否的問題，這牽涉到認知方法、思考方法、知
識或真理的本質、真理的規準，以及客觀證驗等主題，而跟哲學、
邏輯學、認識方法論以及科學研究的領域有關。道德的價值關係
到行為的善惡，牽涉到道德的本質、善惡的標準、道德行為的根
源，以及道德的判斷等問題，而由道德哲學、倫理學以及新近興
起的道德科學（大抵為道德認知心理學）來研究。美學的價值關
係到的是美的本質、美的標準、藝術的性質、創作與欣賞等問題，
而由美學及藝術哲學來研究。宗教的價值關係到人生之終極意義
及生命之超越現世和時空的發展等問題，是要將上述三類現世的
價值之無法究竟、根本解決的問題，做一番研究。

　　關於人生之價值和意義的假定和解說，如果循著這四個範疇
來進行，也是一個可行的途徑。在感官經驗的世界裏，科學的論
證扮演著主要的角色，而在超乎感官經驗的世界，則哲學的冥想、
美感的和宗教的體驗便成為主導的力量。人生兼攝這兩個世界，
那麼人類對人生的理解便須出入於科學、哲學、藝術和宗教之間。

　　在科學和哲學的領域，人生是從出生到死亡的歷程，但是在
宗教家的體驗裏，所謂人生或者生命，並不只局限在這一回合的
生與死之間。人類的生命是生命之連續過程中的一個短暫形式的
存有，它有著過去無窮久遠的根源，而到了此時此世，它以人類
的形式存在。等到有一天，人類的存有形式衰微了、枯竭了，生
命又轉換另一種形式而存在，這時我們稱之為「死亡」。

　　從現世的觀點，人生的意義是在現世的範圍之內來設定，但
是從宗教的觀點，人生的意義可以超越現世的範圍來設定。許多
人生的現象，單從現世的觀點，難以合理解釋，甚至不易看到其

意義的全貌，但是從宗教的觀點，則這類困難得以迎刃而解。

　　這四個領域，常有人以真善美聖四個字來概括之。真者知識，善者道德，美者藝術，聖者宗教。這些領域雖名之為四，但彼此不是分離，也不是毫不相關。其實是，彼此關係密切，而相互融通渾然為一整體，始能構成完美人生。未有不真而為美、為善者，亦未嘗有不善而為美、為聖者。

第二節　以理性為主導的人生

一、蘇格拉底和柏拉圖

　　蘇格拉底曾經論美與善，他說：「你以為善是一回事，而美又是另一回事嗎？你不知道一切之物，就同樣目標而言，既是善、又是美的嗎？」（註1），例如德行，不是對於某些事情是善的，而對於別的一些事情則是美的。人也是一樣的，就同樣的目標來說，既是善的，也是美的。同樣的情形，其他一切為人所應用的東西，只要合於應用的目的，就被認為是善的和美的。

　　在柏拉圖對話錄「饗宴」中，蘇格拉底曾說了這一段話：

　　　　人之思由正路以求進於愛者，自其幼時，應愛一美。由此之生高尚之思。且知此美與彼美實相聯屬，美之見於各類者，一而已矣、既乃恍然，知所愛之一美，實卑不足道。因而於諸美無不愛。由是而進，則知內心之美，

更貴於外形之美。其於人之有一善可採者，亦將愛之護
之，使之憬然日即於善。明夫制度文物之美，諸美一體
之理，與儀容之美之不足為重，更進而引之入於學問之
域，以窺其美（註2）。

由是則知一人一事一物，若達到至善的境地，便亦是至美，反之
至美之人事物，亦是至善。

雖然善和美是一體的兩面，但是柏拉圖並不以為善和快樂也
是一體的兩面。善本身即是目的，快樂卻不是善的目的。這種主
張是迥異於所謂「快樂主義者」（hedonists）的論調的。柏拉圖
曾藉蘇格拉底之口如是說：「快樂和善是同一的嗎？它們不是的，
卡里克斯和我都已同意。快樂是為善而存在的嗎？或者，善是為
快樂而存在的嗎？（與其說善是為快樂而存在，毋寧說）快樂是
為善而存在的。（註3）」

善不是快樂，而惡也不等於痛苦。善與快樂又各有其不同的
追求和獲取方式。總而言之，柏拉圖在「果加斯」（Gorgias）對
話錄中所詳細論證的善與快樂的種種關係，旨在說明一點：過一
種有德行的生活，一種公正而勇敢的生活，比起那種一味追求快
樂的生活，要有價值得多。在「理想國」（The Republic）對話錄
中，柏拉圖曾經區分了三種的善：

　　1. 只在就結果而論時才是善的事；
　　2. 只在就其本身而論時才是善的事；
　　3. 無論就其結果或就其本身而論都是善的事。

由第一種的定義，發展了以後的快樂主義（hedonism），或
所謂的結果說。由第二種定義，發展了康德的「絕對命令」（cate-

gorical imperative）或動機說。由第三種定義，發展了當代美國哲學家杜威的道德調和理論。就柏拉圖本人而言，他認為「正義」（justice），乃是屬於第三類，因為人生真正的善，不在於快樂，而在於幸福（eudaimonia），正義的生活能夠引導我們通達幸福。

論到什麼才是幸福的生活時，蘇格拉底說，有一種人的生活是完全受制於「熱情」的。這種人表面上看起來，好像很「自在」，也很「自由」，但事實上不見得如此，因為如果受縛於情緒和欲望，成為其奴隸，便既不自在，也不自由。蘇格拉底認為，真正的自由，即是能真誠而理性地做合於自我意志之事，以達到整個個體的善。

在判斷何種生活為幸福，何種生活不是幸福這件事上，最好的評斷者便是哲學家，因為他最具洞識及推理能力。真正的樂和虛幻的樂，是不同的。後者往往因為與快樂來臨前的痛苦有了比較，而被過度誇張，這就好像一個餓極的人，一旦獲得了食物，便會強調這食物是多麼好吃一樣。就一切感官之樂而言，情形大抵如此，但心靈或精神之樂，便不是如此。心靈之樂較之感官之樂，更為真實，也更為純粹，因為這種快樂「接受了知識和理性的引導，而只追求智慧所允許之事。這種快樂是真實的，因為真理是它的指引」（註 4）。總而言之，快樂在柏拉圖的哲學中，不是主要的目標，而是理性生活的副產品，是實踐理性生活，必然會產生的副產品，它是真真實實的內心的充實和安寧，而不是虛幻短暫的刺激。所以人生不必汲汲於快樂的追求，只需遵從理性的引導，做智慧的判斷，然後身體力行，便已足夠。

二、亞里斯多德

人生的目的是什麼？人所追求的是什麼？同為古代希臘偉大哲學家的柏拉圖的學生亞里斯多德認為，許多人對上述問題的答案是一致的：人生所追求的乃是善。事實上人類所有的活動，都指向某種「善」（good）。然則，人類所追求的最大、最終極的善是什麼呢？亞里斯多德以為，「無論販夫走卒，或趣味高尚的人，都會同意，是幸福。（註5）」

但是什麼叫「幸福」（happiness）呢？一提到這個問題，大家的意見，就相當紛歧了。有的人說，幸福即是快樂，他們說，生命之所以可愛，是因為它充滿了歡愉喜樂。第二種人主張，幸福即是榮譽，是高尚而有尊嚴的生活；趣味高雅者類多作此強調。前一種主張似乎過於粗淺空泛，而後一種主張則又像是「政治生涯」的目的。

在古代的希臘，或今日物欲當道、功利瀰漫的社會，同樣都有許多人認為，幸福生活即是賺很多錢的生活。亞里斯多德對此亦有評論。他說，我們誠然不能否認財富的用途，而它對於幸福生活的追求也確實有所助益，但是，我們能以財富作為人生追求的目的嗎？亞里斯多德以為，財富只是一種工具，是為了別的目的（即是幸福）而存在的手段而已，它本身並沒有獨立自足的價值存在。因此亞里斯多德提到了第四種幸福的含義。

亞里斯多德費了不少唇舌，來談論這四種幸福的定義。他首先說，幸福是一種終極的目的，人類追求幸福，並不是為了別的「外在於幸福」之事，幸福本身即是最後及惟一之目的（註6）。

然而，想清楚說明幸福是什麼，不是件容易的事。在談論幸福之前，最好先弄清楚人的「功能」是什麼。我們說一件家具很「好」，是指它的「功能」很好而言。人有功能嗎？或者我們問，人有什麼獨特的功能嗎？也許，我們可以說，「精神活動」即是人類的功能，而這種精神活動還預設著一種「理性原則」的存在。我們說某人是好人，正是意指他的精神活動高尚而完美，換句話說，他的精神活動與「美德」（virtue）符應。但是美德不止一樣，所以人的精神活動最好又能與「最完美」（most complete）的美德一致。然而，僅此一端，尚有不足，因為隻蟬難成一夏，單獨的美行，短暫為善，亦難使生活長久幸福，因此，亞里斯多德提出了「完美的生活」這一鵠的。

許多「幸福」的定義，不一定是不對的，但它們往往只代表了部分的真理或真理的某一面。事實上，幸福是世界上最好、最高貴和最快樂的事，它既與哲學的智慧相通，又與實踐的德行一致，它既涵攝了內在的理性活動，也和外在的善行有關。它不是不食人間煙火的象牙塔裏的冥思，它其實也需要一些外在的「裝備」，以為助益，像健康、友誼、財富和權力等都是。儘管這些都只是幸福生活的附屬物，而非目的，但是缺少了這些，則「高貴行為」的實踐，似乎會困難許多。

因此，亞里斯多德為「幸福」所下的定義是這樣的：能夠與「完全之美德」（complete virtue）合致的精神活動，並且充分具備「外在的善」（external goods），例如健康、財富、友誼和權力等；它不是短暫而偶然的點綴，而是延續一生的「完全人生」（complete life）。由於幸福人生少不了美德，亞里斯多德認為對美德做進一步的研究、了解，實有其必要。在《尼可馬倫理學》

（Nicomachean Ethics）一書中，亞里斯多德用了大部分的篇幅，來談論數種美德的本質。

依亞里斯多德之言，美德可分成兩種，一是知德（intellectual virtue），一是行德（moral virtue）。知德的產生及發展，有賴於教導，因此它需要經驗和時間。行德是習慣的結果，又名ethike，而此字是由 ethos 演變而來，原義是「習慣」，今日「倫理學」（ethics）一詞也起源於此。

行德的產生，是由於相關行為的重複動作。比方說，人要變得正直，先得有正直的行為；所謂勇敢之人，必須此人先有勇敢的行為。一國的立法者，欲使國民為善，須先使他們養成善行的習慣，所以必須有教育和教師。常行懦弱之事，即成懦弱之人，常行勇敢之事，即成勇敢之人，人之成善成惡，關鍵在此。所以說，人格特質的形成，源於行為的實踐。因此，行德既非一種熱情，亦非某種官能，而是人格的特質或狀態。說得更具體一些，「行德是能使人成為善，並使他行善的人格狀態」（註7）。

然而，什麼是「善行」，實值得深究。依亞里斯多德之意，善行就是中行，是無過與不及的意思。但是所謂「無過與不及」，並沒有固定而客觀的標準，它毋寧是相對於行為者的特有情境，而隨應變化。惟其是相對而變易的，所以能經常保持中行，這才是中道。

一個人的行為在謹守「中行」的過程中，有一重要而必需的手續，就是判斷和選擇。他必須時時注意，在某一特定的情境下，做出最明智的判斷，並選擇合於此一情境的善行實踐之。人如果缺乏這種判斷選擇的能力，就算有強烈的善意，也難以形成善行。所以，判斷和選擇的能力，是道德行為和幸福生活的契機。

　　但是，人的這種判斷、選擇能力，源自何處？亞里斯多德認為，它係源自於理性。凡是具有實踐智慧（practical wisdom）的人，率能依理性原則而行，能依此而行，即可不失「中道」。

　　我們必須注意的是，並非每一種行為都有中道存在，如嫉恨、謀害、邪淫等，其本身就是惡行，無所謂中道不中道，無論何時何地行之，都不能稱之為善行。

　　畏懼和剛愎自用的中道是勇氣。人若剛愎自用，就會變得輕率鹵莽，若失之於畏懼，則成懦夫。快樂與痛苦的中道是節制。揮霍與吝嗇的中道是慷慨。虛浮與自卑的中道是自尊。

　　人的行善固然是受到理性原則之指引的結果，但是真正有德之人，不致因此而感受到道德義務感的重迫和壓力。相反的，他會因為自身所擁有的道德潛能而自豪，他在行善的體驗中，將會認識人之所以為人的尊嚴。虛浮與自卑的中道自尊，就像是諸德的皇冠，使人類產生自覺，覺識到身為人類一分子的尊榮，因而變得勇敢、正直、誠實、慷慨和高尚。能夠真正做到這個地步的人，雖然為數不多，但這是人類之「完美人格」的理想，值得立法者和教育家全力以赴。

　　為什麼行德需要知德做其基礎？上面說過，行德的一個重要契機是判斷與選擇，在亞里斯多德的著作中也一再地談到選擇。適當的選擇預設了「合理動機」和「正確推論」這兩個成分的存在。而這非依靠知德不可。

　　依照亞里斯多德之 Nicomachean Ethics 的第六篇（Book Ⅵ）全篇內容來分析，知德似可分為「沉思默想的」（contemplative）和「計算的」（calculative）兩類。前者（即「沉思默想的」部分）又分「科學」（science）和「直觀理性」（intuitive reason），

此二者融合而為「哲思的智慧」（philosophic wisdom）。後者（即「計算的」部分）再分「技藝」（art）和「實踐的智慧」（practical wisdom）。以上五項是亞里斯多德提到的主要知德的例子。另外他還舉了一些次要的知德，例如慎慮、理解和判斷等。

　　亞里斯多德在此所謂的「科學」，指的是有關必然及永恒存在的論證性知識；「直觀理性」指的是原理原則的知識，是科學肇生的基礎；「技藝」指的是有關物品之製造的知識；而「實踐的智慧」，則是幫助人類達到生活目的之知識。「哲思的智慧」是人生幸福的「形式因」（formal cause），而「實踐的智慧」卻是促成中道的實踐以達生活目標的確證。在這些知識當中，實踐的智慧與行德的關係最為密切，因為實踐的智慧代表一種深思熟慮，不是有關永恒事物的，而是有關生活中每一偶發事件的深思熟慮。實踐的智慧總是隨時隨地幫助人「選擇」最適當的方法，助其過著美善的生活。因此，實踐的智慧可以說是知德的一項創發性的功能，能夠指揮，甚至控制精神活動中的非理性部分，例如情緒和欲望等等（註8）。

　　實踐的智慧也預設了直觀理性的存在。直觀理性所掌握的是第一原理、普遍概念、基本的獨特性及個殊事實，它提供了實踐智慧運作的素材，也提供了科學知識（邏輯或數學論證）運作所需要的第一原理。然而，智慧的最高形式，不僅包含了第一原理之邏輯論證的知識，而且還包括了對原理本身的心領神會，因此亞里斯多德稱哲思的智慧是科學知識和直觀理性的結合，應導向最高目標而完成之。

　　由上所述來看，幸福完美的生活不僅包含行德，也包含了知德。最好的生活，便是「理性的」生活。理性就是人性，意指人

性中各個特質之最合理和最適當的配合，這需要智慧、領悟、選擇和實踐。理性的生活是一種最完全的美德，也是最完全的生活，無論在精神上或者肉體上，都能達到和諧、合理而長久滿意的地步。如此理想的生活，只有少數人能夠達到。一般人只好退而求其次，過一種有德但兼顧理性與非理性欲望的生活。大多數人尚缺乏自我教育及自我約束的能力，因此必須有「立法者」和「教師」的指引、約束和訓練。這便是國家教育的重要性了。亞里斯多德在《政治學》一書中，對此教育問題曾多所論述。

三、斯多亞學派

斯多亞學派（stoics，或譯斯多噶）是發生於西元前四至三世紀的一個哲學流派，雖有物理學和邏輯學為基礎，實際上卻是以道德學為主的，所以在西方思想發展上，算是個道德哲學派，而以其影響來說，應可當得「重要的道德哲學派」一詞而無愧。

此派創始者是塞普魯斯的齊諾（Zeno, Citium of Cyprus, 336/5-264/3 B.C.），嘗於雅典之廳廊（stoa, hall）設帳，因名斯多亞。他的思想概括三個方面，就是「物質論」、「一元論」和「變易論」。物質論者，宇宙間每一事物，都由物質構成，即使靈魂、思想和時間也不例外。一元論者，一切事物都可以歸結到單一的原理。變易論者，萬事萬物都在不斷變化之中。齊諾思想傳於克林特士（Cleanthes），再傳克里西帕士（Chrysippus），理論始臻於完備。克里西帕士好學深思，著作甚多，據說有七百多卷，惜已散失。以上為斯多亞學說發展之第一期。第二期有西元前第二世紀的帕納修士（Panaetius）和西元前一世紀的波西多尼（Posidonius）。第三期的思想家則有辛內加（Seneca）、伊比提特士（Epictetus）和哲學家帝王馬可斯・奧略流斯（Marcus Aurelius）。

　　羅馬人對於斯多亞學說中的道德質素和實用價值，頗能欣賞。齊諾的學說強調理性和節制，主張正義、自我訓練和剛毅果決的精神，並讚賞免於激情風暴的自由，善保冷靜和淡泊的心情。這些特質都很適合於羅馬人的性情。因此斯多亞學派在羅馬時代，得以穩健發展，前後達數世紀之久。到了馬可斯登上王位的時候，此派聲勢達到了最高峰，整個羅馬帝國，凡是受過相當教育的人，對於斯多亞學派的一些基本概念，都耳熟能詳。

　　此派學說對於基督教思想的發展，也有影響，例如四福音書中提到的 Logos（意指理性 Reason），便是斯多亞哲學家所津津樂道的。基督教之「聖靈」的觀念，源自克林特士的「靈」（pneuma），而克林特士的「靈」則又承齊諾之「創造之火」的餘緒。基督教說「三位一體」，而斯多亞則說「神聖的聯合體」。辛內加在論宇宙生成的超自然力時，說：「這一力量有時稱為治理一切的上帝，有時叫做無形的智慧，有時名為聖靈，有時則被視為天命。」克林特士的「頌歌」，幾可說是基督教之讚美詩的縮影；在「頌歌」中，天主被稱頌為永恒的力量，是偉大的創造者，萬事萬物都依祂的律法而行，人類是祂所造，要永遠讚美祂，將一切榮耀歸向祂。斯多亞哲學是主張世界主義的，而基督教亦提倡博愛。斯多亞講節欲、自制和淡薄，而基督教也有禁欲和苦行的教誨。

　　斯多亞哲學家認為，人生的終極目標是「幸福」，而這正是人人應該追求的最高的善。

　　幸福的獲得，有賴於「順應自然的生活」（註 9）。斯多亞

學派的所謂「自然」，指的乃是「心靈之火」，不但能創生萬物，而且能根據萬物的目標去範塑他們。「自然」也是一股強大的力量，引導一切生物的生長和發展，冀達最完美的境地；這股力量不但活潑，而且具有理性和目的。

　　所謂順應自然的生活，不是要現代人退回到原始時代的生活方式，也不是任性去過日子的意思。羅馬的哲學家帝王馬可斯說，順應自然的生活，就是與某一生物之構成的基本原理，密切合致的生活。以人類此一生物而言，構成的基本原理就是理性，所以就人類來說，順應自然的生活，就是與理性密切合致的生活。人的理性，正是宇宙之理性的一部分。人若能依此理性原則而行，即可通達幸福。依循理性原則而行，也就等於是順應了宇宙的法則，而這樣做，也符合了人的本性。斯多亞學派的理性，類似宋理學家的「太極」，也似陸象山的心即理說。由是推論，似乎天理亦存於吾人一念之間。

　　由此可知，斯多亞學派所謂的順應自然的生活，即是以理性為主的生活（註10）。這樣的生活，可以簡單地稱之為「德」。斯多亞哲學家認為，德乃是唯一的善，而幸福則全然包含在「德」之中。人生有許多事不是我們可以完全掌握的，但是也有些事是我們自身可以掌握的：自己的意志、判斷，接受道德之善與拒斥道德之惡的心念。外在的事物，其本身不足以影響我們，但是我們一旦予以認同或反對，它們便會對我們產生作用，使我們受到傷害或得到益處。

　　讀馬可斯之《沉思錄》（Meditations），可感受到一種橫逆之來，無怨尤以迎受之的心情，這不但是他個人生活的寫照，也是斯多亞哲學家共同有的一種「淡然處之」的生活觀。

　　常人經常遭受到的內外情境的干擾，對斯多亞哲學家而言，是不存在的。斯多亞哲學家將這種干擾，看成身外之物，淡然待之，所以不受傷害，這是他們的保身和養生之法，和莊子的保身哲學，有著異曲同工之妙。有了這樣的修養，則家徒四壁，卻富可敵國；肉體痛苦，卻精神愉悅；身為形役，卻心常閒適；飽歷滄桑，而仍保有寧謐與自足之樂。若是力有不逮，而仍勉強求之，則只有增添不幸。如果生存的環境干擾太過，斯多亞哲學家甚至不惜棄絕自己的生命，因為生命也是眾多不相干事物中的一項。康德在《道德形上學基礎》一書中，曾強調「生存」是人的責任、義務和尊嚴，即使生存得很痛苦，也不可以放棄生命，否則便是不道德的行為。何況自殺不但不能解決問題，而且造成生命在輪迴中更大的痛苦。

第三節　以道德義務為主導的人生

　　康德在《道德形上學基礎》（*Foundations of the Metaphysics of Morals*）一書中，曾對人生有這樣的主張：

　　　在另一方面來說，維護一個人的生命是一種責任，而且每個人也都有一種持續的傾向去維護他的生命。但是大多數人在急切地想這樣做的時候，他們的行為卻缺少內在的價值，而主張如此作為的金科玉律也失去了道德的重要性，因為他們之所以維護自己的生命，乃是根據外在責任，而不是發之於內在的責任心。如果災難和

無望的憂傷使得一個人生趣全無，如果一個不幸的人，
有著堅強的靈魂，雖然憤怒不幸，卻不沮喪絕望，不求
速死，他雖然不愛生命，卻仍維護生命，不是出於天生
的傾向，也不是由於畏懼，而是出於責任心——那麼這
樣的金科玉律才有道德的重要性（註11）。

由以上康德的話，傳達了三個訊息。一個是維護生命乃是人
的責任；第二是維護生命如是出於愛好生命〔如果生活得很好，
很舒適、很幸福〕，或畏懼〔如畏懼神的懲罰〕，而不是出之於
責任心的話，這種做法缺乏道德上的價值或意義；第三，如果因
為生命太苦，而以放棄生命的方式自尋「解脫」的話〔如斯多亞
哲學家之主張和所為〕，那麼是不應該的。

康德在同書他處也談到類似的事。他說：

　　一個人因為連串的不幸而陷於沮喪之中，對於生命
感到厭倦，但是還有足夠的理性自問，如果自行了斷了
自己的生命，是否有違於責任心。現在他須問這樣的一
個問題，他之行為所依據的律則是否能成為自然界的普
徧法則。他所據以了斷生命的律則是：由於愛我自己，
我便立意提早結束自己的生命，因為活得越長，便越多
不幸。但是現在問題是，愛自己這個原則，能否成為自
然界的普徧法則。我們可立刻看出，在自然界的體系中
這是矛盾的，因為毀掉生命不合自然界促發生命之改進
的職責。因此這個律則是違反自然的；它不能被視為自然
的法則，所以也完全牴觸了一切責任之最高原理（註12）。

　　康德很重要的主張是，道德的價值在於行為者的動機。純粹的動機造就了道德的價值，而所謂純粹的動機，意思是說只根據自然界的普徧律則或其所衍生出的個別責任心，而沒有摻雜任何情緒或情感的因素，例如喜愛、厭惡、畏懼、私欲等等。純粹的動機可以說是為道德而道德，為責任和理性的良心而去作為的心念和覺識，沒有壓迫感，沒有勉強，但也沒有沾沾自喜或自以為得計。其中無樂受亦無苦受。這有如行各種善事，但未存任何條件交換式的雜念。所以康德強調的是依照「絕對的命令」（categorical imperative）來行事，而不是依「假設的命令」（hypothetical imperative）來行事。

　　關於假設的命令，康德的解釋是它「代表某種可能行動的實際的必需，以達到另外一個可欲的目的。（註 13）」如果一種行為因其能達成某種外在目的而始成為善，那麼其命令是假設性的。但是絕對的命令卻不然，它代表的是一種本身即具有客觀之必需的行動，而無涉於任何其他的目的。一種行為其本身就是善的，因此在符合理性的意志中那種行為也是必需的，那麼這種命令是絕對的命令（註 14）。假設的命令在其條件提出之前，我們不知它包括的是什麼樣的內涵，但是當我們一想到絕對命令時，立即就明白其內涵。

　　為了使上面的敘述更為明白易懂，試以康德所舉過例子來說明。像上面提到過的，如果生活幸福，充滿樂趣，那麼便值得活下去，像這樣的命令句便是屬於假設性的，也就是說一個人要不要好好地活下去，先要看生活得如何，也即是要依據後者的這個條件而來決定行動。如果生活的條件不能令人滿意，那麼便可以棄絕生命。但是絕對命令句卻不是如此。維護生命，好好地生活

是一個人的職責，是合乎自然之普徧法則的行為。生命本身便是有尊嚴的，它即是目的，所以無論生活的條件是好是壞，是否令人滿意，都應該好好地活下去，這樣的命題是絕對命令。此人之維護生命，如果是出於生活使他留戀，那麼便缺乏道德的價值，如果只是出於責任心，便有道德價值。儘管這兩種行為，結果似乎是一樣的，但其動機不同，一是依據假設的命令，一是依據絕對的命令，其道德上的意義，便截然不同。

又例如商人賣東西時嚴守童叟無欺的原則，結果為他帶來了興隆的生意和良好的聲譽。但是此時我們還不能據以判斷，這個商人的行為是否具有道德的價值〔即是否道德、是否為善〕。如果他純粹是出於責任心和誠信的原則，而做到童叟無欺，那麼他的行為便是善的、道德的；如果是因為他認為這樣做會帶來好生意，所以童叟無欺，那麼他的動機便已經摻雜著私心，其行為便缺乏道德意義。在行童叟無欺之時，並未慮及行為結果，而只是覺得商人「應該」如此，便付之行動，這是依據絕對命令而行；如果計慮童叟無欺對我有好處我便做，沒有好處便不去做，這是假設式或條件式的命令。這兩者在行動的出發點（動機）來看是完全不一樣的。

康德曾經歸納他自己的一些道德論點。第一個道德的論點是，一個行動必須是出乎責任心，才有道德的價值。第二個論點是，一個出乎責任心的行動，其道德的價值不在於此行動所欲達成之目標，而是在於其所依循之律則。行動所要達到的目標、行動的效果，以及誘發行為者之意志的誘因，都無法給與行動任何無條件的道德價值。第三個論點是，責任心乃是尊重律則之行動的必需成分。對於行動的結果，我也許有著一種心理上的傾向，但卻

不能尊重它，因為它只是結果〔效果〕，而不是意志的活動；同樣地，我也不能尊重心理的傾向，不管是我自己的，或是他人的。只有道德律則，才是我們尊重的對象。一種出於責任心的行動，完全排除了心理傾向的影響，排除了每一個意志的目標，除了律則之外，什麼都不再留下（註15）。

　　康德的道德思想，一言以蔽之，係以先驗之理性作用，判斷何者當為、何者不當為，然後再以意志貫徹之。而其中的契機，則在於：(1)人有理性，此理性且是與生俱來，是不待乎經驗便已存在，是先乎經驗者；(2)行為善惡之道德價值的判定，所依憑的是「應該不應該」，而不是「喜歡不喜歡」，更不是「有沒有好的結果」；(3)人之情緒與情感作用，在道德價值中沒有什麼地位，它們是卑微甚且是可恥者，崇高的理性象徵著人性之尊嚴，人即是人自身之目的，人非為他事他物而活、而生存；人之生存為一種「應該」，人生之追求幸福亦是一種「應該」，這種「應該」，加上許許多多別的大小「應該」，總合起來就是人類行為之道德的「責任」和「義務」；(4)人的行為雖然受到許多「應該」的制限，但他仍有其「意志的自由」，因為行為之所以夠資格被稱為「道德」，在於它係出之於行為者之意願，在於它是一種「自律」之行為，而非「他律」之被迫性的行為。所以將理性的自覺轉化為行為的實踐，即是道德之完成。

　　以上述康德思想之四點，與孟子思想略作對照，第一點之理性，頗似孟子之言善性，或即其「不忍人之心」，然深研之，則感覺康德之理性似是抽離了情感的嚴肅主題，是切近於清教徒式的禁欲；然而在另一方面，孟子卻不諱言情感生活，他的老師的老師，即子思，曾說：「喜怒哀樂之未發，謂之中；發而皆中節，

謂之和（註16）」，孟子受他影響很深，喜怒哀樂就是情感的作用，至少他是不否定情感作用的。孟子的「不忍人之心」不但是行仁政的基礎，實際上乃是一切「愛」的基礎，是一種很高尚的情操，它還是「仁」與「忠恕」的發端，而所謂仁，所謂忠恕，以今天的話來說，便是對他人的一種「情感」的感應作用，是一種「移情」作用，所形成的崇高心懷。是故，康德的理性似是要與情感對立，而孟子的善性則是以理性融合情感，要使一個人的情感合理化，這種善性的發展，即是四端——惻隱之心、羞惡之心、辭讓之心、是非之心——的擴充，以達仁、義、禮、智之美德，而這些美德的達成，換一個角度來看，即是中和，所謂「致中和，天地位焉，萬物育焉。（註17）」當然，人之善性並非絕對的善，它既是仁義禮智之端，既是如火之始然，泉之始達，那麼就該擴而充之（註18），反過來說，若不能擴而充之，甚至淹而埋之，則泉將枯竭，而火亦將熄滅，善性不但不能萌芽、茁壯，而且會有枯萎致死的危險。為學之道，說穿了不過就是在於擴充這些善端，這些善端也是與生俱來，不待經驗，亦非為功利，所以孟子說：「人皆有不忍人之心。」又說：「今人乍見孺子，將入於井，皆有怵惕惻隱之心；非所以內交於孺子之父母也，非所以要譽於鄉黨朋友也，非惡其聲而然也。（註19）」

　　康德的「應該」，類似於孟子的「義」。「應該」是什麼？就是一種「義務」，行為之能被稱為「義務」，是要撇清一切利害的考慮的，在康德的《道德形上學基礎》（*Foundations of the Metaphysics of Morals*）一書的第一章裏，曾經舉了不少例子來說明這個觀念。比方上面說過的，保存人的生命是一種「義務」，並且大多數人也都「喜歡」去保存自己的生命，現在我們要分辨

清楚的是，此人之維護一己的生存，是基於愛好生存呢？還是基於生存的責任感與義務心。若是前者，以康德的看法，則是沒有什麼道德價值的。反之，如果有個人命運多舛，生趣全無，想要自殺，那麼這時他是要因為「厭惡」生命而提早結束它呢？還是雖無心留戀生命而仍舊保存它？這便成為行為之道德價值的關鍵所在，如是由於後者，那麼就是有道德價值的行為，因為他這樣做很明顯是出於義務心。

此種責任感與義務心，可涵蓋於孟子的「義」之一字，此「義」與前道及「羞惡之心」是「義」之端的義，雖不相悖，但討論的著眼點不同，在含義的層次上亦有差別。義在此談論的，一方面是指涉行為動機的問題，另方面則意謂著行為的規準。

孟子見梁惠王。王曰：「叟，不遠千里而來，亦將有以利吾國乎？」孟子對曰：「王何必曰利？亦有仁義而已矣。（註20）」故見以利為出發點而談國家倫理，是孟子所不以為然的。即使純以功利觀點而言，重利反而生害，為什麼呢？因為王、大夫、士庶人都談自利，必弄得「上下交征利，而國危矣」（註21），人心都是貪饜不足的，「苟為後義而先利，不奪不饜」（註22）。這是就私利而言。那麼談公利是否好一點？孟子反對公利嗎？這個問題是值得深究的。

我們知道英國近代的功利主義（一譯功用主義，Utilitarianism），主張的即是「公利」，認為行為（個人行為及政治措施同然）之是否道德，其評斷標準在於此行為是否能「謀求最大多數人之最大幸福」（註23），此種看法，究之於康德思想，亦是被拒斥的，儘管就行為出發點來說，此類行為到底不是「損人利己」的惡行（有時甚且是「犧牲小我、完成大我」的義行）；但

是試看康德的說法：「因為道德的意義，在於此種行為應是出於義務心，而非出於愛好」（註24），所以到底能否利他，能否追求到「公利」，至少並不是康德所關心的事；他又說：「雖然沒有施惠的愛好，而單因為義務就行慈善之事，其行為終有真正之道德價值。（註25）」換句話說，所謂道德行為，其充足條件便是有「義務心」，其他固可不必多慮。

　　孟子書中曾記載，宋牼將之楚，孟子過於石丘。曰：「先生將何之？」曰：「吾聞秦楚搆兵，我將見楚王，說而罷之。楚王不悅，我將見秦王，說而罷之。二王我將有所遇焉。」曰：「軻也，請無問其詳，願聞其指，說之將何如？」曰：「我將言其不利也。」曰：「先生之志則大矣；先生之號則不可。（註26）」由上述的故事來看，儘管行為的出發點是「公利」，亦是孟子之所不同然，宋牼是墨家人物，他們是有利於天下，即使摩頂放踵亦在所不辭的，追求的不能說不是天下的「公利」、「大利」，與英國近代功用主義之所追求者雷同，但孟子卻以為「先生之號則不可」，則康德所見與之相近。

　　孟子之門徒陳代嘗對他說：「不見諸侯，宜若小然。今一見之，大則以王，小則以霸。且志曰：『枉尺而直尋』，宜若可為也。（註27）」但是孟子的回答卻是：「……如以利，則枉尋直尺而利，亦可為與？……（註 28）」故凡事只問應不應該，此「應該」便是道德判斷的尺度，孟子曰：「非其道，則一簞食不可受於人。如其道，則舜受堯之天下，不以為泰」（註29），所謂如其道非其道，實即應不應該的問題。

第四節 以快樂為主導的人生

一、自我快樂主義

伊壁鳩魯（Epicurus, 342/1-270 B. C.）是希臘古代快樂主義（hedonism）的代表人物，因其思想所呈現的特質，而被稱為自我快樂主義者（ego hedonist）。他出生在薩摩斯（Samos）島，父親為雅典公民，幼時未受過良好教育，但受原子論（Atomism）哲學家德謨克里特斯及柏拉圖思想的影響。公元前三〇六年左右，他在雅典建立了有名的「花園」（Garden），世稱「花園學派」。他沒有結婚，與朋友、學生共同過一種十分簡樸的隱遁式的生活。花園學派在伊壁鳩魯去世以後，仍然十分興盛，半世紀以後勢力轉移到了羅馬，獲得許多支持者，最有名的是羅馬詩人盧克瑞修斯（Lucretius, C. 94-55 B. C.），他成為此派思想最大的傳布者。

伊壁鳩魯之人生論和道德論，在基本上有一個迥異於柏拉圖和亞里斯多德之哲學的論點，那就是伊壁鳩魯認為，善即是快樂。而所謂快樂，依據他的說法，就是精神之困擾的解除，也是身心的寧靜狀態（註 30）。這種寧靜狀態的獲得，首須把一切外在的、可能造成困擾與焦慮的因素去除。理想的生活方式乃是「隱藏式」的生活。

快樂主義是道德哲學的一派主張。此派思想家認為，快樂本身即具有其內在的價值，凡能導致快樂之行為，皆為善行，凡能

導致痛苦之行為，則為惡行。快樂是人生之目的，而道德或善行則是達到此種目的之工具。行為之為善為惡，是否具有道德上之價值，端視其能否達到快樂之目的而定，善行本身並沒有其本具之固有的價值。

但是快樂主義者對快樂這一概念的界定，並不一致，彼此甚至有很大的差距，因而產生了諸如「享樂主義」、「自我快樂主義」和「功用主義」等不同的流派。

享樂主義的始祖可能是亞里士提帕斯（Aristippus, fl. 395 B. C.），他建立了所謂的「思唯樂學派」（Cyrenaic School）。他是個素朴，甚至粗糙的快樂主義者，所標榜的只不過是「今朝有酒今朝醉」的短暫之身體與感官的快樂，這是和伊壁鳩魯十分不同的。像亞里士提帕斯這種享樂主義者，可謂古今中外所在皆有，但他們所追求的快樂，其實是十分短暫而虛幻的，並且在那短暫的、麻醉式的快樂之後，會產生更強烈而綿長的痛苦，同時伴同著自我毀滅或自暴自棄的生命傾向。

伊壁鳩魯所鼓勵的，不是這種短暫的形體上的快樂，而是較為恒久的、超越形體的心靈之樂。人有時為了更長遠而較為高級的快樂，應該忍受眼前短暫的痛苦。伊壁鳩魯之哲學，所以比思唯樂學派影響更大、更受到歡迎，不是沒有原因的。

伊壁鳩魯也和現代的存在哲學家一樣，認為對死亡的恐懼和擔心，是精神安寧的敵人，克服這種恐懼和操心，是人生快樂的基本保障。蘇格拉底這位聖哲，在他去世之前，便早已了解死亡的本質，並消除了對死亡的畏懼。蘇格拉底以為，死亡也許只是生命形式的轉換，人類說不定能夠藉著它，而轉移到一個更為快樂而安詳的世界，得以和一些高尚而有智慧的靈魂交往、談話。

然而伊壁鳩魯只是冷靜而邏輯地分析，人之害怕死亡，不是由於臨終時所感受到的痛苦，而是生前想像死亡痛苦時所產生的幻覺。人還活著的時候，死亡尚未到臨，而它一旦到臨，人已不復存在，意識也已寂滅，那麼，死亡又有什麼好怕的呢？這是伊壁鳩魯之邏輯推演的結論。這種結論，和宗教家的看法不一樣。誠然，發展對死亡之健康的心理，是很重要的，伊壁鳩魯的解說，可謂用心良苦。但是人的死亡，是否即代表意識的寂滅？是否如伊壁鳩魯說的是一切善與惡的寂滅？如果真是如此，那麼人生前種種行為，種種的業，都將因為死亡而一筆勾銷，而宇宙之因果的法則也隨之而被否定了。這種說法不但難以合理解釋人世現象，而世人因為「畏果」所產生的趨善避惡的警惕心理，也將被消弱。

伊壁鳩魯所念念關心的，只限於現世。他不信賴宗教，認為一般教義總是促發人類的恐懼。他生長的環境，沒有接觸到，因而也不了解一些偉大宗教的教義，結果便錯過了宗教許多「良性」的真理。他的著眼點，既然是在現世，那麼一切追求就只限於出生與死亡之間，這種切斷來生之期望的哲學，使今生的現實性更形尖銳，對於人之心靈的安寧，恐怕是利少而弊多。

依據伊壁鳩魯的意見，物質生活應以簡單為要。所謂幸福，不是放浪形骸之樂，也不是口腹之欲的追求，而是肉體與心靈均能免於痛苦的自由，而後者尤其重要。所謂快樂，實包含著忍耐與克制的理性作用在內。有些短暫的快樂之後，繼之以很大的痛苦，而有時在辛苦的耕耘之後，卻是很大的甜美，這其間的真假苦樂的辨識和行為方向的選擇，需要理性和智慧的指引，失之毫釐，就很可能謬以千里，所以人的行為豈能不時時戒慎警惕？因此「智慮」（prudence）是很重要的。

　　為了達到幸福與快樂的生活，伊壁鳩魯建議人們務必實行兩件事：美德的培養和哲學的研究。哲學是老年和青年都需要研究的，因為它是一種心理衛生，能維護心理的健康，它也是一種世界觀，有助於人們自恐懼與焦慮中獲得解脫。但是，智慮比哲學更為珍貴，它是一切美德的根源，而一個沒有德性生活的人，是不可能快樂的（註31）。有了智慮、光榮而正直的生活，自然就有幸福和快樂；反過來說，幸福快樂的生活，也必然包含有智慮、光榮和正直。智慮是智慧的判斷、選擇和決定。比方說，有時為了獲得較大的快樂或避免更大的災難，必須「選擇」承受眼前的痛苦；有時則必須克制某一眼前的快樂，以免引發痛苦的後果。伊壁鳩魯以為，節制欲望以脫離欲望的束縛，是最佳的智慮之一。因此，人必須習於粗茶淡飯的簡樸生活，並自甘於平凡的境遇，何況粗茶淡飯對於身體的健康與心思的敏銳，都很有幫助。另一可取的智慮，依照伊壁鳩魯之意見，便是應該盡力自人事中退隱，因為人的最大敵人便是人，競逐名利權位，以獲取安全感，實非智者之所為。「正義」之人，便是最能自人事紛擾的傷害中解脫的人，而「不正義」反是（註 32）。此說與柏拉圖的「正義」說，實大異其趣。

二、利他快樂主義

　　與伊壁鳩魯的學說同樣屬於快樂主義，但卻不是以自我的快樂為目標的是，近代英國的功用主義（utilitarianism）。英國的功用主義，或稱為普遍快樂主義（universal hedonism），而其實是以利他、大我為著眼點，非以一己之苦樂為評斷之標準。主要的代

表人物，一是邊沁（Jeremy Bentham, 1748-1832），一是穆勒（John Stuart Mill, 1806-1873）。

　　邊沁出生於倫敦的洪斯狄許（Houndsditch），是哲學家、法律學家及改革運動領導者。他早年就學於西敏寺學校（Westminster School）及皇后學院（Queen's College），後進牛津大學，受過律師訓練。和他意氣相投、交往密切的人，包括詹姆斯·穆勒（James Mill），李嘉圖（David Ricardo），以及詹姆斯·穆勒之子約翰·穆勒（John Stuart Mill）。

　　邊沁生性非常敏感，對於他那個時代的種種社會罪惡，深感憂心和困擾，而對於當時各種道德、法律和政治理論對這些罪惡的寬容和漠視，也頗不以為然。他十五歲畢業於牛津大學，而在這之前，他已閱讀了休謨的《人性論》（*Treatise of Human Nature*）一書，成為他思想發展上的一個轉捩點。休姆的功用原則，被邊沁所應用，並轉化成「最大幸福」（the greatest happiness）原則。依此原則，行為之道德與否，是根據行為所產生的快樂與痛苦的量來衡量的。

　　邊沁在一七八九年出版的《道德與立法之原理》（*The Principles of Morals and Legislation*）一書中，指出大自然把人類置於兩大力量的管轄之下，那就是痛苦和快樂。所謂功用原則（The Principle of utility），即是視某種行為能否擴增團體的幸福，而對此行為加以讚賞或譴責。行為者，不僅指個人的行為，也指政府的各項措施。他說，任何行為或物體的性質，傾向於產生對個體或團體有利的結果，使之感覺快樂者，是為功用；能防止痛苦、罪惡，或防止不幸福、不快樂之結果產生的性質，也是功用。

　　依邊沁之見，快樂與痛苦之根源有四，即物理（physical）、

政治（political）、道德（moral）和宗教（religious）。這四種根源由於都能對行為產生規範性的約束，所以也可以稱為四種制約力。

所謂物理的制約，指的是快樂或痛苦的產生，既不是由於人為的干預，也不是起自超自然之存在的神聖旨意，而只是由於自然界的物理過程。

所謂政治制約，指的是快樂與痛苦的產生，乃是由於統治階層授權的特定個人或一群人，為執行特定的仲裁目的，所造成的結果。

所謂道德制約，又名大眾制約（popular sanction），指的是苦樂之產生，不是由於成法，而是出於相關之眾人的個體本性。

至於宗教制約，其苦樂的產生，或在今世，或在來生，而皆由於隱然存在之超卓的力量。

試舉邊沁在書中的例子以說明。一個人的財物或身體遭火焚毀，如果是意外事件，可以稱之為災難；如果是由於失慎，例如忘記熄滅燭火，則可稱之為物理制約性的懲罰。這個人因為失慎引起火災，經過執法者判處徒刑或罰金，則屬於政治的制約。此人如果因為品德言行為鄰人所不齒，以致災後不肯給與救助，則屬於道德制約之懲罰。如因上帝對他某種罪行不悅，而降禍於他，那麼便屬於宗教制約的範圍了。

對立法者來說，人類這種趨樂避苦的天性，是大可以善加運用的，所以應體認其價值。運用得法，有助於政治和教化的順利推展，也能照顧到民眾的福祉，促進社會的進步。

欲判定苦樂本身的價值，依邊沁之見，標準有四，即(1)強度（intensity）；(2)持久（duration）；(3)確定與否（certainty or uncertainty）；以及(4)切身或遙遠（propinquity or remoteness）。若是進一步要衡量某一行為的苦樂價值，尚須增加兩個考慮；即(5)繁殖性（fecundity）；和(6)純粹性（purity）。前者指的是能否產生更多的同類的感覺，例如苦生出更多的苦，或樂生出更多的樂。後者指的是能否產生更多相反的感覺，例如苦轉而生樂，或樂轉而生苦。

如果苦樂的影響及於眾人，那麼除了上述六要素外，還要考慮(7)範圍（extent），也就是此行為影響範圍之大小。

綜納言之，衡量行為或事件之程序為：

(1)每一快樂初生時之價值；

(2)每一痛苦初生時之價值；

(3)每一快樂再生時之價值，即初生快樂之繁殖性與初生痛苦之不純粹性；

(4)每一痛苦再生時之價值，即初生痛苦之繁殖性與初生快樂之不純粹性；

(5)把所有上開苦樂之價值分別統計，看是哪一邊多。如樂多，表示此行為有善（好）的傾向，否則為惡（壞）的傾向。

(6)考量苦樂所影響之人數，每一個人依上述六程序衡量其苦樂之價值，再把總值相加，看苦多或者樂多，即可決定此行為之總的趨向，是善或者是惡了。

另一位重要的功用主義者穆勒（或譯彌爾），自小就在他父親嚴厲的督導下，在家接受教育。三歲習數學及希臘文，十二歲習邏輯及政治經濟學，他的老師主要是他的父親和父親的好友邊沁。起先，穆勒是個熱忱的邊沁主義者，但是二十一歲時，可能是父親教育不當所致，他精神崩潰了，自此才開始注意到生活經

驗中情感的一面，而這正是他過去的訓練所忽略的。他的道德哲學也開始和邊沁的學說分離。穆勒的重要著作包括《功用主義》（*Utilitarianism,* 1863），《論自由》（*On Liberty,* 1859；此書嚴復譯名為《群己權界論》），以及《邏輯系統》（*A System of Logic,* 1843；此書嚴復曾譯部分出版）等。

在《功用主義》的第二章，穆勒指出，功用（Utility）乃是道德的基礎，功用的原則即是最大幸福原則（the Greatest Happiness Prnciple，此語原是邊沁最先提出的），其意義是，越能擴增幸福的行為，越是一種對（right）的行為，反之便越是一種錯（wrong）的行為。幸福是一種有意向的快樂，也即是痛苦的免除；不幸福便是痛苦，或者是快樂之剝奪。

但是快樂的衡量並不是像邊沁所說的那樣，只依賴著量的大小而定，而忽略了質的重要性。穆勒指出，在伊壁鳩魯的人生理論當中，無一不指向知識的、情感的、想像的和道德情操的快樂，這些快樂的價值，是超越純粹感官的享樂的。功用主義的思想家們，一般來說，都把精神之樂置於形體之樂上面，因為前者無論在恒久性、安全性和經濟性等各方面，顯然都優於後者。穆勒說，體認某些種類的快樂比其他種類的快樂更可欲、更有價值這件事實，和功用原則是不悖離的。在衡量別的器物或事情時，把質和量雙方面都列入考慮，而在衡量快樂時卻只考慮量而不考慮質，豈不是一件荒謬的事？穆勒如是說。

但是如何判斷某一快樂（pleasure）的質勝於另一快樂的質呢？穆勒說，如果所有的人或幾乎所有的人，都經驗了這兩種快樂，這時且將道德的責任感擺在一邊，不予考慮，那麼他們比較喜歡哪一種快樂，就表示那一種快樂是更為可欲的。如果某一快

樂為那些熟知這兩種快樂的人高置於另一快樂之上，而且儘管知
道前者的快樂量在本質上小於後者，也不肯改變他們的這種評價，
那麼前一快樂的質優於後者。如果我們把較低等動物全數的快樂
給與人類，人類也不願意變成那較低等的動物。儘管無知的人、
愚蠢的人或自私而性行卑劣的人，自滿於現狀，甚至沾沾以自喜，
但是一個有知識、有良知或有智慧的人，卻不願意捨棄煩惱，變
成為「快樂」卻無知、愚蠢或自私的人。究其原因，乃是緣於兩
種快樂在品質方面有著高下的不同，而不是在量方面有著大小的
差異。

　　人基本上會選擇那些對他有利的較高品質的快樂。但是，我
們也確實看到不少人耽溺於一些低品質的「樂趣」，結果對健康
和心靈都造成了傷害。人之這種「自暴自棄」的行為，穆勒認為，
有時候是因為他們沒有機會接觸到較為高級的活動，因此別無選
擇；有時候是即使他們有機會接觸到較高品質的快樂活動，卻沒
有足夠的能力或條件去從事，並從中獲得樂趣。在此，我們看到
了「立法者」所應扮演的角色，以及教育工作者所應擔負的責任。

　　穆勒在《功用主義》第三章談到了道德行為約束力量以及道
德良心之諸問題。他和邊沁一樣，也認同一些外在的約束力量，
如法律和宗教等，但他在此發現了獎懲與人類之苦樂感受的關係，
而認為可善用獎賞（reward）和懲罰（punishment），強化道德的
教育。另外，人類道德最終的約束，不是在於外在的力量，而是
在於人類的良心（the conscientious feelings of mankind），故培養
此種道德良心，應為道德教育之終極目標。這一點是邊沁所未見
到的。

附註

1. 克舍挪方著，鄺健行譯，《追思錄：蘇格拉底的言行》（台北：聯經，民78），頁93。

2. 參閱柏拉圖著「筵話」篇（"Symposium"，又譯「饗宴」），所引為張東蓀之譯文。

3. Plato, "Gorgias," trans. by W. D. Woodhead, in Edith Hamilton and Huntington Cairns (eds.), *The Collected Dialogues of Plato* (Princeton: Princeton University Press, 1971), P.289.

4. Plato, "Republic," trans. by Paul Shorey, in *The Collected Dialogues of Plato, op. cit.,* Part IV, Book IX, PP.576-588.

5. Aristotle, *Nicomachean Ethics,* trans. by W. D. Ross, Book I, CH.3.

6. *Ibid.,* Book I, CH.7.

7. *Ibid.,* Book II, CH.5.

8. *Ibid.,* Book VI.

9. Marcus Aurelius Antoninus, *Meditations,* trans. by George Long, IV, 21.

10. *Ibid.,* III, 6.

11. Immanuel Kant, *Foundations of the Metaphysics of Morals,* trans. by Lewis White Beck (indianapolis: Bobbs-Merrill Educational Publishing, 1980 [1959, 1784]), First Section, P.14.

12. *Ibid.,* PP.39-40.

13. *Ibid.,* P.31.

14. *Ibid.*

15. *Ibid.,* PP.16-17.

16. 見《中庸》首章。

17. 同上。

18. 《孟子》，「公孫丑」上。

19. 同上。

20. 《孟子》，「梁惠王」上。

21. 同上。

22. 同上。

23. 參閱 Jeremy Bentham, *An Introduction to the Principles of Morals and Legislation* 中，第一章 "Of the Principle of Utility" 原作者在 1812 年 7 月所加之附註。

24. Immanuel Kant, *Foundations of the Metaphysics of Morals,* trans. by Lewis White Beck, op. cit., First Section, P.15.

25. 同上。

26. 《孟子》，「告子」下。

27. 《孟子》，「滕文公」下。

28. 同上。

29. 同上。

30. Epicurus, "Letters to Menoeceus," in *Epicurus: The Extant Remains.* trans. by C. Bailey (Oxford: Clarendon Press, 1926), P.91.

31. *Ibid.*

32. Epicurus, "Principal Doctrines," in *Epicurus, op. cit.,* ⅩⅦ, P.99.

第七章

教育的本質

第一節　教育本質的特性

　　教育之本質的探討，是為了要了解教育到底是什麼。這樣做可以釐清教育的真正意義是什麼，從而幫助我們區分真正的教育以及假的教育，並協助我們判別各種人類活動及設施中所包含的教育成色（純度）到底有多少。

　　教育本質之所以需要釐清，乃是因為教育歷程及現象常常不是單純而清澈的；相反的，它經常是雜駁、混沌、隱晦或錯綜複雜，使我們的認知產生困難或被誤導。另外，人類的認知能力和習慣也有許多障礙，阻隔了對教育之本質的認識。

　　對教育之本質的正確了解，真的很重要嗎？答案應該是肯定的。為什麼呢？簡單地說，我們把教育想成是什麼樣子，便會做出那樣子的教育，或者要求別人做出那樣子的教育。教育從廣義而言，雖然是從有人類開始便已經在進行的，但是教育會變成什麼樣子的教育，換句話說，教育會具有什麼樣的本質，還是因為我們先把它想成是什麼樣子，然後去把它造就出來的。所以與其說，我們去認識教育的本質是什麼，還不如說我們把教育想像成具有什麼本質，更來得準確。我們在此似可套用存在哲學家沙特的名言：「存在先於本質」，人類因為實際上從最原始的時代就需要教育，就有意、無意的或有計畫、無計畫的在進行著教育的活動，但是在人類尚未能完整地檢討、反省教育應該如何如何以前，教育的本質是還不能說已經成熟或成型的。當人類有了足夠的自覺，知道自己（包括個人、群體甚至種族）真正需要的是什

麼，並且也比較周密地考慮教育應該如何配合以滿足這些需要以後，教育的本質才有了比較完整的面貌。

由以上的論點來看，教育的本質論至少與下述四個重要的概念有關。第一，教育是先存在了，然後才同時逐漸發展形成其本質。第二，教育本質的形成是因應人類的需要，並透過對這些需要及其相關事務的反省而逐漸產生的。第三，教育本質不是天賦的，也不是完全不變易的；人的需求有其不易的共通性，但其內涵或定義也常因時移勢易，而有了變化。教育的本質亦然。第四，教育本質的討論，雖然可以從認識並描述已經存在之教育現象的特性入手，但其主要目的並不在此；教育本質探研的真正目的，應該不僅止於描述其現況的本質，而且要構想其理想的本質，故除了實然性，尚須有應然性和未來指向性。古今中外許多教育思想家都在這方面做了很大的貢獻。

由第一和第二點來看，教育可以說是因應人類文明發展而始存在的，也必然會和人類的文明相終始。在文明發展的過程中，人類有幾項必需的要求，例如(1)人類的生存及種族的維護、延續；(2)物質生活條件的獲得及其內容的充實；(3)精神活動的滿足及其水準提升；(4)人群與個體之良好關係的建立及整體社會之進展；(5)個體之超越現世的生命的延伸；都亟須落實於教育的施為當中，而具體地表現為教育的目標、內容及方法。故我們欲理解教育的本質，宜先分析人類需求之內涵，找出其重要的項目，則雖不中亦不為遠。而我們若欲了解教育目標及其內容，亦不妨自了解教育的本質開始。上述論點可以換個角度來說。那即是說，人類有什麼樣的需求，便造就了什麼樣的教育的本質；而如此所形成的教育本質的看法，也進一步影響或造就教育的目標、內容和方法。

　　我們也可以如此思考：人類之各種需求的整體而深層的反省，例如某種需求的價值如何，以及應如何適切達成需求等問題的探索，乃是在哲學的領域裏來進行的，尤其是在哲學的形而上學和價值論方面。故哲學的反省，幫助人類了解自己的需求所在、需求的價值，以及需求之滿足的適當途徑；由是人類形成了適當的教育本質觀；再由此本質觀具體衍生、發展成對教育目的、教育內容和教育方法的看法；最後這些教育的歷程觀（目的、內容、方法等）再影響、造就了教育的實際活動。而無可避免的，教育實際活動的得失利鈍也會回過頭來促發對上述教育觀的再反省、檢討及調整。

　　上面說過，教育本質不是前定的，也不是完全永恆不變的。教育本質之不是前定，乃是因為它依著人的需求而形成，上已述及。既然依著人的需求逐漸形成，則當人類的需求有著改變時，或者在不同情境之下，人類需求的訴求重點有著轉移時，教育的本質也會有了變化。但這並不是說教育本質全部都在變化之中。會變的是其細部內涵，不變的是其共通特性。例如求生存的需求，在什麼情況下都是存在的，只不過在生存環境比較順利的時候，其需求不易被覺察，而在生存環境不利之時，人類的渴望或恐懼更易被感受到罷了。由於這種差別的反映，便會使得某一時代或某一社會的教育，特別強調生存條件的改善和生存能力的培養，而在別的時代或社會裏，這種強調則被其他更為殷切而凸顯的需求所淹沒。像今天人類的生存環境，因為各種污染的威脅而顯得十分窘迫和不利，許多教育工作者便會重新檢討教育在這方面是否已經善盡其職責，如此有關污染和生存這個層面的問題便在教育目標、內容和方法等領域被善意而有計畫地加以凸顯。

　　本節最後，要進一步說明上面述及的「教育本質論不但要對教育現況之實然做準確的描述，而且更重要的是對教育本質做應然的界定」。這一點首先陳述了教育之理想與現實間的差距：現實總是遠遠落在理想的後面。因此，人類總是對教育的現狀不滿。理想的追求雖是艱辛而充滿著失望，但是它也不折不扣成為人類教育進步和文明進展的永不止息的原動力。

　　在論及教育本質之實然和應然的定義方面，當代教育哲學家謝佛樂在其《教育的語言》（*The Language of Education*）一書中，做過精闢分析。梭爾提士（Jonas Soltis）寫《教育概念分析導論》（*An Introduction to the Analysis of Educational Concept*）時曾引述、闡說之。梭爾提士首先指出，今天的問題不是缺乏有關「教育」這一詞語的定義，而是有太多而紛歧的「教育」定義，從四面八方逼你而來。我們感到為難的是，在這麼多的定義中，到底該接納哪個，摒棄哪個，如何找出那真正的教育的定義來（註 1）。

　　梭爾提士說，在謝佛樂的《教育的語言》一書中，曾經把定義分成三類，第一類是條件式或約定式的（stipulative）定義，是作者在某一書中或某一篇文章中選擇一種定義，通篇貫徹使用。例如某作者在某書寫作一開頭即說：「我知道目前有關教育這個詞語的定義是非常多的，但是為了使事情簡單化，而使本書前後一致起見，我在本書中將把『教育』定義為『一個社會所創造並維持的社會體制（或機構），意欲透過有目的之教與學的方式，使得文化的某些方面能夠存續不墜』」（註 2）。作者這樣做的時候，就暫時不考慮其他的定義。

　　謝佛樂的第二種定義是描述性的（descriptive）定義。這有點像字典中對某一個字的定義一樣。一個詞語在不同的情境和條件

下，有其不同的涵義，彼此往往是不可以混用的。例如朝夕的
「朝」，今朝有酒今朝醉的「朝」，朝聖的「朝」，以及朝野的
「朝」，涵義及其使用的場合都各有不同，不可以混淆。以教育
而言，可以指的是父母對子女的養育和教誨，或指的是「按照一
定的目標，對受教者的身心發展施以影響的一種有計畫有步驟的
行為。其目的在於培養自立自主之個人，創造和諧的社會。（註
3）」而像上述條件式所舉的定義，把「教育」定義為「一個社會
所創造並維持的社會體制，意欲透過有目的之教與學的方式，使
得文化的某些方面能夠存續不墜」，也是描述定義中的一個，儘
管此定義比上二個教育定義的涵義更為廣包而周全。此定義可應
用於從正式學校教育到非正式教育的許多情境，但還不是完全周
到（註 4）。例如有些教育的施行是在沒有目的之教與學的情境
下進行的。比方說自學成功者；或從非正式課程（所謂潛在課程）
所學的，反而比正式課程（亦即有目的之教與學的情境）中所學
習到的更多。我們不能說只有有目的之教與學的活動才是教育，
而沒有目的設計者為非教育。因為二者描述的是在不同情境下的
教育（註5）。

　　謝佛樂的第三種定義是計畫式的（programmatic）定義。這種
定義包含現況（實然）的描述以及應然（理想）的處方二種，是
二者（"is" and "ought"）的混合。例如我們把教育定義為「一
個社會企圖發展其年幼（年少、年輕）者足以認知生活中之善及
價值之能力的方法」（the means by which a society attempts to deve-
lop in its young the capacity to recognize the good and worthwhile in
life.）。在此我們不但把教育本質描述為一種工具或社會的體制，
而且我們也提出了一種計畫，其中含有處方（prescription）和規

範（normative）的敘述（註6）。

梭爾提士指出，教育的定義總是在有意無意間，或隱或顯地包含著某些計畫、常模、處方或價值。終究而言，教育是一種人類的「企業」（human enterprise），人們在那裏面，以有目的、慎慮而仔細小心的方式，企圖去做一些事。有意地心存目標和安排程序去行動，從某個觀點來說便是認定那目標和程序是有價值的、是好的、是可欲的等等。教育工作者如認為開放的心靈（open-mindedness）比閉鎖的心靈（closed mind）有價值，他便會培養學生開放的心靈，而不是閉鎖的心靈（註7）。

由梭爾提士這段話，可以看出教育是一種價值導向的活動。給教育本質下定義，如涉及其比較詳細的價值的敘述，便會延伸、擴及於教育活動指向的理想（從大的、整體而言）和目標（從比較切近而具體的步驟而言）。而為符應此理想並達成切近的目標，當然便要安排有效（藉以達成目標）的教育課程和方法。此由本質定義間接影響及於教育歷程也。

梭爾提士的結論是，條件式或約定式的教育定義，當然是不能普徧適用的。描述性的定義，則又要照顧到各種不同的情境，無法得出單一而簡明的「教育」的定義，如果勉強要這樣做的話，僅僅會得到一個廣泛、冷漠、抽象而非價值導向，卻也沒什麼太大用處的定義。最好的當是第三種定義了：計畫式的，因為它告訴我們在教育中應該追求的目標是什麼，該採取的方法又是什麼（註 8）。例如，教育中應追求的乃是一些民主的理想和特質等等。這樣一來，我們似乎先得決定教育目的是什麼，才能詳細而具體地描述教育的本質是什麼了。

第二節　教育是什麼

一、教育是一種善意的活動

什麼樣的東西、現象或活動，可稱之為教育？他們因為具有了什麼性質，而被納之於「教育」這名稱之下？

首先，教育是一種善意（良善之意向）的活動，有時是教育者對受教育者之善意而產生的活動，有時是個體自身善意引導下之活動。這種活動有著良好的動機，並且也預計要達到某種目標。它是有計畫的。例如，甲意欲教會乙或使乙學會駕車，或乙自身意欲學會駕車，因而開始採取行動。這是一種有計畫的「教導」及「學習」（instruction and learning, or teaching and learning）。這是一種相當狹義的教育活動，主要只包含教和學兩個部分。這裏所指的善意，也沒有很強烈的價值判斷的涵義。善意指的是，甲意欲使乙「學會」駕車，或乙意欲使自己「學會」駕車。但是這樣的「教學」活動，是否成功，是否「很好」，卻是另一個值得探索的問題。它牽涉到的因素是，甲的教學方法及教材是否恰當，以及乙的學習（或自學）方法是否恰當；而且進一步還須考慮到這樣的教學是否會產生一些不可欲的「副作用」，例如影響人品、性情和健康等等。

教育是應該包含有教導和學習的因素在內，但反過來說並不一定為真。亦即有教與學的行為或活動，不見得就是教育。這是

因為教育本身也是一種價值的活動。所以善意二字若加以擴充其涵義，便會關聯到價值結構中的許多階層的判斷。例如甲意欲乙學會駕車，可以說是善意的，但是若甲真正或最後的意圖是使乙學會駕車後一起做案搶銀行，那麼這樣的教學活動算不算是一種「教育性」的活動呢？也即是說，我們判斷教學活動之是否有教育性質，是依據現階段的目標或善意呢？還是連長遠或終極的目標及善意也要合併考慮呢？教育活動如是價值活動，當然會牽涉到可欲與否的問題，對於以搶劫銀行為目標的「教導」及「學習」行為，我們大可以說那不是「教育」，雖然我們承認那是「教學」。但是即使是這種教學，也不是一種完善的教學。如果完善的教學要涵蓋認知、情意和技能這三個領域（如美國心理學家 J. Bloom 等人之主張），那麼很明顯，這種教學已經欠缺了良好的「情意」方面的學習。這種教學，我們最好冠上形容詞，稱為技能的教學，而且事實上也僅止於此而已。

以上我們已經談到的，是從教育的內涵包括了「善意教學的活動」這要素來談的。「善意的教導和學習」因而成為教育的必要性質，是其定義的部分，但不是其唯一或全部的性質，換句話說，不是充足條件。

然而，僅只把「善意的教學」做為必備條件，有無值得討論之處？或有主張廣義之教育說者，即是凡能產生個人或團體之行為的改變者，都可以稱之為教育，而無須計慮有無明確特定之「施教者」；或有明確特定之「施教者」，但此施教者是否有教導之「意向」、「計畫」、「目標」或「覺知」，則不在考慮之列。若以此標準，那麼某一個人因為閱讀了某一本小說或看了某一場電影，便改變了人生觀或改變了某種生活習慣，便可以說此人「受

了**教育**」，而初不慮及小說作者或電影拍攝者有無「教導」的企
圖或意向，也不慮及安排、購置小說和電影放映事宜是否預存「教
導」的計畫。像這類的教育，類似今天有些教育學者喜談之潛在
課程。那是一種廣義的說法。如持這種廣義的觀點，則天底之下
幾乎到處都充斥著教育了。電影院、書肆，甚至各種遊樂場所，
都是教育的處所；而家庭、社團、大眾媒體等等，也無一不是教
育場所。今日之談教育，常有「家庭教育」和「社會教育」等名
詞之談論。以家庭教育言，有些是有計畫的教育活動，而更多的
可能是無意中進行的。社會教育雖都有專責機構來規畫、推行，
但是廣大的、無意中的一些社會教化的活動，是否也歸列於社會
教育的範圍？即使學校的教育，也有一些是無意中的「善意」，
如上述潛在課程即是。

　　故廣義而言，教育應也是一種善意的活動，但此善意，可以
是有計畫的，並且能產生良善之結果，亦可能是無意中的善意，
初無此項計畫或立意，但亦終於產生了良善的結果。自前者而言，
兼有了施教者的良善動機與施教後的良善結果二者；但自後者而
言，則原先並無所謂施教者立意的動機，只有無意中及在預訂計
畫以外的良善結果而已。

　　良善動機為何？意欲使受教者更好之謂。良善結果為何？受
教者終於變得更好之謂。更好者又是什麼意思呢？它基本上是一
種行為之改變。行為又有內、外之別。內外非真分離，但為敘述
方便而分別之耳。內在行為指涉內在精神或心理活動，由外界雖
亦有消息及跡象可循，然到底較不易觀察，而行為者亦較易隱藏，
觀察者且甚不易準確了解。其例為思考、情緒、記憶、立志等皆
是。外在行為則指顯露於外，類為肢體之動作，如走、跑、跳、

說話、手勢、哭、笑等是。這些內、外在行為之改變，對個體而言或是學習、或是生長、或是二者之結合。摒除生長之因素，行為之改變能維持相當長之一段時期者，是為學習。學習結果使得此人更健壯、更智慧、更具諸種美德、更有能力……等等之時，是為良善結果，即為教育。故學習是中性名詞，有學好的，也有學壞的，都算學習。但教育只有一種，它即是學好。本質上沒有壞的教育，壞的教育不能算是教育。教育一定是具有價值判斷的。一談到教育，便預設或涵攝這是一種預定或已經產生好的學習的活動。

至於好的標準是什麼，這便產生仁智之見了。但是欲判定一種教育是否真為教育，先判定其活動能產生什麼樣的學習結果，倒是個重要的標準，雖非為唯一的標準。

二、教育是一種價值導向的活動

教育活動在本質上是價值導向的（value-oriented），上曾論及。所謂價值導向，其意思是說，教育活動從一開始便是意欲或可能達到某種預設的、潛在的或者人們所相信的價值，並且以此為目標及評鑑的標準。如此說來，所謂教育活動，不可能是完全不牽涉到價值的（即價值中立或「非價值」）了。例如錯誤的認知、不道德的行為、粗俗鄙陋的言語或髒亂的環境等等，都被摒除在教育的價值表以外。在教育的價值表當中，那些最被稱許、認同而在眼前仍未能輕易達成的價值，被劃歸為理想；而那些被稱許、被認定有意義而在眼前可以達成的，則被具體化為教育的目標、教育的宗旨、教育的標準和教育的政策等等。對教育之本

質的仔細分析和描述，到了最後，則終於會延伸為對教育之理想相的討論和描述。故討論教育是什麼，便等於是討論教育應該是什麼，亦即討論理想的教育是什麼。談到理想的教育這五個字，是有待釐清的，因為如說理想的教育，便表示還有不理想的教育存在。如以「不理想」為「理想」的相反詞，那麼不理想的教育，便不是教育，所以「理想的」三字反倒成為不必要的贅辭。不過不理想的教育，倒也不必指的「不是教育」，也可以是指涉一種教育的質素（純度）不夠高的教育，以此義觀之，現實的教育多少都是不夠理想的，都還有待繼續努力，使教育能趨近應然的理想，以便盡可能實現其所預設的價值。

關於教育的價值性，當代教育哲學家亦多有論及。如英國皮德思曾說，教育所關聯到的是某些種類的過程，而在這些過程中所要發展的，乃是一種可欲的、被認為有價值的心靈狀態。皮德思指出，如果我們說某人受了教育，卻沒有達到預期改變的效果，或者沒有比原先改善、進步，那麼在邏輯上是矛盾的。價值乃是教育的一部分（註9）。

梭爾提士也說，教育是有價值的，我們要學生去學的乃是有價值的東西。不過，因為不同國家或社會的價值不同，我們認為沒價值的，別的社會可能認為有價值，但我們不能說他們所實施的不是教育，雖然在我們自己的社會不會去推行同樣的教育。故教育的定義，在主觀的價值以外，仍有其客觀的性質存在（註10）。這意思是說，社會及文化的差異，雖然導致教育價值內涵的不同，但是人類的教育活動，不論時間、空間的差距如何，仍然共同具備某些必需的基本質素，而且因著這些質素，它們都可以被稱之為教育。當然，抽取了價值性，任何活動就都先已經被

排除在「教育」的範圍之外了。穆爾也說,教育在某種意義而言是一個規範或價值的詞語,而所謂受過教育,即是說曾經輸入若干與價值有關的教育概念,使學生能夠有所長進,成為優良的個體,而具有某些特有的品格、知識、技能和態度,而且對道德、美學的問題頗為敏銳等等(註11)。不同的哲學家對價值內涵主張不一,甚至相左,但他們之重視教育的價值性則並無二致。

三、教育是一種教導與學習的活動

　　無論是廣義或狹義的教育,必然包含教導(teaching, instruction, and guidance)和學習(learning)的歷程。

　　廣義的教導也許並不明顯,也許缺乏刻意的計畫和安排,但是在實質上,必然有教導的行為在進行著,那怕是一種潛在式的、無意識底下的行為。人類的行為之意向,往往不是單一的,它不必排除所有的心向,只留下單一的心向。一個作家在創作文學作品、畫家在作畫、戲劇家在編寫劇本的時候,不可能完全不存一絲一毫「教導」的心念(也許在潛意識),如果那件作品後來證明確實發揮了某些教導的作用的話。他們在追求其美學上的目標或價值之時,也可以同時散發出或多或少的教導力量。

　　至於狹義的教育,其教導的活動更為具體而明顯。良好的教導,先有明確的目標,然後進行適當的規畫,並選擇合宜的方式來實施。教導這時便成為一種有計畫和有系統的行動和歷程。

　　但是教育的效果如何,雖肇因於教導的活動,卻顯示於學習的活動。如果教導得多,而學生學習得少,或學習的結果與預期的內容有很大的差距,則我們很難說這是一次成功的或「好的」

教導。事實證明，有些教導並不能產生令「人」滿意的學習結果，則其教育的質素也低。如果缺乏學習，則任何教導活動都不能稱之為教育。但是反過來說，有學習就會有教導。有些是由別人（即所謂教師）來教導；有時可能是藉助於代用品，如錄影帶等；而有些教育活動雖自詡為「自學」，但仍有著教導活動存在，只不過此時的教導者不是明確、特定的某（些）人，卻可能是一些不明確、非特定的人，或者還混合使用了某些工具，然後再加上自己的摸索。故所謂自學，雖以自己做為學習的主導，但仍須藉助若干人、事、物以為「教導者」。

　　教導與學習都是教育的必需條件，但是很明顯，與前述的兩項條件一樣，它們單獨地都尚不足以成為教育之充足的條件。不過教導與學習的品質如何，卻直接影響了教育的品質。教與學的品質，主要取決於(1)教導者的觀念、意願、人格特質以及相關領域的專業和專門素養；(2)學習者的需求、意願、學習態度、方法和先行必備（prerequisite）能力；(3)相關的軟、硬體設施。然而所有的教導及學習行為，最後仍然要歸結到「為什麼而教？」和「為什麼而學？」等問題的反省。這還是上面討論過的教育價值的問題。

　　然則，什麼是教導呢？分析此一概念，將可以看出它包含了(1)啟發、(2)傳授、(3)解答疑難、(4)討論、(5)諮商等幾個重要的觀念。所謂啟發，主要指的是對學習者之學習意願的激發，對其自信的鼓舞，以及創造意志的喚醒。教導者對學習者先假定其已經具備了某些潛能，但學習者尚未覺醒，或者缺乏信心，或者動機不足，則教導者適時引領或善誘之。這是一種順勢利導、合乎自然的做法，既不是強迫、威嚇，也不以教導者主觀的成人眼光，

來為學習者預設方向。啟發的對象，可能是知性行為，也可能是道德情操等。

　　所謂傳授，主要是教導者將某些觀念、知識、信念或技能等，藉著合宜的材料組織、呈現方式，傳遞給學習者。傳授與灌輸或填鴨是不同的。傳授須講求方法，兼顧學習者身心及知、情、意等方面的統整學習，不能因為要達到某項傳遞的目的，而忽略或犧牲其他方面的生長及發展。灌輸或填鴨則不然，因為它只顧及某一方面學習的目的，有時是只求此一偏目的之達成而不擇手段的，結果很可能殺雞取卵、竭澤而漁，或影響個體整體的均衡發展，或只看到眼前的效果，而忽視長遠性的效果。故傳授是教育的一種質素，但灌輸卻應該排除在教育的門戶之外。

　　再次，教導也包含解答疑難以及師生間的討論、辯難。一切學習之要有效果，最後終於會歸結到自我學習。但是自我學習並非「獨學而無友」式的孤立學習，故良師益友仍很有必要。此時教導者扮演的是解惑或辯難的角色，一方面協助學習者超越學習路途上的障礙，另一方面則激發其思考，提供適當的難題，使其不以現狀為滿足。蘇格拉底的辯詰法，有啟發的作用，也有辯難、刺激、促使學習者反省的功效。儒家強調「審問」的功夫，則教導者亦必須做個「善待問者」。在此情況下，教導者成為學習的「輔助者」，他在學習者需要協助時，適時出現，並提供恰到好處（不過少也不過多）的忠告或助力。

　　最後，教導亦包含輔導（guidance），或較狹義的諮商（counseling）在內。現今此方面學界之理論派別甚多，但論其主旨，都在於學習者之學業、生活、情感、職業、生涯、家庭……等方面有了疑慮或困擾之時，透過個別諮商或團體輔導方式，提供意見

或其他協助。過去輔導偏向於指導性的告誡或忠告，晚近人文思潮勃興，如羅傑士等多主「非指導性」的、以被輔導者為中心的方式進行諮商，將真誠、信任及同理的氣氛導入談話過程；或如馬丁・布伯所主張的教導者與學習者應建立一種互相尊重的「我與汝」（I and Thou）的「對話」關係。這是存在主義和人文主義心理學所積極主張的教導的重要質素，成為他們之教育本質論中的重要價值。

　　就學習而言，任何非由自然成長所造成的行為改變皆屬之。行為者，包含內在與外顯兩類，前者如思維、想像、記憶、臆測、情緒起伏等都是；後者如肢體動作、語言、技能獲得等都是。所謂學習，意指上述這些行為的改變，至少都須延續到相當長的時間才算，這即是學習的保留。如果即學即忘，尚不能稱之為學習，至少不能算是成功的學習或良好的學習。

　　我們不能說所有的學習都是教育。在眾多的學習中，只有那些符合價值的學習活動才能歸納到教育的範圍。對於那些價值中立的學習活動，我們便缺乏足以判斷其是否為教育的根據。例如，學會技擊，只就其技能的層面而言，我們無法判定這種學習活動是否合乎教育的價值，因此也無法斷言這種學習活動是否為一種教育。但是如果學會技擊，可以強身，可以自衛，可以學得某些精神修養，例如忍讓，那麼這種技能學習便被賦予某些在教育中被認定為可欲的價值，因而也開始具備了某些教育的質素，遂被列屬於教育活動當中。如技擊的學習，係用來驕人、欺人、脅迫人，則此學習非但不是教育，且是反教育了。

　　在學習內涵中，價值通常不是存附於認知領域，也不是技能領域，而是情意領域。故合乎教育價值的學習，或以認知為主，

或以技能為主，但都須同時具備情意的質素始可。由上所述可知，教育必須含有教導與學習，沒有教導與學習便不成其為教育。但是只有教導和學習，卻缺乏可欲之價值的成分，仍不足以成為教育。

然而，具備了教導與學習的活動，並包含了可欲價值的引導，是否即可成為教育呢？也就是說，上述這兩個條件，我們雖已知各是形成「教育」的必需條件，但它們二者合起來，是否即可為教育之充足條件呢？

在本節開始的時候，我們曾說過教育是一種善意的活動，它以教導者和學習者的善意動機為出發點，並指向某種（些）目標或理想。故善意者，乃是教育之價值之所由生；人之善意，選擇某種（些）價值並賦予教育的理想，而使整個教育活動有了意義，故缺乏了善意，亦不成其為教育。由是觀之，善意亦為教育之不可缺少的條件。

現在我們已討論了教育之形成的三個必備條件：(1)善意；(2)可欲的價值；(3)教導與學習的活動。此三條件是否已構成教育之充足條件？如果是的話，則教育的本質即可完備。

然而再進一步思考，教育是否有了良善動機、可欲價值和教與學的歷程，即算完成呢？它是否要得出一些結果呢？當我們說某人受過教育，是否意味他在某些方面和未受教育前有著不同呢？這種不同，是否應該是某種合乎教育價值之學習的「結果」或「效果」呢？這種教育結果的討論，與上述的學習是有密切關係的，但並不全同。為了更清楚說明，下面將談及教育的第四個必需條件。

四、教育是一種獲得成果（成就）的活動

　　教育的完成是獲得某些可欲的或預期的結果。如果把教育視為一個歷程，那麼善意是要賦予此歷程意義和價值，教導與學習是達成價值的手段，而成果或成就（product or achievement）則是價值的實現。

　　在杜威的教育哲學裏，價值的實現是只有階段性而沒有終極性，換句話說，他並不設定也不認為教育有個終極的理想懸在那兒，以為師生共同努力的鵠的。他認為，在每個時間的階段裏，教育有其目標或價值，完成那個預期的目標，教育就算成功了；到了下一個階段，又有了新的任務，這時再去構想、設計、試驗和完成。人生可謂充滿著新奇和挑戰，當然也會碰到許多嶄新的難題，許多未知的變數，故培養學生解決問題的智慧，是比什麼都來得重要而根本的。但是杜威以外的教育哲學家，無論中西，幾乎都會把階段性的教育活動的成就，與其所屬的一個更大範圍、更高階層、更具終極性的標準來參照。如此一來，教育活動的成果便具有了某種階層性，而階段性的成果便也包容在一個較為廣大而整體性的價值系統當中。

　　當我們指稱某一活動為「教育的」活動之時，其意思是說此種活動可以預期地會實現某種價值。如果不幸的，此一活動並未達到預期的結果，那麼很可能是在整個歷程中的某一個或某些環節出了問題。例如，預設的目標訂得太高，在事實上不可能完成；或者教導的方式不理想，學習的方法不好；或者教導者與學習者的善意不能貫徹。這時便需要做適當的調整和修正。由此亦可見，

成果的保證，來自於整個教育活動過程的良好掌握。故階段性（或形成性）的評量及檢討，是有必要的。

故歷程與成果（process and product）二者不是分離的。成果是果，歷程是因，歷程又是分布於時間系列中的連續性的活動，其分布於前者亦會有影響於後者。由是而論，教育活動的參與者，一方面對於整個教育活動的程序先須有整體的視野、構想和了解，另一方面又要在每個階段敏於觀察、慎思熟慮並明智行動。而事實上，教育歷程在其進行當中，無可避免地會有預期或計畫以外的事件發生，故教育參與者的智慧判斷是必要的，而任何教育計畫在施行上的彈性也是必需的。

由此看來，教育價值的實現不是一件單純簡易之事。然而當預期目標不能充分達成之時，這項活動的教育性便相對地降低。故判斷一種活動是否為「教育」，應在其獲致某階段的成就時始能為之。所獲致之成就愈大，其具備的教育質素亦愈多，便愈有資格被稱之為「教育」。

總結本節所論，教育之所以被稱之為教育，必須完全具備以下四個條件：

　　1. 它是一種善意的活動
　　2. 它是價值導向的活動
　　3. 它是教與學的活動
　　4. 它是獲致成就的活動

而以上的條件，每一個都是教育之所以成其為教育的必需條件。

附註

1. Jonas F. Soltis, *An Introduction to the Analysis of Educational Concepts* (Lanham, MD: University Press of America, 1985 [1978, 2nd ed.; 1968]), P.7.

2. 同上，頁 7-8。

3. 邱德修主編，《簡明活用辭典》（台北：五南，民 78），頁 590。

4. Jonas Soltis, *An Introduction to the Analysis of Educational Concepts, op. cit.,* PP.8-9.

5. 同上，頁 9。

6. 同上。

7. 同上，頁 10。

8. 同上，頁 11。

9. Richard S. Peters, *Education as Initiation* (London: Evans Bros., Ltd., 1964), PP.15-18.

10. Jonas Soltis, *An Introduction to the Analysis of Educational Concepts, op. cit.,* PP.12-13.

11. T. W. Moore 著，劉貴傑譯，《教育哲學導論》（*Philosophy of Education: An Introduction*，台北：師大書苑，民 78），頁 17-18。

附註

Jonas F. Soltis, *An Introduction to the Analysis of Educational Con-
cepts* (Lanham, MD: University Press of America, 1985 [1978, 2nd
ed. 1968]), P.7.

同上，頁7-8。

歐陽教，《德育原理》，台北：文景，民75。

Jonas Soltis, *An Introduction to the Analysis of Educational Concepts*,
p.7, PP.8-9。

同上，頁7-8。

R. S. Peters, *Ethics and Education* (London: Geroge Allen, Ltd.,
1970), PP.54-55。

Jonas Soltis, *An Introduction to the Analysis of Educational Concepts*,
pp.8, PP.12-13。

R. S. Peters，《倫理學與教育》，歐陽教等譯，台北：Philosophy of
Education，《倫理學與教育》台北：文景書局，民75。
p.54。

第八章

教育的目的

第一節 教育目的之性質

一、教育目的是什麼

所謂目的，是人在行事之前或行事當中意欲或設想去達致或獲致的結果。教育目的便是教育主體（指的或是施教者、受教者、其他相關者、或相關的由人組成之團體）在教育活動之歷程中意欲或設想去達致或獲致的結果。

當一種教育活動未獲致預想的結果時，目的有著指引的作用；當預想的歷程已經過去時，目的又有評鑑結果（效果）的作用。目的與結果是二而一的。從其未實現的觀點來說，是目的；從其已實現（或被認為已實現）的觀點來說，是結果。

人類的教育活動，對人類而言，是有目的的。從人類的生存歷程和文明的發展歷史來觀察，教育活動是在基本生存及進步的自然需求下開展的。也許開始的時候，人類並沒有明確意識到教育是什麼，以及它應該能達到什麼目的，但是至少在下意識的安排中，他們想藉著一些類似於今天之所謂教育的活動，來達到某些目的。例如父親希望「教導」兒子如何耕種或圈養動物，以便兒子能夠盡量幫助父親的工作；或者有朝一日父親老邁時，能接替他的工作；或者使兒子將來有獨立生存的能力等等。後代那些做父親的，也許並沒有意識到這類「教導」有什麼好處，能達到什麼樣的結果。他們或許只是「蕭規曹隨」，因為「傳統」或「習

俗」如此，或者「大家都這麼做」，所以也教他們的兒子如何耕種和畜牧等等。但是有一天，他如果不這樣做，便會覺察到有了不好的結果產生，這時他便不得不承認，教育確實有某些功用，能幫助人們達到一些目的。教育是一種很實用的工具。

　　一般而言，人之異於禽獸的特質之一，是人類能做反省。事實上不是每一人每一時都在反省。但是，人是能反省的。有些人常常反省，有些人做得較少。但似乎沒有一個從不反省的人。人類反省的重要項目之一，是「我這樣做有什麼目的？」或「我這樣做有意義嗎？如果有的話，是什麼意義？」

　　從事教育工作者，或受教育者，或其他相關者，在教育活動之前或當中，不見得都會反省而自問：「我這樣做有什麼目的？」或問：「這樣做有意義嗎？有什麼意義呢？」事實上，大部分人在大部分時間，很少去反省這些問題。大部分的時間，只要照著以前的習慣去行就可以了。如果沒有經驗的人，也會從那些有經驗的人去尋找而模仿他們的習慣。這時反省（reflection）或思考（thinking）似乎是沒有必要的。

　　不過，我們且試著這樣子去推想。某一階層的教育決策者（如班級導師、主任、校長、教育局長、部長等），如果很少去做上面所舉的那種有關目的、意義的反省或思考，那麼他們的決定可能是基於兩種基礎。第一種基礎是，過去一直都這樣做，而也沒有出過什麼差錯，所以現在只要循著慣例就行了。這樣的決策方式可能是輕鬆和舒服的，但是也可能導致兩種情形。一種是現在的教育情境及條件忽然有了變化，和過去不同，結果舊的方式及辦法不再能夠有效的因應。一種情形是環境雖然改變，而舊的辦法也還足以因應，但是缺乏進步，只能保持現狀，沒有改善，當

然也沒有創新。

　　第二種可能的決策的基礎是，沒有經過真正反省、思考，只是想當然耳，依憑常識或隨興所之。這樣的決策品質是堪慮的，因為無法保證其決策的可行性。

　　相反的，一個能夠經常做合理而適當反省、思考的教育工作者，是比較能令人信賴的，除非我們不相信他的理性能力。理性健全的反省使教育決策者對教育方向做更好的指引，使施教者對學習者做更好的教導，也使受教育者在學習意義的了解中增加其學習的動機和興趣。在師資培養課程中，發展良好品質的反省、思考能力是重要而有用的。

　　教育目的因此乃是教育歷程之相關者經過反省、思考而獲得的意義之所在。它使所有參與教育者，體會到教育的可欲性在哪裏，使他們了解為什麼要這樣做而不要那樣做，使他們發現到教育之價值的所在。

二、杜威論教育目的

　　杜威認為，目的關係到一個具有順序性的活動，在這活動裏，次序包含在漸進完成的過程裏面。如活動在一時間過程中有時距且有累積成長，則目的就是對終點或可能結果的預知。這個「可預見的終點」（foreseen end），給了我們活動的指導，這不是旁觀者閒散的觀點，其重要性其實足以影響達到終點所要採取的步驟（註 1）。所謂有目的之行動，即是有智慧之行動。能預知行動的結果，給我們觀察、選擇及安頓我們目標及能力的基礎。要做成功這些事，要有「心」（mind），亦即有意圖、有目的。杜

威進一步指出，目的在活動中是必需的，一個人之所以愚笨、盲目、不智或不夠用心，是因為對於所從事的活動一無所知，亦即對他行為可能產生的結果毫無概念。有意識指的是有意圖，知道我們正在做什麼，表示活動之審慎、機警和計畫的特性（註2）。

依杜威的看法，良好的目的，有三個標準。第一，所設定的目的必須是現存條件的自然發展，它的基礎必須建立在已進行的事件上；第二，首先出現的目的，只是試驗性質的，要用行動去實行才能測出其價值。目標須能彈性變化，以配合情境；第三，目的是為了使活動自由，使活動能順利進行下去（註 3）。在未達目的以前，每一手段都是暫時的，當目的達到後，這目的又成為實現更高活動的手段。目的與手段其實是一體的，之所以區分只是為了方便而已。

杜威以為，就教育本身而言，是無所謂目的不目的的，但是對人而言，卻各有其對教育的期望和意圖。杜威說，教育本身沒有目的，只有人們、父母和教師等人才有目的（註 4）。對教育而言，它自己就是目的，無需再有外在目的；我們若是把教育看成是「成長」，那麼它就不應該是僵化或定型的，因為生長的可能性來自於未成熟，而未成熟的兩個主要特性是「依賴性」（dependence）和「可塑性」（plasticity）。所以杜威說：「教育歷程除了它本身以外，沒有其他目的，它就是它自己的目的」（註5）。

由上所述，我們可以看出，杜威並非認為教育無目的，或教育可以沒有目的。其實教育目的是人在某一特定情境下所設定的，而人之所以如此，乃是有其需要。因此，教育目的是那些和教育有關的人所賦予的，而不是客觀獨立的存有。杜威所反對的，乃是一種過於寬廣、抽象的終極目的。所以他說，我們若欲建立一

終極的教育目的，並使其他目的均附屬於其下，乃是徒勞無功的。人往往根據他當前的處境之缺失或需要，來設定目的。每個時代所強調的，正是其所欠缺的。但是目的之設定，須注意一些事項。杜威說，良好的教育目的有三條件：①教育目的須建立在受教育者原有的活動和需求上（含原有的本能及習得之習慣）；②目的須能轉變為一個能使活動順利進行的方法；③所選定的目的不可過於寬廣而遙遠（註6）。杜威在《民主與教育》（*Democracy and Education*，國內通常譯為《民主主義與教育》）一書第九章討論了三種過去較具影響力的教育目的主張，並予以批評。

㈠盧梭

視教育為依自然而發展的過程，主張自然與社會是對立的。他反對因襲造作的學校教育，以自然為教育目的的標準，認為自然能提供兒童發展的法則及目的，我們要遵照去做。這理論的優點是，促使大家注意，忽視受教者天賦的教育目的是錯誤的。缺點是把自然的發展視為常態的發展，而與身體的發展混淆。杜威引述盧梭的話：「我們所受的教育得自三個來源——自然、人及物。人類器官及能力的自然發展，構成了自然的教育。而教我們為何應用此種發展，就是人給我們的教育了。而個人自周遭實物中所獲得的經驗，則構成了物的教育。唯有當此三種教育並行不悖、趨向同一目的時，一個人才能朝向他真正的目的前進……如果我們被問道，此目的為何，答案即是自然的目的，因為若此三類教育和諧並進，必趨於完備，……」所謂自然，他指的是與生俱來的能力及傾向（註7）。

杜威評論盧梭，說他道及了教育的真理，即教育發展的三要

素：⑴身體器官的固有構造及其功能；⑵在他人影響之下而能應用這些器官的活動；⑶與環境直接產生的交互作用。杜威認為盧梭的缺點是，誤以為學習只要自然就能達成，器官與官能的發展本身就能提供完美的標準，就是目的。杜威認為這種自然的能力雖能提供學習的開始、潛力和限制，但不能提供目的，我們可經由未經學習的能力開始，但無法只靠它來完成（註8）。

　　杜威也承認遵循自然的教育目的，是有一些好處，例如能使我們重視兒童身體的活動，使我們注意兒童的個別差異，能提醒我們注意兒童的喜好與興趣的性質（註9）。

㈡以「社會效率」為教育之目的

　　此說是對「凡社會所提供的教育皆為不良」一說的反動。

　　主張此說的目的，其價值應在預防「自然說」走入極端。若以之來抹殺自然說所含之真理，則大謬矣。

　　適切的社會效率說，不應是去限制個人才能的發展，而是要利用個人的才能，去做有利於社會的事。

　　就最廣泛的意義而言，社會效率就是「心靈」的社會化，使各人經驗更能主動溝通，打破社會階層的畛域，使人不再對他人的利益漠不關心。有見識的同情心（intelligent sympathy）和善意（good will）是重要的（註10）。

㈢以「文化」為目的

　　在社會效率目的說當中，若能注意到個人的獨特性，那便和「文化」及「人格完全發展」的真意相符應。民主若果真有道德及理想的意義，那麼個人便應貢獻社會，而社會亦應提供個人充

分發展的機會（註 11）。

　　自然的活動，若是指藉後天教育，使人應用本能、發展本能，便與其他二說不衝突。社會效率應是一種能力培養，能使人自由、完全參與共同活動。要從事這種參與，就非有文化不可。文化的最佳界說是一種能使人時時刻刻擴大對事物所知的意義範圍及準確了解事物的能力（註 12）。

三、皮德思和梭爾提士論教育目的

　　皮德思認為「目的」（aim）和「目標」（Purpose）是不一樣的，他認為杜威將此二者視為相同，是不該有的混淆。皮德思說，「目的」是行動之所指向（aiming at），代表專注、專心，而且針對某種明顯的標的（precise objective）。「目的」一詞所傳達出來的訊息是，有個「標的」（objective）在那兒，不是很近切，也不是很容易達到，而且我們的行動，和此一標的並無很明顯之結構上的關聯（註 13）。

　　但是，「目的」（aims）仍是可以實現的，只要有足夠的專注和努力。只是，「目的」仍然有很大的失敗機率。皮德思將「理想」（ideals）與「目的」做了比較；他說，「理想」與「希望」（wishes）有關聯，代表一些事實上無法實現的標的（objectives）。把層次降低一些，就是「目的」（註 14）。而所謂「目標」（purpose），比較像一種心理上的「意向」（intention）。

　　皮德思指出，許多有關教育上的爭論，其實不是目的之爭，而是程序原理（principles of procedure）之爭（註 15）。皮德思認為，歷代思想家的教育目的論，大抵是大而無當的，往往過於空

泛，對實際工作並無幫助。思想家所揭示的那些抽象的終極目的，
細究起來，大概都是大同小異的；他們理論上的不同之處，主要
是在於達到這些抽象之教育目的的程序和方法。例如兩個思想家
都主張要增進人類的福祉，這目的本身是抽象而空洞的；但是其
中一人提倡極權的方式，另一人提倡民主的方式，則在教育實質
和結果上，便會產生極大的不同。故教育工作者真正應該在意或
認真去思考的，是如何設計那達成教育目的之「程序原理」。

　　另外，皮德思也指出，傳統上有關教育目的的爭論，也往往
和「教育」這詞語的語源有關。像南恩爵士（Sir Percy Nunn），
便強調教育與educere此字的關係，而此字之義為「引出」，同意
此說者便認為教育目的應在於個體潛在能力的發展或實現（註
16）。亞當士爵士（Sir John Adams）則謂「教育」源自educare，
意為依據某種設計規格來訓練或範塑；比方說把男孩塑造成文質
彬彬的基督徒。盧梭很反對把兒童看成侏儒或成人的縮影，或看
成倒進成人模型裏的原料。他認為，對小孩也應該像對成人一般
的尊重。至於像杜威和克伯屈（W. H. Kilpatrick）這樣的進步主義
者，則提出另一種教育過程的圖象。兒童應該被喚醒，兒童應該
被放置在一個由作業（performance）而非由人來訓練的情境；兒
童因此獲得於他有用的習慣和技能，並且能夠在和他人的共同作
業中，發展對他人以及對自己的尊重（註17）。

　　梭爾提士對皮德思的上述看法做了一些評論。梭爾提士認為，
所謂的有目的（aim），意即在心中有個目標或鵠的（Some purpose
or goal in mind）；以此義來解釋教育目的（aims or ends of educa-
tion），意思即是說，有某些人相信有些目標和鵠的，在教育上是
可欲的或是有價值的。因此我們常說「民主之教育」（education

for democracy），「公民之教育」（education for citizenship），「情緒成熟之教育」（education for emotional maturity），「美好生活之教育」（education for good life），「有教養之自由人之教育」（education for the liberally educated individual，或可譯「通識之教育」）等等。當我們如此說的時候，乃是展望著學校教育之某種明確而有系統的成果，或者展望某種指引性的目標。然而，如果教育有任何目的的話，那也是我們人賦予它目的，而不是它賦予我們人目的。教育目的係存於人的心靈和情感之中，而不是存於一個沒有心靈的、名之為「教育」的社會體制中（註18）。

梭爾提士評論皮德思之「教育工作者應有目的嗎？」（"Must An Educator Have An Aim？"）一文，指出皮德思是把「教育目的」（aim of education）定義為一種寬廣而一般性的標的（objective）。傳統上，教育者認為應該有個明確的終極鵠的，才能明智地選擇適當方法以達成目的。皮德思反對這種看法。但是皮德思並不反對切近的教育目標，所以如果把「目的」（aim）界定為某種立即的「目標」（purpose）或「鵠的」（goal），他是不反對的。例如幼稚園教師教幼兒學會字母等，便是種立即而具體的目的（註19）。

杜威說，沒有目的的行動是不明智的行動，梭爾提士認為很有道理。皮德思當然不否定人應該有明智的行動，但是他反對「教育的終極目的」（註20）。對皮德思而言，不同之教育目的的爭論，主要是程序的爭論，而不是可欲之最後結果的爭論，此上已述及。梭爾提士認為這種程序原理，正是明智決定教學之切近目標及方式時，所應該慮及的（註21）。

四、教育目的之階層性

上述皮德思之所以捨棄終極教育目的而就切近目的，乃是因為前者過於空泛，人人的主張並無不同；而後者則與教育實施的程序有緊密關係，不同的程序可立竿見影見出其所產生的不同結果，而那切近目標之是否達成，便可獲得立即的驗證。皮德思有關程序原理的見解，確實含有真理，並言人之所未言。但是程序原理之論，並不與終極目的牴觸。

終極目的之論，所以被視為空泛迂闊，乃是因為將之口號化的緣故，這是教育語言的問題。依謝佛樂之見，教育的口號（educational slogan）若欲使之落實，必須加以澄清，使之精緻化（refined），否則便流於空洞，且易滋生誤解、誤用，或有誤導的作用（註22）。當有人說，教育目的是在獲得幸福生活時，沒有人會不同意的。但這句話本身並不即等於教育的終極目的。它事實上只是一句空泛的教育口號。當我們進一步追問：「你所謂的幸福生活是什麼意思？」時，每個人的答案就會有了差別。故終極目的的存在，其實涵攝了許多不同層級的較為切近而具體的目標，彼此形成一個有階層性的結構。這些次級的目標，乃是用來解說那終極目的的，而前者也是分析了後者之內涵後所呈現出來的成分。每個具體的目標，若非歸屬於其較上層的目標，並與其他目標互為關聯，則此具體個別的目標是沒有意義的。教育歷程中若只是一些零散的需要，以及用來滿足這些個別需要的零散目標，彼此互不相屬，則此教育歷程便缺乏重要的終極評鑑標準，而整個大的教育方向便會付之闕如。如此的教育活動，恐非富於有機

特質的人類生活和人類社會所能夠接納的。

　　教育目的之階層性，不但顯示了教育歷程的有機性結構，而且也說明了教育實施有其步驟上的次第性，循序漸進，始有可能趨近理想，逐步實現人類的夢。現在以簡圖說明其可能的階層關係如下：

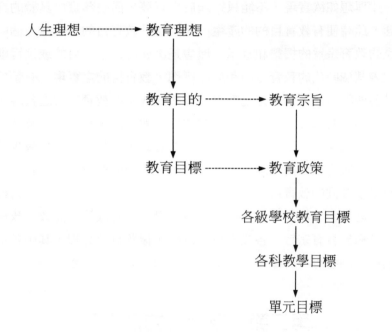

　　上圖顯示了教育理想的形成，受到人生理想的影響。人生理想的實現，可藉多樣途徑，如政治、宗教、經濟、社會、文化和教育等制度和活動，而這些設施也都與教育有密切的關係。教育是實現人生理想最根本的憑藉，而人生理想也往往寄寓、反映於各種教育的作為當中。

　　既名之為理想，總是和現實有差距的。理想的存在，反映了人類對現實的不滿；而對理想的追求，也成為人類文化進展的原動力。因為對人類自身缺陷的不滿意，而有了對完美之上帝的憧憬，或者對「聖人」這完美人格的嚮往；因為對現實社會的不滿，而有了世界大同或理想國烏托邦等理想社會的構想。

　　理想如欲實現，不能只寄託於白日夢，而須落實於具體的理念，此時便有教育目的的產生。相對應於教育目的者，是一個國家的教育宗旨的揭櫫和宣示。理想是美麗的遠景，目的或宗旨則代表某個時代的教育方向和最高標準。教育目的之實現，有賴於其各個階段和各個部分之教育目標的達成；而教育宗旨之實現，亦有賴於其階段性之教育政策的運作。教育政策常隨時空及其他情境的遷移而修改或調整，相對於教育政策，教育宗旨是較少改變的。教育政策尚須進一步落實於各級學校的教育成效。各級學校除了共同的教育目標之外，尚各有特色，而具體表現於其目標內涵之差異。但是這些目標，應該涵攝於教育政策，而教育政策又涵攝於教育宗旨。各級學校的目標，復落實於課程，其中各項活動，均各有其目標。

第二節　教育目的之內涵

一、影響教育目的形成之因素

　　一個時代或社會之教育目的，不是倉卒造成，而是長時間逐

漸發展的結果。從歷史來考察,每個時代的每個社會,都有其特殊的背景,因此教育目的之內涵,亦各具特色及風格。但是從人性及人類生活的層面來分析,也發見東、西、南、北海雖各有聖人出焉,卻不乏人同此心、心同此理的情形。

到底哪些因素可能影響教育目的之形成?以下試從(1)形而上的理念;(2)完美人格的定義;(3)理想人生的定義等三方面略論述之。

㈠形而上的理念

關於何謂形而上學,以及中西形上思想,在本書第四章已有論及。簡言之,形而上的思索,一方面要探究萬物的本體,另一方面要冥想宇宙演化的原則,並進一步體會人在這整體宇宙結構及運作中應扮演的角色。

古今中外有許多思想家思索這些問題,而得出了一些重要的結論,或有了重要的發現。研究思想史的人也覺察到,這些形而上學的結論都對他們的教育理論產生了很大的影響,並且對後來的教育工作者也有不少的啟示。

古代希臘的柏拉圖和近代英國的巴克萊,通常被視為觀念論的哲學家。觀念論(Idealism)的共同主張是,宇宙萬物之本體為觀念,是屬精神而非物質。人之感官經驗視為實體之物,乃是夢幻泡影、鏡花水月,並非真實。以柏拉圖而言,真實者為理型(觀念),不變者亦理型,而宇宙之真理也存於此理型當中。人類之追求真理或真正的知識,若是訴之於感官則謬矣,必須依賴理性,始有可能認識理型。理性能力,生而具有,不由後天的經驗而得;故教育目的,不在灌輸知識,而在啟發理性,使能獲識理型,獲

得真知。有真知才能實踐道德，因為知、德是合一的。有德者與
善合致，人生之幸福則在於是。

　　對這位在知識論方面是經驗主義者，而在存有論方面卻是觀
念論者的巴克萊而言，知識的來源是感官知覺所形成的觀念，外
界的事物只不過是人類觀念的投射而已。但是人終究也是有限的
存在，他要成為永恆，歸根究底，還得藉助那永恆而完美的存在，
就是神。神是精神體，因著祂的存在，才有這一切物體的存在。
教育的目的，無疑是要發展人的精神，使之與這宇宙主宰的精神
一致，並成為祂的一部分。換句話說，教育的理想，在於完美性
的追求，對個人而言，乃是潛能的完全實現，此即自我實現。

　　重要的實在論者有亞里斯多德和洛克等人。實在論的共同主
張是，外物乃真實客觀之存在，不因人之是否感知而被左右。持
此論者，自然以為真實的知識可以由人對外在環境的認識、理解
而獲得。以亞里斯多德的形上學而言，物之成緣於二事，則形式
（Form，或譯形相）與質料（Matter），缺一則不能成物。以人
為例，精神是形相，肉體是質料，二者均衡發展，始是「好」人。
教育的目的，在於培養身心均衡發展之人，能夠有理性思考，判
斷之才能，又能注重感官、肢體和外在環境的互動關係。教育不
僅在培養內省的方法，也鼓舞對外在事物的觀察、研究和調適。
亞里斯多德的教育哲學，使我們在耽溺於純粹冥思的象牙塔之餘，
也要跨進現實生活的天地裏；理想與現實，理性和感官，在他的
教育王國裏是兼籌並顧的。

　　洛克的哲學缺乏亞里斯多德這種二元論的色彩。在知識論的
領域，洛克是不折不扣的經驗主義：一切知識都來自於後天經驗，
都要透過感官的作用。在存有論裏，洛克也是典型的實在論：先

有外物的存在，而後才有感覺經驗，然後形成觀念，進一步組合成知識。對洛克來說，教育目的應是培養對外在環境的興趣，並探研、理解之，最後人類能駕御環境，便有了幸福。但洛克更強調人與人的關係，所以他重視人格的發展，以「紳士」（gentle-man）為典範。洛克又以「健康的心靈寓於健康的身體」，指出體育的重要性，而這也正符合他的實在論主張。基本上，洛克是位教育的環境論者，後天的教養和環境，更重於先天的遺傳，這也和他的哲學若合符節了。

懷德海的歷程哲學，有著融合觀念論和實在論的企圖，並且把現代科學的理論和假設也容納進去。他的教育目的論，因而也充滿這種兼籌並顧的色彩。

懷德海這位大器晚成的哲學家，最有名的教育哲學的作品是《教育目的及其他短論》（*The Aims of Education and Other Essays*）。在此書中懷德海指出，教育的目的是要培養同時具備文化素養和專精知識的人。專精的知識提供他們向前邁進的基礎，而文化則引領他們，使他們像哲學一般深刻，如藝術一樣高遠（註23）。

教育如果只是零碎知識的填充，那是枉然的。「僅僅是知識豐富，在這上帝的土地上乃屬最無用的人。（註 24）」只有知識，卻不能應用，那只是一些無生命的觀念（inert ideas）的堆積而已。教師在教導學生的時候，應該盡力避免使學生的腦袋成為這些無生命觀念的倉庫。為防止這種精神上的乾枯症，教師要做到兩點：

1. 不要要求學生同時學習太多的科目；

2. 一旦教學生什麼，便要教得徹底（註25）。

懷德海認為，引進兒童教育中的主要觀念要少而重要，並且

要將之引進任何可能的組合當中。鼓勵兒童試驗、應用，並做清新的組合，是重要的。

　　一般而言，教育乃是知識之使用藝術的獲得。這是個不易傳授的藝術。懷德海說，真正有教育價值的教本，往往也是不易用來教學的。所有有經驗的教師都知道，教育是個須有耐性的過程，其細節的克服掌握，有賴於分復一分、時復一時、日復一日的努力；懷德海說：「學習是沒有捷徑的（註26）。」

　　以上舉例，不過在說各教育哲學家的教育目的之內涵之形成，如何受到他們之形而上假設的影響。以中國教育思想發展的情形來考察，此種現象亦是明顯存在的。

　　老子以道為萬有之本源，而道為一能動創化之本體，其所隱示的意義是，教育者亦須如道之創化那樣「生而不有，為而不恃，長而不宰」。這種教育是自然主義的因勢利導，教師只有在最自然的時機才適合介入。教育者首須了解學生潛在的能力，提供最有利於成長的環境，使學生感覺到在不知不覺中就學會了，就長大了，好像是他本來就會、本來就能長大的一樣。故老子形而上學給與我們的啟發是，教育旨在使學生的潛能在自然的情境中發展、成長。

　　另外老子說「道生之，德畜之，物形之，勢成之」，以描述宇宙萬物構成之過程。其中之道指宇宙之根源，亦宇宙之理性；德指道之具體化者。物之能成物，乃是依據道而來，合道之物為德，有德之物為有用之物，亦是「好」物。以人為例，人之思想言行，合乎道，則為有德之人，他才是個「好」人，才是個「人」。而這一切之成，尚須有「勢」才能成之。勢者，外在環境條件也，則教育亦其中一項重要的條件。總此宇宙觀論之，教

育目的在使人之言行觀念等等無一不合於「道」，造就有「德」之人。而道亦法自然耳。

莊子是一宇宙相對論及弔詭論者，在本書第四章第三節亦有述之。依其哲學而推衍之，教育之目的應在培養真知能力，以了解宇宙及生命本質，始不為世相所惑，產生錯誤判斷；有了真知，才有真自由，不為各種錯誤見解所束縛。

儒家《易經》是宇宙真理及其應用的象徵性系統，聖人極深而研幾，能通天下志，也能成天下務。教育目的在於教民體察宇宙及自然、人事變化理則，以求趨吉避凶。這些理則例如剛柔有體，陰陽合德，動靜有常等等，一方面顯示了宇宙不斷創化的精神，另一方面也涵蘊秩序、和諧、均衡、往復、消長、運動和互助互動的價值。這些都可以在教育中加以檢討，研究如何應用或實現。

至宋代理學家，周敦頤以誠為宇宙萬物的本體和動源，故教育目的在追求聖與誠。張載的存有論和宇宙論至為精緻，並甚合現代物理學的觀念。理是純粹的善，不會有缺失，代表理型，而物之形成主要是由氣之陰陽聚合產生，人之成形亦然；一旦成形，便多少有了缺失。秉理者是天地之性，成形後又有氣質之性，前者完美，後者有缺陷，教育目的遂在於「變化氣質」，即使氣質盡量與理合。朱子承襲此種理念，以太極名理之完美境界，亦主張變化氣質的重要性。

㈡完美人格的定義

教育的對象是人，目的是造就人。但是要造就什麼樣的人呢？其標準如何？這往往關係到完美人格的定義。不同的定義，產生

不同的標準或理想。哲學家談論人類自身，在仔細分析人之共同
特性之餘，也會描繪人性發展顛峰或理想人格的圖象，以為後學
者的典範，並成為教育工作者努力的方向。

　　古今中外哲學家在人性發展理想方面的主張，幾都成為他們
教育目的論中重要的項目。當然，不是每位哲學家都談論教育，
但是即使他們不直接在教育理論上提出主張，我們也很容易從他
們的人性理想論述上看出可能的教育目的的主張是什麼。

　　儒家的理想人格是聖人，這也是人性完全實現的結果。儒家
的教育，明顯地可以看出是以聖人為終極目的。而儒家多位哲學
家也明確地鼓勵學生要立志為聖人。不過聖人不是一蹴可幾，所
以又以君子為階段性的目標。只要立志為聖，心嚮往之，朝此方
向精進，有心學好，便具備了做君子的基本條件，循此以進，雖
不中亦不遠。

　　聖人一詞，其內涵及應用，因情勢變遷，古今應該有所不同。
所以，雖然古代以聖為教育目的，今天也可以以聖為教育目的，
但是進一步的詳細的「聖」的定義卻有不同，從而教育的實質內
涵和實際做法應該也有差異，這是宜加注意的地方。關於古今聖
人涵義之變遷，在本書第五章第二節之一已做過討論，茲不贅述。

　　道家的理想人格，外人既不易了解，而老子也承認不易說明、
描述。但老子在《道德經》裏卻也做了不少描述。詳細情形在本
書第五章第二節之二已經述過。簡要言之，聖人常能因任自然，
內則不爭無私，虛懷持盈；外則不為大，故能成其大，欲先民，
必以身後之。由是引申，老子教育目的之一，似是教導後學者，
使他們盡力做到如此這般的因任自然、能成其大的一些人格特質。

　　莊子以真人、至人或聖人為理想人格。真人者，具有超乎常

人的認知能力，能洞識宇宙及人間世事的真相，故心無牽絆，心靈常保逍遙自在，對世事變化，早已了然於心，不以得失而或喜或悲，不以表象而誤判實質，具平等觀，不執著於一偏之見，凡此等特質，在本書第五章第二節之二亦已道及。對莊子而言，舍此真人的人格特質，還有其他更值得教育者和學習者去追求的目標嗎？

　　古代希臘哲學家柏拉圖，以人的精神活動包含理性、勇氣和情欲三者。理性勝者為金質人，勇氣勝者為銀質人，情欲勝者為銅質人。教育應該依學習者質性之不同，各給與適當教育，其間受教育之內容及期限長短都有不同，是以教育目的亦因人而有差別。其整個總的目的，是使不同材質之人，各善盡其才，善盡其職，成為社會有用之人，這才是社會的「正義」。不過整個社會的主導者還是在於理性勝者的哲學家國王（philosopher king）；而以個人而論，其行動的最後準則仍是理性，是故在教育的桂冠頂端那顆最亮的寶石，乃是發展理性，以及培養有理性、能做智慧判斷之人。

　　亞里斯多德秉承其師柏拉圖之說，但做了較為詳細的心理方面的討論。人的心靈，有營養作用、感覺作用和理性作用，三者缺一不可，但前二者為人與他種動物所共具，而理性卻為人之所以為人的特質。教育目的之一在培養個人理性能力，在行為中知道如何做正確判斷，並且予以實踐。

㈢理想人生的定義

　　教育是因應人生需要而產生。人生有各種需要，教育不但要幫助人類滿足他們生活上基本的需求，而且要進一步幫助人類提

升生活之物質及精神方面的品質。但是生活的進步是沒有止境的，人類也不會因為眼前的成就便自滿或知足。這種不自滿，事實上正是促進文化不斷前進、創化的最大動力。因為不自滿，所以要求精進，所以構想各種人生的理想圖像、遠景，以為進展的目標和努力、奮鬥的方向。教育是實現人生理想最有效、最重要的工具之一，人生的理想因此往往具體表現於教育的理想或目的上面。

不同思想家所建構、營造的理想人生，反映於教育上，自也產生了不一樣的教育目的和內涵。

就蘇格拉底和柏拉圖而言，理想的、幸福的人生，不是受制於熱情和欲望，而是以理性為主導的生活。只有理性，才能幫助我們判斷什麼是真正的善，什麼是真正值得我們去做、什麼是不應該去做的事。服膺真理和善的心靈之樂，比感官之樂更為真實而恆久，而這依恃的正是理性，故教育的目的是在幫助人們建立這樣的人生。

亞里斯多德秉承師訓並發揚光大之，認為幸福的人生是能夠與「完全美德」（complete virtue）合致的精神生活，並且具備外在的善，如健康、財富、友誼和權力等；不僅是短暫、偶然的點綴，而且是延續一生的完全人生。教育目的無疑是在追求這樣的人生。為達這種人生，既要培養知德，又要發展行德；為兼顧智慧與實踐，教育的內涵必須完備而均衡。

上述柏拉圖和亞里斯多德都讚賞理性人生，注重美德實踐，只不過柏拉圖以知識即道德，完備的知識教育，本身卻已包含道德教育在內，智育和德育是一體的；而亞里斯多德以為能知不一定能行，故於智育之外，必須另立德育，雙軌並行，始稱完備。現代杜威的道德教育理論，近似於柏拉圖。另外古代希臘、羅馬

的斯多亞學派，也以理性和美德為理想人生的指引。他們認為，以理性為主的生活，即是順應自然的生活，也才是有德的、善的生活。

以上三家之教育目的，都在培養明辨是非的理性能力，並在生活中實踐，使所言所行都能合乎「中道」，或者合乎「自然」之道。情意的教育也許並不為他們所排斥，但不是教育的重心所在，因為幸福人生的保證，來自理性，而非情緒或感受。

到了近代的康德，把善行化為一種道德的責任感和義務心，人生的主導仍是理性，但也需要意志的力量來貫徹良善之動機。對康德而言，人生是道德義務心的覺醒，好惡與否，苦樂與否，不是人生重要的課題，行為結果的利害得失，應該也不必計慮，真正應該在乎的是，我的行為是否合乎那絕對的道德律則。康德道德學說之對行為結果的忽略，以及對情感因素的漠視，受到不少批評，但是他卻在道德教育的目標上，給了我們很好的一個啟示：喚醒孩子的良心，是比什麼都重要的；不要以利誘之，或以害威脅之，只要讓孩子了解，很多事情是我們做為一個人所應該去做的，除此之外，並沒有其他的理由。這一點和孟子的嚴義利之辨，是很類似的，只不過孟子的義（善端，道德的義務心）是以不忍人的慈心為基礎，這是有情的理性，而不是抽離了情感因素的枯乾理性。

與康德之道德義務說相對的是快樂主義。快樂主義中之自我快樂主義，以內心之平靜安寧無慮無憂為快樂，能獲得此種退隱之樂的生活，即是善的、理想的人生。利他的快樂主義（功用主義）以謀求最大多數人的最大快樂為善。凡是快樂主義，都以德為行為手段，其目的是人生之快樂，惟一差別是「快樂」的定義

有所不同。他們計慮的不是行為動機,而是後果,在教育目的來說,是要培養學生慎思熟慮的習慣,行動之前,先三思而後始行。至於行為動機如何,並不重要,因為世上常有具善意卻反生惡果的事,可見徒具善良動機並不能保證有善行。

自我快樂主義者會以精神的安寧與滿足為教育之目的,而功用主義者則會培養兼善天下、以大多數民意為依歸的政治家胸懷。

杜威以為道德行為的完成,應兼具良善動機和對行為後果的計慮,缺一不可。人在行為之初,應以其知識和經驗,預測此行為可能產生之後果,然後以其善心,判斷此種後果是否可欲,是否可以接受。這樣的慎慮過程,包含了智慧和善心兩個部分,並且以充足的經驗作為研判結果之依據。依此道德理論,則教育應該一方面培養學生累積經驗並善於應用經驗,以預測、解決問題的智慧及能力,另一方面則亦須啟發學生意欲與人為善、利人利己、甚至捨己為人的良善動機。

二、教育之功能性的目的

人類之所以有文明,是因為能問「為什麼」。這問題包含「什麼動機(或原因)?」以及「為了什麼目的?」兩層含義(註27)。在教育上,我們也要問「為什麼要教育?」這個問題。我們若從功能的角度來看,這個問題也等於是問:「教育能發揮什麼樣的功能,來達到我們所希望達到的目的?」

當代教育哲學家鄔里希(Robert Ulich)曾從生物學、社會學和倫理學三方面的功能,指出教育的目的指涉了(1)有關生理之有機體;(2)有關社群生活;以及(3)有關涵蘊於文化中的倫理等三方

面的動機。（註 28）本書將第(1)點略作擴充，包含生理和精神的有機發展，而分別說明三方面之教育的功能性目的如下：

㈠發展個體潛能，達成自我之實現

康德曾經說過，所謂教育，便是養護（care, maintenance）、訓練（discipline, training）和教導（instruction）。養護的目的是使年幼者不受傷害，得以順利成長。然後才進一步施以訓練，以去掉因為動物性所帶來的害處，把動物的本性轉移、提升為人性（註29）。

人之初生，是脆弱的，當然也充滿生長和發展的可能性。這時他若接受良好的養護，則生理和心理兩方面的成長都蒙受其利。嬰幼兒時期的養護性教育因此非常重要，家庭和其他相關的養護教育機構須認真承擔此項任務。

良好的養護，奠定個體日後體能發展和智慧發展的基礎。身心二者，互有影響，洛克說健全的精神寓於健康的身體，但是反過來說，健全的心靈也有助於身體的發展。

健康的身體似乎是體育責無旁貸的教育目標，但是要注意的是，此處所謂的體育應該是很廣義的一種說法，它包含體能和精神兩方面的訓練，注重的是身心二者和諧及互動的技能和素養。

當然，智慧的啟迪和訓練，除了體育，尚須藉重教育之課程中的許多其他學科。個體在學習中吸收了知識，在活動中觀察了自然及人文的環境，在人與環境的互動中，他學會如何應用及修改已經吸收的知識。

柏拉圖說，人有理性、勇氣（意志）和情欲；亞里斯多德說，人有營養、感覺（知覺）和理性（思考、反省）等三方面的作用。

現代心理學家弗洛伊德（Sigmund Freud）也說人有本我（生物我）、自我（現實我）、超我（道德我、良心）等三方面的精神活動。再印證我們平日之觀察、體會，人是動物，有基本需求（如食、色、飲、睡等等），這是動物性；人有感覺和知覺，這是介於動物性和人性之間；人還有情緒和情感，其中涵蓋複雜成分，亦有高卑之別，有屬人性中之弱質部分，亦有高貴部分；人還有理性，此應是人類獨特能覺醒、反省、分析、推理、綜納、組織、應用、創新等各種心智作用之總合。

　　做為一個人，各項動物性應有適當的滿足。所以說適當，指的是自我約束和節制，蓋動物本能的主要作用在於維持個體生存並延續種族的生命，適當的節制有利於這個目的之達成，而亦可有利於人生其他目的之實現。至於感覺和知覺，宜加以訓練，使之靈敏、迅捷而準確，此有助於人生各項目的之達成。情緒和情感，宜加以引導，使達中和，所謂中和者，引《中庸》「喜怒哀樂之未發，謂之中，發而皆中節，謂之和」之意。理性須予以啟發、訓練，使個體習於應用理性方式以解決人生問題。

　　個體潛能發展的極限，迄目前似尚未被發現。心理學家亦認為個人潛能之發掘、應用，常是十不及一。換句話說，人類未來發展遠景，仍然十分寬廣而樂觀。無可否認，顯現在性向、人格特質、成就等的個別差異是事實，這些事實是教育者應該重視的。然而在潛能的可能極致來說，是否仍有個別差異，不無疑問。教育工作者的努力方向，應是如何以適當方法，幫助個體發展其潛能，實現其自我。

　　人的精神活動，除上述幾個層面以外，是否還有其他層面尚未被發掘，或開發甚少？一些比較具有神秘色彩的精神活動，例

如直觀、超感等能力的發展，是否也可能成為今後教育努力的方向之一？

　　柏拉圖的哲學家帝王，儒家的聖人，道家的真人等，都象徵理性及人性其他部分之充分、和諧發展的結果，而在這發展過程中，教育都扮演了主要的角色。這在柏拉圖哲學和儒家經典中，已有明顯的論述；道家雖未明言教育的功用，但各種道德的潛修，無非都涵蘊著教導與學習之歷程。

㈡促進個體社會化及群體之進步

　　上述個體潛能的充分發展和自我之實現，固然能滿足個人求自身生存、延續和發展的心理需要，但教育還有一個重要的作用，那便是促進群體或社會的進展。

　　社會是個體的積聚。社會的形成和健全發展，需要不同的人才，以分司各種工作，所以因材施教，讓每個人發展其特長是重要而必需的。柏拉圖的社會「正義」說，最早說明了多元教育是合乎社會進化原理的。

　　任何個人的教育，如不歸結到群體進步，是不健全的，甚至是有害的。我們倒不必像法國社會學家及教育學家涂爾幹（Emile Durkheim, 1858-1917）所說的「教育即是個人社會化的歷程」那樣子極端，因為他忽視了個人的特性和需求；但是我們也不必像羅傑士那樣子認為社會化只會使個體變得不真實、痛苦而自我疏離。倒是杜威說得好，一方面我們應提供個人充分發展潛能和特殊才華的機會，但是另一方面，我們也要讓學生了解，他有責任貢獻自己的才能，以促進群體的福祉。個人的自由不是逃離社會而獲得，而是要在社會中創造秩序和自由。所以，當一個人的利

益和社會的利益衝突時，他應該知所取捨、進退。

　　儒家的忠恕、仁愛、兼善天下和民胞物與的思想，佛教的菩薩精神，以及孫中山先生的服務人生觀，都啟示我們在科學上應教導學生，在努力充實自己之餘，尚應摒棄自私自利的心理，或獨善其身的想法，積極助人、利群，服務奉獻，並且不求報償或其他利得。

　　服務人生觀的實現，固然需要良善的動機和意志，而以今日民主社會而言，個人除了良好學識和專門技能以外，尚須培養與他人溝通的能力、說服的能力、合作的態度，以及解決難題的創造思考的智慧。像這些項目，也應該包含在今天學校的教育目標當中。

(三)文化的傳遞和創新

　　文化是人類各項活動之有價值的產物的整體。個人的智慧和力量匯集於社會，而個人及社會的各種努力則連貫、延續地表現於文化。文化的傳承使得人類的智慧、知識、技能和經驗能夠累積，不必凡事都從頭來，因此有文化才有進步，因為後人立足於前人已有之成就的基礎上，將能看得更遠，也做得更好。而這種文化的傳承，主要是依靠各種教育的活動。

　　有效的教導促發學生有效的學習，在有限的時間內，教師將文化中的菁華或有時代之價值者，傳遞給學生。個人的生命是短暫的，但文化的傳遞作用使前人的生命延續不輟。德國現代文化教育學家斯普朗格認為個人的主觀精神，一旦客觀化而成為文化的一部分，則將不朽。

　　但是人類文化的進展，不是固守原有的文化遺產便能達到，

儘管這是必不可少的先決做法。把文化中之有價值的部分，透過
教育有效地傳遞給下一代，只是使人類文化進步的必需而先決的
條件，但不是充足條件。文化的進展尚須依賴另一個必需條件，
那便是創新。所以斯普朗格說，教育除了傳遞文化，尚須在學生
心靈中喚起他們孕育及創造新的文化內容的意志。

附註

1. 杜威著，《民主主義與教育》，林寶山譯（台北：五南，民
   78），頁 97。
2. 同上，頁 98-99。
3. 同上，頁 99-100。
4. John Dewey, *Democracy and Education* (New York: Macmillan, 1916
   [1961 paperback edition]), P.107.
5. 杜威著，《民主主義與教育》，林寶山譯，同上，頁 46-47。
6. 同上，頁 103-105。
7. 同上，頁 108-109。
8. 同上，頁 109-110。
9. 同上，頁 110-111。
10. 同上，頁 115-116。
11. 同上，頁 117。
12. 同上，頁 119-120。
13. Richard S. Peters, J. Woods, and W. H. Dray, "Aims of Education—
    —A Conceptual Inquiry," in R. S. Peters (ed.), *The Philosophy of
    Education* (Oxford: Oxford University Press, 1980 [1913]), PP.12-13.
14. *Ibid.*

15. 陳建勳等譯，《當代教育名著選粹》（台北：正昇，民68），頁144。

16. 同上，頁145。

17. 同上。

18. Jonas F. Soltis, *An Introduction to the Analysis of Educational Concepts* (Lanham, MD: University Press of America, 1985 [1978, 1968]), P.15.

19. *Ibid.,* P.16.

20. *Ibid.,* PP.16-17.

21. *Ibid.,* P.17.

22. Israel Scheffler, *The Language of Education* (Springfield, Illinois: Charles C. Thomas, Publisher, 1974 [1960]), PP.36-46.

23. 陳建勳等譯，《當代教育名著選粹》，同上，頁121。

24. 同上。

25. 同上，頁122。

26. 同上，頁125。

27. Robert Ulich, *Philosophy of Education* (New York: American Bood Company, 1961), P.3.

28. *Ibid.*

29. Immanuel Kant, *The Educational Theory of Immanuel Kant,* trans. and edited by Edward F. Buchner (Philadelphia: J. B. Lippincott Company, 1971 [1904]), PP.101-104.

第九章

教育的內容

第一節 何謂教育內容

一、教育內容與課程

教育內容是達到教育目的的工具之一，另一工具是教育的方法。如把教育看成教導與學習的歷程，那麼教育內容是教師所欲教導的那些項目，或是教師希望學生學習的那些項目。如把教育看成一種價值導向的活動，那麼教育內容便是那個價值本身。如果視教育為一種有成就的活動，那麼教育內容是那個成就的內涵。

但是所謂教育內容，其涵蓋的範圍，比一般人想像的要大。有人會認為，教育的內容就是課程。這種想法是否正確，要看課程一詞的定義如何而定。如果在此課程意指的是一種普通所謂的「顯著課程」或「正式課程」，亦即一種有計畫、有目的、有進程的教導和學習活動內容的結構整體，那麼教育內容的範圍要比這種課程來得大。如果課程意指的是顯著（正式）課程再加上潛在（非正式）課程二者的總和，那麼與教育內容的範圍差堪吻合。

為了了解教育內容所涵蓋的非顯著課程的那個部分，有必要在此做進一步的說明。

教育內容自不限於學校教育。以家庭教育為例，個人在家庭中所教導的或學習的東西，往往是不經意的、非預期的、無計畫的、偶發或隨機的。無可否認，在家庭中父母或其他長輩，也會有目的、有計畫地教導孩子某些價值或習慣等等。但是家庭基本

上是個多功能的、半封閉式的小型社會，教育只是其中的重要功能之一。何況大多數的父母並不是專業的教育人員，對教育通常缺乏正確而深刻的了解。不錯，家庭中的長輩是經常不斷地傳達某種訊息給他們的晚輩，而後者在經年累月的「薰陶」之下，也會形成特有的價值系統和生活方式。但是這些教育內容的呈現，當然不像學校正式課程那樣子嚴謹而有秩序。如果這樣的教育內容結構體（即使鬆散而雜駁的關聯也是一種結構），也算是一種課程的話，只能算是非正式且潛藏式的課程。

以社會教育而論，其內容更是包羅萬象，尤其在大眾傳播工具及方式日新月異的今天，社會教育的進行幾乎已經到了無所不在的地步。有些社教內容當然是經過仔細規畫的，如公共電視、政府及民間公益團體的社教活動等等，但也有更多的社教，是其他活動（如娛樂性、藝術性、體育性、政治性等等）所附帶產生的，其教育的功用不是預先所規畫或期待的，至少不是主要的規畫和期待，而其產生的教育效果也是不確定的。如果這樣的教育內容和方式，也是一種課程，那麼很顯然，它也只是一種潛在性的課程。

即使學校教育本身，在其嚴密而細緻的規畫和「控制」當中，仍有許多教育活動是在校長和教師、甚至學生的意外和驚訝聲中發生。一個班級的學習氣氛受到大多數家長之共同社經地位的影響甚至主導；班級中某一個突出人物的「興風作浪」，使得全班讀書風氣丕變；某一位教師之某一種強烈的價值、信念或宗教信仰，長時間地「薰陶」了班風；或者某個地區的獨特習俗使得學生對教科書中某些內容的認同打了很大的折扣。教育學者目前試圖把一些容易被忽視的、可能產生不確定效果或影響的「教育內

容」，盡量予以納入正式課程中，或在規畫正式課程時認真加以考慮，以便減少教育歷程中可能產生游離效果的那些不明確的因子。

二、課程與教材

課程狹義地說，是整個教導和學習活動之有計畫的安排；廣義而言，則尚包含潛在的、非正式的、非計畫的活動在內，上已論及。課程雖是以教育內容為主的結構體，但嚴格論究，應不僅包括教育內容而已，也涵蘊教育方式和各種軟硬體的支援條件在內。

課程是一個架構，或是組織教育材料（教材）的形式。正式課程的架構井然細密，非正式課程則反之，但我們不能說後者不是形式；它應是一種迥異於前者的「形式」。

課程的形式包含許多部分的小形式，這些小形式也許還能再予以細分，而有更小的形式。整體的大形式其實是由這些小形式逐級形成的。材料是組織在這些小形式或小結構裏。

課程之小形式的選擇，本身便預設教育方式宜如何，以及宜有哪些軟硬體設施的支援。當然，整個課程的構想、設計、形成以及付之行動，都只是為了達成某些教育目的或實現某些教育價值的手段而已；手段不能乖離目的。

因為材料是依形式而組織成的，故而有不同面貌。最後把教材直接呈現給學生的，則是教師，這時，教師的教學方式和策略決定了教材的組織和呈現形式。

以學科來組織教材，是課程組織常使用的形式。學科的領域

如何區分，專家的主張亦不一致，但主要須考慮教育目標及教育對象的各種條件，然後才做決定。例如欲使學生學習到比較接近生活完整性的經驗，則各科知識的分化宜少，各科的關聯宜多，此時採大單元的組織形式可能較為合適。幼兒的教育因為需要獲得統整的生活經驗，故常有採取此種形式者。

採取細密分科者，學生可專精於各個領域之較有系統之學習。然為避免因此而產生的支離破碎的弊病，常須另輔以聯課活動或科際整合。

以目前我國學校教育之課程內涵而論，約可包含三大部分：學科活動、訓育活動、輔導活動。學科活動以智育為主，但是教學內容應涵蓋認知、情意和技能三個層面。訓育活動以德育和群育為主，但也輔以體育。輔導活動則協助學生在學習及成長過程中做出良好適應及適時調整。

通常越年幼者，學科的分化越少，故偏向於較為廣域之學科區分；年紀越長，情況則相反。但這只是一般言之。理想的情形應是在分化中有統整，而在合科中亦隱然有著學科系統之知識的邏輯脈絡可循。這其中分際，如何增減得恰到好處，有賴於教師在學科知識方面之專精的素養，以及對兒童之深入的了解和對兒童動態的敏銳關懷。

三、教育內容在教育歷程中的地位

在教育過程中，目的是主導的力量，內容和方法只是協助目的之實現的手段，上已述之。

但是若將目的和內容做比較，則前者是教育相關者（如教師、

學生、行政人員、家長等等）內心的想望、希求、方向和價值，
而後者則是這些心理活動的實體化。沒有教育內容，則教育目的
純粹是抽象的念頭，頂多只是有組織、有次第的構想而已；有了
教育內容，則教育目的可以實地被追求、被達成、被實現。反過
來說，沒有目的，則教育內容是沒有意義的，它的存在地位和價
值變得曖昧而尷尬。

　　教育內容的資料，主要來自於文化的精華部分、各種知識領
域的發明發現，以及個人在日常生活及社會活動中的體驗。這些
資料可謂來自四面八方，種類繁多，內涵豐富。經過教育相關者
（主要是教師、行政人員及學者專家）依據某些價值判斷標準所
做的選擇，這些資源當中的某些部分，變成了教育的內容。而他
們選擇的主要和必需標準之一是教育目的或目標。換句話說，沒
有目的或目標的教育內容，不能稱之為教育內容，而只是一堆材
料而已。

　　有了目標的引導和賦予意義，教育內容變成了受教育者和預
期目標之間的橋樑。教師或學習輔導者，在理解教育目標的意義
和價值之後，再審度學習者的各項條件（如年齡、需求、性向、
成就、個別性等等），將各種可能做為學習材料的資料做適當的
挑選，然後組織、排列成對學習者最有利的形式提供出來。學習
者乃是憑藉這些材料從事學習活動，他們受到材料的啟發，或者
吸納這些材料，再予以應用、重組和創新。他們因著這些學習的
養分而成長、而成熟。

　　教師之選擇教材和排列、組織教材，表現了教師個人的價值
觀和人格特性，因此呈現教材的形式也表現個人獨有的風格。但
是就較大的課程形式而言，個人的風格也應與其所歸屬的整個課

程的風格相容,而在精神上及實際做法上互為呼應。這兩者在同中有異,而在異中亦有同。故學生在教育的過程中,所受到的教育內容的影響,主要來自兩方面:一是課程結構的形式,一是教師個人的風格。對學生而言,後者可能更為切近而直接,但前者的影響卻也是不能小覷。後者的影響可能是言教、身教、價值觀和人格特質等,而前者則是制度、政策、規範和少數有權力者或有專業權威者的集體觀點。

第二節　影響教育內容形成的因素

　　由上面的敘述,我們逐漸發展出一個問題:由誰來決定教育的內容?或者更準確地說:是哪些因素共同影響了教育內容的形成?

　　解答這樣的一個問題,是重要的。因為由上節的說明,我們了解教育內容在教育歷程中的重要地位。教育內容的重要性顯示出,如果教育材料的選擇和組織不恰當,便會阻礙教育目的之達成,減低教育活動的成就。一個教育內容的參與決定者,如果能夠慎重考慮影響教育內容形成的因素,做出合理的選擇和行動,自有助於教育活動的成果。

　　分析教育活動之前因後果及其與教育內容的關係,得出以下幾項可能影響教育內容形成的因素:(1)教育目的及目標;(2)教育的對象;(3)文化傳統;(4)社會現狀及發展;(5)教師的價值觀、知能,及人格特質。茲簡要分述之。

一、教育目的及目標

此項因素在上節已有敘述，茲再補充若干。在本書第八章曾謂，形而上學的假設、理想人格的定義和理想人生的定義等因素影響了教育目的之形成。在同一章也說明了教育目的之階層結構。在此階層中，目的與目標相較，前者為比較廣域、抽象和遙遠的含義，後者為比較受限、具體而切近之含義。在本章上節亦談及教育內容為教育目的之實質，亦是目的實現之工具。工具的意義和價值是由目的所賦予，換句話說，工具本身無獨立自存性，它是依附其所屬之目的而存在。

教育內容之材料的來源，或許各有其獨立自存的價值，例如各知識體系之做為教育材料的提供者，本身是獨立體，亦本有其價值，這是無庸置疑的。但是這些材料被採擷而集合成所謂教學或較廣義教育的材料時，必須同時被賦予目的，才能成為「教育內容」，否則只是各知識體提供出來的各種材料的堆積而已。這些材料須能發揮特定的教育作用或功效，才能被稱為「教材」或「教育內容」；在此套用亞里斯多德的話，必須有「目的因」（或譯「最後因」、「終極因」，final cause）才能成為「教育的材料或內容」。

由是觀之，第一個而且也是必然會影響教育內容的因素，當是教育目的無疑。

形而上的信念、人性發展理想及人生價值的想法，融合而影響了教育的理想、目的及目標。但是這些哲學信念之對教育內容的影響，卻是間接的，也即是要透過教育目的之主張。認為教育

目的在啟發並訓練理性者，當會主張提供學生有關邏輯、數學、哲學等課程；主張教育目的在均衡發展身心之潛能者，當會主張授予學生體育、音樂、語文、數理等多樣課程；若是主張教育目的在於適應生活，則教材的選擇應取自於生活的內涵，或者以與問題解決能力有關的學科為主要課程內容。

　　以較低階的教育目標而言，則不同層級之學校教育，目標不同，課程內容也不一樣，例如普通高中和工業職業學校或商業職業學校，課程內容有些相通，也有些是截然不同的，為什麼？因為他們所要達成的教育目標，有些是共通的，有些則迥異。國民中學和國民小學的課程不一樣，因為他們的教育目標不同。如以國中課程施行於國小，當然是不恰當的，而且無法藉此國中之課程以達成國小的教育目標。再以更低階的學科內容而論，情況亦復如此，例如初級邏輯以使學生了解邏輯的基礎原理和方法為教學目標，高級邏輯是以使已學過初級邏輯者進一步探研較高深的理論和較複雜的方法為目的，兩者的教學內容應該有所區別，否則不但學生無法接納、學習，甚至連教學活動亦無法順利進行，遑論學科目標的達成了。

　　是故，所有課程設計的參與者，首先要認真問自己的一個問題是，這個課程是為什麼樣的教育目的或目標而設計的？然後，他們要反問自己的第二問題是，這樣的課程內容足以達成這樣的目的或目標嗎？所有實際從事教導工作的教師，在其決定教材時，也要先問自己：這個學科或這個單元的教學目標是什麼？然後再問：我所使用的這些教材足以達成這些目標嗎？

二、教育的對象

　　教育的對象意指被教育者，即被教導者、學習者、學生。教育活動的意義所在，是使受教育者獲致預期的或其他可欲的成就。若受教育者無有所獲，或所獲不如理想，則教育活動形將落空。

　　若從「教育是一種教導與學習的活動」這個觀點來看，一切教育效果亦必須落實於受教育者的學習活動上。受教育者若有足夠的學習意願，並且適當使用學習的方法，當能有所成就。

　　但是學生在學習時除了意願、動機不足，學習的方法不良等障礙之外，最常見的困難之一是學習內容或教材的不適當。這種困難主要源於選擇、編排教材時，未能準確而周全地考量教育對象的各項條件。

　　教師首先要建立的觀念是，學生乃是教育的主體。所謂主體，並不是說要縱容他，但也不是壓抑他，或用一個固定的模型去範鑄他。主體的意思是說，教師要把學生看成一個有尊嚴的人，去和他對話；學生本身即是目的，要了解他，而不是控制他。教師該做的是提供最有利於他成長的資源，幫助他學習。如果能從這個觀點出發，那麼學習者的需要、智能、學習經驗、性向等等因素，都要在決定其學習材料時，受到重視。兒童的身心狀況及學習條件和青少年不同，而青少年也和成人不一樣。教師如以自身的成人觀點，來推想或臆度，以為兒童及青少年的心智能力及想法和他自己的一樣，便會犯了錯誤。如此「師己之心」的結果，使得教育材料與學生的需要或程度扞格不入，則教育成效如何，不言而喻了。

三、文化傳統

教育是文化的一部分，它傳遞文化，也孕育新的文化。教育要發揮這種文化性的功能，則負載文化菁華於其教育內容之中，乃是理所當然的事。

個體生存於社會中，亦生活於歷史的影響之中。他不能完全不學習、不了解自己祖先的文化，因為從歷史文化中，他可以承接許多智慧的發明和發現，他可避免重蹈覆轍，並據以改善現狀。同時，不回顧過去的人，也是不能開創未來的人。

教育之精萃主義和永恒主義者，重視那代表文化結晶的古典作品的學習，認為這種經典才是瞬息萬變之現代世界中永恒不易之價值的象徵，可以安定散亂浮動的人心，並教導現代人幸福的真諦。批評者則認為古典作品大多與現實生活脫節，缺乏實用的價值，也無法解決現代人的難題，努力鑽研，徒然虛擲寶貴的光陰。這種批評者的眼光過於偏狹而淺短，因為世事雖然多變，事理並無不同。而且古典作品的研讀，也許沒有直接的效用，卻能厚植個人的識見和判斷能力，開闊其胸襟，喚醒其尊嚴，陶冶其人格，提升精神境界，對於幸福人生及公正社會的建立，有著根本的、正面的影響。

當然，文化的傳統，不全然都有現代的價值或意義。而有限的教育時間及課程負載，也無法容受太多的文化資財。教育的內容必須包含文化資財，但是要包含哪些部分，多少分量，則要和其他的因素，如教育的目標和教育對象等等，一併做整體性的考慮而後做最適當的決定。

四、社會現狀及發展

教育有其社會的功能，即是培養學生適應社會的能力，前曾述及。此處所謂適應，一方面是調整自己以順應、符合社會的成規和團體的倫理，或者習俗等等。但是這些已經形成的社會客觀價值，不見得都是合理的。有時社會生活變遷比較快速，各種成規卻停滯不前而未能配合。所以適應的另一個重要的意義是，改變環境使更有利於人類的生存和發展。

教育活動因此不可與社會的現況脫節。學校教育、社會教育及至於家庭教育的重要目的或功能，是使個體關心並了解其所生存的社會乃至於整個世界。了解它已經存在的那些成規、習俗、觀念和價值。而且如果可能的話，尚應使他了解這些固有價值觀背後的意義或形成的歷史背景。但是為使社會具有未來的開創性，他尚須發展出穩健的批判能力，以便根據理想社會的構想所形成的那些檢核標準，診斷出真正影響社會之健康發展的病根。最後，他要構思一些合理可行的解決之方。而這一切，其最根源處的動力，乃是對社會整體以及其成員的善意與關懷。

法國哲學家柏格森嘗謂社會有二型，一為靜態（static）的社會，一為動態的（dynamic）社會。前者穩定而封閉，後者則變動卻開放。極端的例子是較少見的，但是有的社會偏於前者，有的則偏於後者。大多數社會是屬於混合型態的，且兩種型態亦有交替主導的現象。一個社會穩定久了，若缺乏改變現狀的動力，則難免裹足不前，沒有進步；但一直在急遽變化中的社會，其成員亦難免浮動不安，一切制度和規範尚未成形或尚未成熟，即刻又

要更張，則混亂和脫序便隨即產生。理想的社會的進展，宜在這兩極之間時時尋求、調整，以獲得均衡：既穩定又進步，既有秩序又富創新的意志。動靜的穩健交替是必要的。

要達到這種社會進展的理想，教育所要培養的態度和能力，便不僅僅是消極的順應而已，理解、關懷、批判和創造等的「素養」，都成社會化功能的教育目的，而亟應為課程的設計和教材的編選所吸納。如此說來，一切的社會學科內容，除了介紹社會學及其相關理論和社會現象的描述以外，也要包含分析、批判、推理、問題解決等訓練的教材，而培養公正及關懷態度情操的教材自也必不可少。道德課程除了認同成規的內容，也得對目前及未來社會發展所已經或可能遭遇的倫理問題預做準備。

五、教師的價值觀、知能及人格特質

教師是教育活動當中的另一個主體。學生和教師這兩個主體，要論究何者比較重要，是不易的。不錯，學生可以自學或學無常師，而且一切教育活動歸根究底仍須學生肯自學、能自學才可能產生結果。但是獨學而乏師友，往往須付出加倍的努力和意志，花費更多的時間和精力去摸索；自學者的特別處是他不斷在尋訪良師或其代替者。良師益友之有助於學習和成長，是明顯的事實，古今學者已多有論列。即使自學者亦非無師，而是他經常要去尋找可以教導他、啟發他或刺激他的人、事、物以替代教師的功能。自學成功的原因之一是他成功地找到了這些「教師」。

但是有了教師，並不表示學生的學習必會受益。決定教師是否為良師，主要是依據其(1)價值觀；(2)教師的知能；以及(3)人格

特質等因素。

　　所謂價值觀主要包含對人性及人生之價值的看法，而這些看法又影響他對教育之價值的判斷。例如，他相信亞里斯多德之對人生的主張，則他會把理性的發展和中道的智慧判斷視為教育中最重要的價值；其次，他也不會反對學生適度地追求財富、權力和其他世俗的成就，因為亞里斯多德認為這些條件如適當應用，將可以有助於幸福、完美人生的達成。在課程設計和教材選擇時，他會特別注意那些能夠發展理性判斷能力的部分，他也可能提供生活中一些難題的實例做為教材，讓學生練習在實際情境中如何依其「實踐的智慧」做出最合適的判斷。教師也可以把世俗生活中的一些重要價值，如和名譽、金錢、權力和健康等有關的問題情境提供給學生，使學生澄清什麼是「合理」的追求、擁有和應用。

　　一個教師如認同伊壁鳩魯的人生哲學，他便可能在道德教育或其他相關的學科，向學生強調淡泊寧靜的好處。如他認同英國功用主義者的哲學，則他會向學生說明，在團體中凡所舉措應考慮是否能謀求最大多數人的最大福祉。不同的價值觀影響了課程及教材內容的選擇。從事教育工作者以及和學生關係最密切的教師，對於自己的價值觀宜先澄清及了解，然後尚須反思這些價值觀對於學生或教育歷程而言，是否健康。

　　其次，教師的教育知能，也是良師的必需條件之一。所謂教育知能在此意指：(1)和他從事之教育工作有關的各項知識，例如任教學科的知識，教育專業的知識，教學、輔導、訓育等方面的知識等；(2)和他從事之教育工作有關的各項能力，例如教學、班級經營、學校行政、溝通協調的能力等等。這些能力之是否健全，

除了影響教育方法的品質以外，也影響教育內容的品質。如教師缺乏某一學科的知識，或有誤解，則他所教授的內容便可能不夠完整或有錯誤。如他缺乏教材組織的識見和能力，那麼他提供給學生的資源便可能是散亂而不適切的。許多教師之能力的不足，源於知識的不足，或是由於練習的不夠。但是，事實上沒有一個教師已經具備了完整無缺的知識和能力。所以教師的不斷進修和教學相長是必要而有價值的。

最後，教師的人格特質也在良師的條件中占有重要的一席之地。人格是心理學的專有名詞，意指個體行為整體所呈現出來的一致形式。所謂一致形式，不是只有一個型態，而是可能有許多行為型態，但其間的關聯形成相當固定的形式。所謂一致，也不是沒有例外，但是當其出現例外時，他人會感覺到這是例外，而行為者本人有時也會有此種自覺。例如有個人經常喜怒無常，這是他人格的「一致」形式；有天他忽然情緒很穩定，眾人皆甚感意外，視之為「例外」。

人類習慣於概念化的思考，喜歡使用一些概念或基模（schema）或範疇（category）來組織、吸納或同化他所認知的材料。「人格特質」這一概念也是此種思考習慣的產物。我們為了方便記憶、描述、傳達訊息和區分，便把一個人所有的行為表現用一些概念或基模來加以分類、組織，這樣我們便「了解」了這個人，並且把他的行為簡約而納入一些「特質」（這些特質其實是概念或基模）。這樣做的結果，我們便可以有「系統」、「條理」地談論一個人，評論一個人，或把這個人「如實」地描述給另一個人聽。事實上，一個人的行為太多、太雜，如果不如此概念化，我們還真不知道如何描述什麼樣的行為是好老師的行為，而什麼

樣的教師是一個良師。

　　有許多詞語常被使用來描述良師，例如有愛心、有耐心、春風化雨、誨人不倦、嚴教慈管、有教無類、心胸開闊（openminded）、個性開朗、富幽默感、情緒穩定、熱忱助人、具同理心、待人真誠、處事公正、樂觀愉悅、富有彈性、尊重學生、教學認真、富有創意、溫和親切等等。這些詞語初視之，都具有正面的意義，但也大多含義模糊而抽象，若欲以之描述教師的人格，尚須進一步釐清和定義，才夠明確而具體，不致衍生誤解或流於空泛。

　　教師之人格特質對於教育的影響，一方面可由班都拉（A. Bandura）的「範式化」（modeling）理論來說明，其要旨簡言之，是兒童的行為模式，其常是模仿其所心儀或崇拜的人物而逐漸形成的。這種人物很可能是父母，或教師，或者其他非實存的人物，例如卡通的人物或電視劇中的主角。類似的主張，在我國稱之為「身教」、「潛移默化」或「樹立榜樣」。教師的人格特質可能透過這樣的方式深遠地影響兒童的人格發展。

　　教師人格特質對於教育的影響，也可以從另一方面來觀察。一個充滿抒情氣質的教師，可能在其教材中加重詩歌的分量；而一個偏好藝術、富於美感情懷的教師，則於詩歌之外，還加上音樂及美術的薰陶，使得學生經常陶醉於詩情畫意的氣氛當中。但一個偏好邏輯思考的人，可能會迫不及待地要求學生學習幾何學。人格特質在這方面的影響，也及於教育歷程的品質，例如個性急躁而缺乏耐性的教師，可能不待多數學生學會教材便急急忙忙追趕進度而去；而情緒欠穩定的教師，則可能在心情好的時候，耐心地善盡教導的職責，心情欠佳的時候便草草了事。

　　一個人若已立志要成為教師，則修己反省的功夫是很重要的。他必須注意生理衛生和心理衛生，使自己經常保持良好的身體狀況和心理狀況。他必須學習去過一種有規律、有德性的生活。他在準備成為教師的學習過程當中，要盡量去修正、調整那些不適於成為教師的人格特質，以免誤人子弟。即使他已經成為教師，也必須不斷修養自己。沒有一個人是完美的，教師也不例外，如果只有完美的人才能從事教育的工作，則世界上將沒有人有資格成為教師。但是教師的影響是很深遠的，他必須比一般人健全，他也必須不斷進修和進步，和儒家的「君子」一樣；這種能不斷進修進步的教師，其實正是最好的模仿、效法的榜樣。

第三節　學校教育內容的重點

　　由上述有關教育本質、教育目的和教育內容的討論，以及課程的涵義，我們似可指出，學校教育係一有計畫的教育，它應循序漸進地教導學生以下的重要內容：(1)生存的知能；(2)生活的知能；(3)道德及精神修養的理念和方法；(4)社會服務的正確觀念及方法；(5)合理的人生觀及世界觀。

　　這些教育內容係與生物學的、社會學的，以及倫理（文化）學的教育目的符應。所謂正式課程，我們亦可說是將上述內容組織於相關的教育目的（目標）之下，在特定的時間內，安排實施的順序和方法，以達一定效果的有機結構。

　　現在將上列五種學校教育內容略加說明如后。

一、生存的知能

在此項目下的教育內容，主要是有關於生理健康、心理健康，以及種族延續的各種知識和能力。這些內容的目的在於人類之生物本能的維護、生長和種族的不斷延續。從知識領域的觀點來說，這方面的知能和生理學、醫學、心理學，以及運動的理論和技能有關。當然這些知識領域的資源必須經過適當的選擇和組織，才能轉化成可以為學習者（如兒童、青少年、青年、成人）所接納的教材。

二、生活的知能

生活的知識和技能主要關係到食、衣、住、行、職業（謀生）活動、休閒活動等方面，目的在提升生活的品質。與此相關的學科包括科學、技藝、藝術、職業訓練、生涯規畫、體育等。生存主要是生物學和心理學領域的活動，代表的是人類之生物需求的滿足。生活以生存為基礎，但已經超越生物的本能，進一步融合了社會及倫理層次的動機。像在食、衣、住、行方面，不僅滿足基本需要，而且形成較為便捷和精緻的文化，講究品味與風格。人與人之間也建立了倫常和禮節的關係。家庭是人類生活的核心單位，許多活動和關係都是得自於此一生活層次的滿足，例如有好的婚姻、良好的親子關係、正當的職業或事業、有足夠的收入以維持家庭生計和休閒活動、能接受良好的教育、能夠愛人也被人愛、受到別人的尊重、生命和財產有安全的保障等等。有人說，

教育是教人如何生活的；而杜威也說教育即生活。事實是，教導人們如何在生活上獲得幸福，自古即是教育工作者最感興趣也最為重視的任務。課程裏的讀、寫、算都是和生活上的需要有關，而這只是最起碼不過的課程罷了。即使是富於博雅教育色彩的教育理論，也不會反對教育應該包含職業能力和職業道德的培養。

三、道德及精神修養的理念和方法

這方面的課程，以前在我國稱之為「修身」，現在在小學有「生活與倫理」，在中學有「公民與道德」，這些學科到底能否有效傳授兒童、少年和青年的道德及精神修養的正確理念和方法，那是另外一個重要的問題，值得有關人士深入研究。

像杜威這樣的教育哲學家，便反對把知識教育和道德教育分開來實施。專門設立一些像「公民與道德」或「生活與倫理」這樣的科目來實施教學，表面上看起來是很重視生活規範及道德修養的教育，其實是把生活行為或道德這樣子廣布於日常思想、觀念和行動中的重要因素給孤立起來。大家會產生一個誤解，每星期當中只要花個幾小時的時間把這些道德的正課上好，就已經盡到了道德或生活教育的責任；結果，國語課、數學課、社會課、自然課、音樂和美勞課等等，都是知識與技能的課，跟道德是扯不上關係的。上這些知識與技能課的老師只要好好傳授學生教材範圍內的一些知能，就是盡到了該盡的責任了。試想，每星期只上兩節或稍多的課，就有辦法把道德教育給辦好，是不是有點匪夷所思？

與此相反的看法是，在課程裏明明白白安排一些道德教育方

面的學科，起碼會實施一些道德教育，如果連這樣的安排都取消了，則恐怕一些最起碼的道德教育也會消失不見。把道德教育這種涵蓋認知、情意以及實踐三方面的內容，期待教國語、數學、社會、自然……等學科的教師去傳授、教導給學生，會不會是另一種奢想呢？

在人生的重要價值中，道德價值和美感價值是兩大支柱，學校對此兩方面的教育，是責無旁貸的。杜威的看法基本上是沒有錯。所有學校的教育活動應該是價值導向的，這在第七章已有討論。而在所有價值的教學中，道德與美感二者是重點。所有學科的教師，應該體認任何知識系統在整個人生結構中都不是孤立的，他們的教學應該在適當的時機，把學科的知識及技能和人生中的價值結合起來，尤其是道德和美感兩方面。如果沒有做好這一點，則他們所進行的只不過是一種不完整、不健全的教育，而有時候甚至可能是反教育。

四、社會服務的正確觀念及方法

廣義的道德當然涵蓋了社會及政治的生活，例如社會道德和政治倫理等。不過上面所述的道德修養著重是個人之心靈境界的提升以及日常生活中的實踐，包含道德觀念的發展、道德意志的訓練、生活中的道德判斷等。此處所謂社會服務指的是公眾生活及公眾事務的直接參與。有道德者不一定熱中於公眾性的事務，也許他們以一種非公眾性的方式來服務、貢獻於社會。

不過，嚴格說起來，沒有一個人能夠完全免於公眾性活動的參與，除非他過的是一種遺世獨立的生活。而生活於現代社會，

「被動地」為公眾事務所波及者，亦所在多有。不論是主動參與或被動「波及」，培養正確的社會服務的觀念和方法（或技巧）是必要的。例如政治參選者的觀念及其競爭的方式、方法，選民的觀念及支持或反對的方式及方法，社會公益活動的動機及方法，對各種社會運動的態度及應對的方法，輿論形成的方式及技巧，政府各級行政的觀念及方法等等，在一個現代化和多元化的社會當中，為兼顧秩序與創新、安定與進步的均衡，這些觀念及方法都顯得十分重要。學校教育亟須將它們納入課程內容，在不同的教育階段做適量的安排，以便漸進地教育出真正現代化的「公民」。

五、合理的人生觀及世界觀

人生觀者，對人生之意義及價值的有系統的看法。世界觀者，對世界本質、生命現象、存有間的關聯，以及人事物變動的理則等之理解和詮釋所形成的系統理論。

若不願成愚駭之人，過懵懂無明之人生，則發展合理的人生觀和世界觀是必要的。這乃是能洞察、能通觀的識見，而不是零碎片斷的認知。這世界上當然甚多的是不具成熟、合理之人生觀及世界觀之人，但是在聖哲的眼裏，這樣的人是沉睡者而不是覺醒者。同樣是幾十年的人生度過，然而在品質方面卻有高下之不同。也許約翰‧穆勒說得對，有些人是寧願像蘇格拉底那樣子清醒而懷著追求真理的操勞和苦心，卻不願像圈養的豬那樣子渾噩而快樂地過日子。

人之獨特可貴處，在於他能反省周圍的世界和他自己的關係。

這種反省不但是空間性，而且是時間性的。他也在這裏面發現了因果的關係。人生和世界都是繁複而多變的，人的際遇也充滿無奈、失望、孤獨、疏離、無常，以及各種各樣的希望、發展和可能性。人要在這樣的處境當中，了解人生和世界的真相，並發現其各種存在和事件之發生的意義。

　　教育要幫助人們去發現這樣的意義。教育要引導人們如何去經驗、體會並反省生活，如何從人與人之間的溝通、交往和互動去歷練。在這裏，教育要從歷代之聖哲的智慧結晶當中去尋找資源、美感和啟示。教育要求助於哲學和宗教，因為哲學與宗教正是探索生命及宇宙真理之奧秘之學。哲學與宗教涵攝各種人生的經驗和系統知識，但是更進一步賦予它價值和意義。

　　人生觀和世界觀的發展是漸進的，課程也要做漸進的、階段性的安排。在兒童階段可以用生活實例和小故事來啟發；少年階段可以增加思辨的訓練，但仍以生活經驗為中心。到了高中以上，可以開始有系統地介紹思想家理論，並以之來反省自身生活中的觀察和體驗。

第十章

教育的方法

第一節　良好的教育方法

所謂方法，應是能夠達成某種特定目的之方法。方法在本質上言，只是一種工具，它本身在整個教育歷程中不算是一種目的。但是，對一個學教育的學生而言，他如果才開始研習某一種教育的方法，那麼在某一特定的時間裏，他以熟練此一方法為目的，此時此一方法的演練本身便暫時地成為一種目的。然而，一旦學生已經熟練了此種方法，則在下一個階段他還是要應用此方法來達到特定的教育目標。

沒有一種教育活動是不需要方法的。而且其方法的運作，從選擇、安排到完成，也是在意識的狀態下來進行的。只有有經驗而成功的教師，才能在一種幾乎不思不省的方式下巧妙地把每一種方法運用、搭配得天地無縫，既能有效達成教育目的，復能保持優雅流暢的進度和風格。另一種不思不省的教師，乃是因循而不求改進的逃避責任者，但這樣的教師在工作上可以預期地將招致失敗的後果。

由於教育方法是教育歷程中的一個環節，它的價值評斷便也依據它在歷程中是否成功地扮演其角色而定。所謂好的教育方法，意思是說，它能在最經濟的條件下達成最大的預期教育目標，而且產生最小的不良副作用。這個定義主要包含了三個部分，第一是最經濟的條件，第二是最大的預期的教育目標，第三是最小的不良副作用。只具備單一或其中的兩個部分，都不足以成為好的方法。好的方法是要上述三個部分兼備的。

一、最經濟的條件

最經濟的條件可能包含以下數項：最少的金錢、最少的時間、最簡單的程序，以及最少的人力等。上面已經說過，只有最經濟的條件一項，並不構成良好的教育方法。例如最省時間的教學或最省時間的學習方式，不必然是最佳的。但是如果產生的學習效果完全一樣，甚至更好，那麼，最省時、省事的教學過程和學習過程，應該受到教師和學生的讚賞，而且事實上也會受到教師、學生和其他相關的行政單位的歡迎。當然，在做這樣的判斷之前，須先判定什麼是好的學習效果。所謂好的學習效果，是與預定的教育目標符應的。能達到同樣的教育目標，則越能節省時間、人力和物力，自是越好的教育方法。

二、最大的預期教育目標

目標是要在教育活動之前，預先就設想好的。事實上，目標是教育內容和方法的主要考慮，是主要的決定性因素。在目標尚未設定以前，就決定要教些什麼或如何教，乃是完全無意義的做法。而在目標設定之後，教師就要選擇、組織那最能有效達成目標的教育內容和方法。目標若是具有彈性，並在實施以後仍做修改，則內容和方法也要重新予以檢討，看是否有必要做適度的調整。所謂好的教育方法，其必需條件（不是充足條件）是能夠達成最大的（即使不是百分之百的）預期的教育目標。

三、最小的不良副作用

某些教育方法可能最為經濟，也能達到最大的預期目標，但是也產生了一些預期或非預期的不良副作用。何況有些不良的副作用，尚且不是立即顯現的，而是在潛伏相當時間以後才顯現出來。教師的智慧應該足以判斷，什麼樣的行動會產生什麼樣的正面的結果，以及負面的結果。例如體罰的方式，因其表面而立即的「效果」，很容易誘使教師去選擇、採用它，但在判斷其可能產生的副作用之後，聰明的教師會警覺到它那「飲酖止渴」的後果，而寧願去選擇那些比較費時費力且較不經濟的方法。所以有些短時間看起來經濟的方法，從長遠的觀點來衡量反而是較不經濟的──因為在以後的時日當中，要付出更多更大的代價，反倒是得不償失了。

在考慮了上述的三個標準之後，有些教育的方法是值得提供的。教育學者曾經歸納之，而給與各種名稱，例如詰問法、練習法、講演法、啟發法、自學輔導法、個別化方法、創造法、設計法、社會化法、編序法、發表法、協同法等等。每種方法都有其優點，也都有其限制，但這些方法如適當地使用，大抵能夠符應上述的三個條件。至於這些方法的內容及其應用，乃是屬於教學法的研究範圍，在此不贅述。

第二節　興趣與努力

　　教育的主體是人，一方面是教師，而另一方面則是學生。這兩者之間的關係和互動，也是教育歷程中，尤其有關方法時，必須要重視和討論的。

　　基本上教師是要影響學生的，但教師事實上也經常會受到學生的影響。教師之影響於學生，可分為計畫中的和非計畫中的兩種。即使在有計畫的作為中，教師也經常傳播著非屬於計畫中的影響。教師被認為是教材與學生之間的橋樑，其意思是說，教師是具有方法者，他能將各種要傳達給學生的資訊（例如思想、觀念、知識、建議、提醒、訓誡等等），用最好的方式及方法成功地傳達給學生。狹義地說，他是教學者，掌握著有效的教學方法及工具，廣義地說，他是教育者，掌握著有效的教育方法及工具。有方法的教師，才能使計畫中的影響及於學生，並使非計畫中的影響不至於產生不良的作用，而最好也能產生良好的作用。

　　所謂計畫中的影響，比方說教師傳達了課程設計中所欲傳達給學生的某種知能或情意內容；而非計畫中的影響，比方教師本身人格的感染力，無意中的說話和身體語言，教師與同事交往的方式，教師在課室和課室以外與學生談話的方式等，則所謂潛在課程的一部分。像這些教師的人格特質、待人處事的風格和習慣等，都會融入了教師實施教育的整體風格和方式之中，成為他教育方法的一部分。

　　形成這廣義方法的內涵，當然還包含了教師一些基本上的人

生信念和教育信念，他的價值信念等等。像這些因素，可以稱之為影響教師之教育方法及風格的因素，歸納起來，約為以下數項：

(1)教師的身心健康

(2)教師的人格特質

(3)教師的人生及教育之價值信念

(4)教師的專業素養及精神

這些因素之影響於教育方法是明顯的。在第九章討論影響教育內容之形成時，這些因素都曾被提出來過，也做了說明。雖然第九章談論的是有關於內容方面的，但是它們之對於方法的影響，讀者亦可以藉由類比推論而得知。

本節擬加討論的是有關教導與學習中另二個重要的因素，即興趣和努力。

興趣和努力素來為教育研究者所關注。興趣論者經常強調兒童本位或學生本位的重要性。他們認為教學效果之所以不彰，是因為教師不了解或漠視學習者的心理動機，因此所提供的教材或所使用的教學方法引不起學生的「興趣」。他們所謂的興趣，指的是在沒有學習壓力下來滿足學生的好奇心和求知慾。興趣論者認為在教學的過程中，教師的過度介入是不宜的，甚至主張教師應該愈少介入愈好，因為凡是自然都是美好的，但是一經人手，尤其是成人的手，便變壞了。

極端的興趣論可能會流於極端的兒童本位論，而排除任何努力的重要性。他們也可能會將遊戲和工作二者加以分離而對立起來。

在另一方面，努力論者也會說，人生事實上是充滿著許多無趣卻不得不去面對、去完成的事。如果我們事事遷就學生的興趣，

結果會使得學生心猿意馬，心神渙散，而且一旦缺少了有趣的誘因，他們便再也不肯好好地工作；過分依賴興趣的結果，將使得人的心性變得軟弱，而缺乏堅強的意志及持續奮鬥的精神。當然，極端的努力論者，可能過分強調訓練甚至磨練的教育方式，而把學生學習上的失敗完全歸咎於學生努力的不足；而學生處於這樣的學習情境之中，也很可能視上學為畏途，而提早中止繼續接受進一步學校教育的念頭。

關於興趣與努力因分離進而對立的看法，以及各走極端的主張，杜威曾經加以批判。杜威指出，一般人之所以會有二者對立的印象，是因為他們認為目標或目的是外在於人的，因此必須想盡各種辦法使這目標或目的變得「有趣」（interesting）。而努力論者也以為人的心靈鍛鍊及訓練，必須和某種外在的活動及外在的結果一致（註1）。

杜威說，真正的興趣，是當個體的自我透過行動，而和某個對象或觀念結合在一起的時候才產生的，這時這個對象或觀念對於自發性之行動的持續是不可缺少的。努力若是與興趣對立，那便涵蘊著自我與那個想去學會的事實或去完成的任務是分離的。這時，從外在而言，我們只有機械式的習慣，卻缺乏精神上的目的和價值；從內在來說，我們的精力是隨機的發洩，而心念則飄浮游盪，沒有目標，因為我們並沒有把它們導引至某一個行動的焦點。興趣若是與努力對立，那意思便是說只有感官的興奮所產生的一些既扭緊又散漫的失衡狀態（註2）。但是當我們了解到兒童內在有某種急切的需求和衝力，想追求進一步的成長和發展時，我們便找到了著力點。這時的兒童很需要有所行動，以釋出內在的力量。這時努力便派上了用場。努力此時可以說是很自然

地想要使兒童那股力量，能充分運作以達到生長和完成的嘗試。這時的行動不是隨機、散漫而即興的；相反的，它帶著認真和專注，而且有著明確的目標（註3）。

　　所以，真正興趣的出現，表示某種教材、對象或技能的模式受到了讚賞；為什麼會受到讚賞？因為它們有助於達成個體所認同的、想要達到的某個目的（註 4）。這時，個體的精力會從盲目的狀態，轉向那個被他所覺識的行動的目的，匯集成為持續專注的行動，這便是努力（註5）。

　　教師如能了解興趣和努力的這些性質，他便會發現一些有效引導學生學習的原則。

　　首先，教師要明白以外誘的方式來激發學生的興趣和努力，不是真正有用的辦法。外誘的方式只能暫時激起一些散漫的感官興奮，並不能與學生內在的需求契合，也與學習的目的和教材無關。外誘的增強物往往使學習者從應有的目標的認同中迷失，不但無助於專注，反而分散其注意力。

　　其次，教師對學習者的了解是非常重要的。他要知道學生身心發展的需求是什麼，包含現階段的以及未來的需求。這項了解是教師編選及呈現教材的考慮基礎。

　　再次，興趣或努力的產生，其關鍵似不在於教學的策略或技巧本身，而是在於教材的選擇、安排以及呈現給學生的方式。而在這樣做的同時，教師也有責任幫助學生覺識到他自己真正有利於成長的需求是什麼，而整個學習活動所能達到的目標又是什麼。這種自覺的產生，往往需要教師給與適當的輔導。

　　在此，我們可以歸納，興趣與努力是不矛盾、不對立的。真正的興趣會導致努力；而努力也不是痛苦的掙扎，它是一種自發

性的持續行動。學生的學習活動，必須做到個體內在成長的需求衝力與學習的目的，以及學習的材料三者一致，才能引發這種自發性的努力。教師的職責在於，了解學生的需求，提供適當的教材，輔導學生之成長的覺醒，以及對學習目標的認同。如果教師能做到這些，就不必擔心興趣的問題，也不必憂慮學生不努力；這時，學習的活動便會自動的運轉，而教師也不必時時在為著尋找增強物而煩惱了。

第三節　自由與訓練

在知識的學習中，自由與訓練是兩個重要的因素。良好的訓練能造就嚴謹的學習方法和習慣，以獲得有系統的知識；足夠的自由卻能提供想像的空間，容納擴散式的創思。

但是在實際的教學中，欲求取這兩者的均衡，卻不是件易事。這是因為所謂的均衡，並沒有明確的準繩可以遵循。教師「智慧的」判斷因此便顯得很重要。在這種情況之下，科學的研究結論雖然能夠提供參考的資料，但是不能代替判斷和決定。這時的研判，有賴於經驗的累積，但也依靠那神秘的直觀能力。有人說，教學是一種藝術，那大概是在這種地方教師需要運用一些敏銳的超感覺能力去體會或揣摩、領悟。也有人說，運用之妙，存乎一心，這個一心應是神乎其技的靈感吧！

不過懷德海倒是曾經針對自由與訓練這樣一個微妙而難解的論題，提出了解決的辦法，那便是他那有名的「教育韻律」（The Rhythm of Education）說。

　　懷德海認為自由與訓練（freedom and discipline）的對立，其實並不像其字面上所顯示出來的邏輯分析後的意義那樣子尖銳。學生的心靈並不是單一化的東西，它並不是在選擇其一的時候必須同時排除另一；事實上，年輕人的心靈空間是相當寬大的，一方面可以無限制地容納新奇的點子，而另一方面也可以同時接受或形成有系統的知識。懷德海指出，自由與訓練不是互不相容的，二者應該在兒童的學習生活中，做適當的調節，使訓練能夠基於自由的意願，而自由則成為訓練的結果（註6）。

　　懷德海認為在教育中，自由與訓練之間的調節和均衡，應該與兒童人格發展的自然律動相符應。教育活動在開始和終了的時候，都應以自由為主導，但是中間的階段卻應該以訓練為主。在以自由為主導的時候，訓練並沒有完全消失，而只是其勢力較為退縮而微弱；同樣的，在以訓練為主導的時期，自由並未完全禁絕，但是居於次要地位。起始階段的自由，懷德海稱之為「浪漫階段」（Stage of Romance），居間的訓練時期他稱為「精確階段」（Stage of Precision），而終了時的自由則名之為「類化階段」（Stage of Generalization）。

　　從個體整個的發展歷程來區分，幼兒和兒童前期應是屬於浪漫階段，從少年一直到青少年時期應屬於精確階段，而青年以後則是類化期。但是這樣的分期容易產生誤解。事實是：在幼兒和兒童時期的學習過程裏，便都有涵蓋這浪漫、精確及類化的律動在內。少年和青年時期的學習情形亦然。即使在每個小單元的教導或學習活動裏，也都包含這種自由、訓練、自由的律動。所以懷德海說，所有的精神發展都是由這種三重的循環、循環的循環……等等所形成的有機結構形式。例如兒童開始學唐詩的時候，

是好奇的，甚至是好玩的，也許從詩中的某個故事開始，或者受到那押韻而清脆的朗誦聲所吸引。逐漸地，他也會朗誦，會背誦，但不求甚解。到了第二個階段，他注意到發音的準確，誦讀時的輕重緩急和抑揚頓挫，並且開始研究每個單字、句子的正確意義，翻查字典，或求教他人。第三個階段，不但詩中意義了然於心，而且能反覆玩味，為他人講解，或者嘗試去改變詩中的用字，或者模仿古人的作品創作自己的東西等等。

懷德海曾把這三個階段的特性和教師應該注意的地方，做了詳細而精彩的敘述。關於浪漫階段，他如此描述：

> ……人的心靈面對一個新的環境，其最初階段洶湧著觀念與經驗，難免有些手忙腳亂。……這時他們充滿著好奇之心，誰要是摧毀了這好奇心，真該受詛咒。……
>
> ……在教育過程裏，沒有一個部分可以不要訓練，也沒有一個部分可以不要自由；然而在浪漫階段，重點應該放在自由上面，使兒童能自己去看，自己去行動。我的意思是，在浪漫時期發動以前，就強制地給與精密的訓練，將使兒童接納觀念之路閉塞。沒有浪漫，就沒有理解。我深信，過去許多的失敗應歸咎於未能細心研究浪漫所應占有的地位。缺乏了浪漫的冒險，頂多只能獲得沒有生命和創新的知識，而最壞的情況則是造成了沒有知識的、對觀念的輕侮（註7）。

但是這個浪漫階段不能一直延續下去，因為浪漫的旋鈕一旦開啟，而兒童也已經獲得適度冒險的滿足，則他另一種需求又再

升起。他這時不再能滿足於籠統的印象和粗糙的解釋,而需要具
體、詳細而明確的解說及答案。他也不耐煩讓想像遊蕩而沒有歸
屬。這時是進入精確階段的適當時機。關於精確階段,懷德海有
如是詮釋:

> ⋯⋯由明確知識所產生的啓示,現在開始能被了解。
> ⋯⋯現在是向前推進的時候了,是準確地學習教材,並
> 將其特點牢記於心的時候了。就傳統的教育體制而言,
> 這個階段無論在中小學或大學裏,都被視爲學習的一個
> 單獨時期。你必須學好你的教材,除此以外不必多説。
> 由於這種過度的學習的擴大,結果是製造了大量的書呆
> 子,和少數的博學之士,而後者只不過是盲信之車輪下
> 的倖存者而已。不錯,教師總是會受到引誘,想在學生
> 所能吸收的能力範圍之外,再多教他們一些事實和精確
> 的理論。如果學生能夠吸收得了,當然會是有用的。我
> 們——我指的是中小學教師和大學教授——很容易忘記
> 自己在受教育者的成長過程當中,只是居於從屬的地位
> 而已;也容易忘記,在他們往後的黃金歲月裏,他們將
> 獨力學習。生長的現象無法超越某些十分狹窄的限制而
> 速成,但是一個沒有技巧的教導者,卻可以輕易地對敏
> 感的有機體造成傷害。不過,如出以謹慎的方式,當可
> 以推動學生去學習、去認識基本知識的細節、明白主要
> 而準確的類化,並熟練技巧。(註8)⋯⋯

到了精確階段,浪漫並未消失,它仍然扮演著智慧之平衡的

角色，只不過它已暫時退為背景。而懷德海在此也提出了很重要的一個事實：如果較早的浪漫階段教導得宜的話，則精確階段便不會很突出，「因為孩子知道如何安排他們的工作，他們會把事情做好，即使是細節方面也都可以信賴他們。（註 9）」在教育上最重要的訓練，乃是自我訓練，而只有善加運用自由，才能達此結果。

　　前面的兩個階段，乃是為另一個自由的階段做準備。這是類化的階段。這時學習者已經累積了相當豐富的知識，而且對之也有準確的理解。此時就像布魯姆（J. Bloom）的認知階層向上發展、提升一般，他要跨越知識及理解的層次，上升到應用和綜合的層次。而更重要的是，他能將知識的細節重新組合，化為原理的靈活應用，而原來的知識，則退隱為下意識的作用。但是精確之知識的成長並不因此而停頓，甚至比以往更為活躍，但是此時知識的成長則變得更為自然、流暢而不著痕跡。

第四節　教育方法的一些新趨向

　　教育方法經緯萬端，牽涉到多變化的教育主體——人，也牽涉到不同的教育目的和時、空、物等條件的變遷，故並無定法。這在本章開始便已論及。一個優秀的教育工作者，必須審度各項相關的因素及條件，在教導的過程中靈活運用一法或多法輪替、併用，始能獲致良好效果，並避免不良副作用之衍生。

　　雖然今天已邁入二十一世紀，但是我們看到一些很古老的教育方法仍被廣泛應用，並且使用者似乎樂此不疲。這些沿用數千

年而不衰的古老方法，有些仍舊具有其超越時空限制的價值。古
老的方法不一定就是落後或失去效用的方法。當然，隨著科技和
知識的進步、增長，也有一些新的、前未曾有的方法出現，而閃
爍著耀眼的光芒。不過，新的也不見得就是美好的。

　　在古老的方法當中，有兩種值得在此提出來敘述。一個是詰
問法，一個是講演法。

　　詰問法或譯反詰法，一名產婆法，而實為一種思辨、辯證、
對話之法。其法為蘇格拉底所喜用，其弟子柏拉圖在對話錄中曾
詳記之。此法應非蘇氏所首倡，因為在他之前的辯者（Sophists，
或譯詭辯學家）已有使用。但蘇格拉底之使用此法的目的與辯者
不同。蘇格拉底是為了要釐清概念，以呈現概念的真實涵義，而
使用此一方法；換句話說，他是為求得各個美德之概念的準確定
義，也即是所謂真理，而汲汲於論辯。蘇氏深信行為實踐若欲保
證其無差錯，必須先獲知各行為所源出之概念的本質。所以這種
反詰論辯之法，乃是美德之實踐的必經過程，亦即是說，在這認
知的過程中已經涵藏著道德教育的深意。

　　詰問之法係基於邏輯推論而進行，其部分精神亦與現代英美
分析哲學的方法符合。詰問法的第一個步驟是教師請學生針對某
一個概念嘗試加以定義。學生在下定義之後，教師會對此定義提
出質疑，巧妙地指出其不周延或不合理之處，請學生予以解釋。
學生在此時往往不能自圓其說，因而被迫修改原先的定義。如此
一而再、再而三，學生會被巧妙地引導至比較合理的思路上面。

　　此法的優點是教師並不把結論強加在學生身上，而是由學生
自己去尋找比較合理（但不一定是唯一或最後）的解答。在這尋
求的過程中，學生會對自己的一些信念及知識反覆檢討及澄清。

其次，此法可以訓練學生做合理的（亦即合乎邏輯）思考，對於培養明辨是非、獨立判斷的精神及習慣應有助益。

反詰法在今天的教學仍有其價值。它可以應用於對話形式的教學，這是指人數很少的時候；它也可以用於小組的討論，此時人數可以稍多。它的好處已如上所述。但是這種教學法耗時較多，而且無法大班級進行。另外，長於思辨並能循循善誘的教師，並不多見。

另一種由來已久的教導方法是演講或講述。此法幾可以說是一切教導方法之基本；沒有一種教育方法能夠完全不需要講述而被稱之為完善。當然，有時候不一定要由真人站在講台上講述，也可以用別的代替品，例如錄影帶。

講演的藝術在古代羅馬時發展到了顛峰。那時候的教育思想家，如昆體良（Quintilian, ca. A. D. 35-95），便以演講術為中心而建立教育學體系。昆體良把完美的教育理想寄託在演講者身上。演講者（the orator）不但要有流利的口才，敏銳的思想，而且要有淵博的知識和良好的品格。當然，昆體良是要教導他的學生學習文法、修辭、風度、儀態、手勢和聲調等的知識和技能，但是他也同時教導學生，在演講的時候要心存善良的動機，把善的觀念說得動聽而有說服力，而不要傳播罪惡。昆體良很有系統地組織他的理念，並且說明了在實際教學時應該採取什麼樣的步驟。

在師生關係方面，昆體良是個人文主義者。他也很重視人的個別性，並且反對嚴厲地對待兒童，或者不肯去了解兒童。昆體良認為教師應該像父母對待子女一般地對待兒童，既不可失之嚴苛，也不要放任孩子。教師自己要遠離罪惡，要控制自己的脾氣，有過勿憚改。他的教學要自然，不要做作，工作要勤奮，對學生

的要求須持續，但不做過度的要求。凡此主張，即使在今天，也
都可以做為教師的座右銘。

這種人文取向的教育態度和教導方式，在二十世紀的今日也
受到越來越多人士的重視。首先是二十世紀初葉的存在哲學的提
倡，雖然前此已有新人文思想的興起，並有建立精神科學的呼聲
及行動，但是到了存在主義蔚為風潮，大家才驚覺，學生是個應
該被尊重的獨特的個體，他不是代號，也不是名為學校這家工廠
生產線上之同一規格的某一個產品。每個人，每個學生，都有他
獨立的人格，也都有他特殊的個性及才能。兒童不是小大人，也
不是比大人矮一截。這種教育上的基本態度，喚起了每一個受教
育者的追求自由的意志，但也喚醒了每一個人的自尊和責任感。
這種具有平等及互相尊重的基本理念，使得現代的教育方法產生
了革命性的變化。

教育思想界和心理學界都對此一主張產生了迴響。馬丁·布
伯寫了《我與汝》（*I and Thou*）一書，提倡師生應該建立一種互
尊互重的對話關係。馬斯洛和羅傑士則高舉人文主義心理學的大
纛，前者強調健康心理學及個體之自我實現；後者則提倡以個人
為中心（person-centered，原提倡當事人中心，後改為個人中心）
的諮商理念，把同理心、真誠、信賴、尊重等觀念導進輔導者與
被輔導者的關係當中，為師生倫理注入新的血液，也為輔導方法
開創新的紀元。而在實際的學校教育方面，則先有杜威在芝加哥
大學的實驗學校，羅素的貝根山（Beacon Hill）學校，後有尼爾
（A. S. Neill）的夏山（Summerhill）學校，都是以人文主義的教
育理念為基礎的教育實踐。

另外晚近的教育方法，也拜教育科學的積極研究和科技日新

月異的發明之賜，而獲得某些進步。例如用教育科學的方法分析教學歷程中的因子，俾教育工作者更具體而準確地了解那些使得教學變得不一樣的因素是什麼，因而能夠更進一步去掌握和運用，使教師的教學更為經濟而有效。此外，各種測量工具的編製，也使教育工作者能更精確地了解教育的對象──學生，使得教學目標、教材和方法的設計、決定，更切合學生的真正需要。

　　教具的改進是有利於教育方法的另一重要因素。各種視聽器材推陳出新，電腦輔助教學（CAI）的發展早已取代教學機（teaching machine），成為閃耀的明日之星。數位化的技術和工具，使教育資料的取得、儲存和流通更為快捷便利。

　　但是測量的工具和進步科技的各種恩賜，是必須要珍視並適度應用的。它們都是輔助的工具，但是不能替代教學。教學的主體還是人──學生與教師，工具的使用是為了幫助人類達成其人文的目的，而不是放棄人文的許多優點。那些人與人之間的溝通和互助，人格的感化，師生對話時激起的智慧的火花，對人的了解、欣賞和同理，愛心與關懷，互助合作的精神，對他人的容忍和原諒等等，都只有在人的親身出現和在場，都只有在人的熱誠參與和投入的情況下，才有可能產生。

　　教育是科學、是技術、是知識，但是教育比這些還要多，因為它也是忍耐和關心，是美感的重視，是親歷的體會，是健康、快樂而且有智慧的進步。教師體會歷史文化的尊貴價值，把他們融入點點滴滴的教誨之中。教師之事業的生命，因為一代又一代的稚幼心靈的成長，而充滿喜樂，並且永恆不朽。

附註

1.　John Dewey, *Interest and Effort in Education* (Carbondale, Illinois: Southern Illinois University Press, 1975 [1913]), PP.5-7.

2.　*Ibid.*, P.14.

3.　*Ibid.*, PP.14-15.

4.　*Ibid.*, P.43.

5.　*Ibid.*, P.53.

6.　懷德海著，「自由與訓練」，陳迺臣譯，載於陳建勳等譯，《當代教育名著選粹》（台北：正昇，民 68），頁 185-186；選譯自 Alfred N. Whitehead, *The Aims of Education and Other Essays.*

7.　同上，頁 187-189。

8.　同上，頁 189。

9.　同上，頁 190。

索　引

索引

中文名詞索引

一劃

二劃

五劃

八劃

十三劃

十六劃

十九劃

二十劃

二十一劃

二十二劃

中文人名索引

三劃

四劃

五劃

英文索引

A

E

F

U

V

W

Y

Z

國家圖書館出版品預行編目資料

教育哲學/陳迺臣著. --三版.--
　臺北市：心理，2001（民 90）
　面；　　公分.--（一般教育；23）
　含索引
　ISBN 978-957-702-450-3（平裝）

　1.教育—哲學，原理

　520.11　　　　　　　　　　　　90010847

一般教育 23　**教育哲學**

作　　者：陳迺臣
總 編 輯：林敬堯
發 行 人：洪有義
出 版 者：心理出版社股份有限公司
社　　址：台北市和平東路一段 180 號 7 樓
總　　機：(02) 23671490　傳　　真：(02) 23671457
郵　　撥：19293172　心理出版社股份有限公司
電子信箱：psychoco@ms15.hinet.net
網　　址：www.psy.com.tw
駐美代表：Lisa Wu　　tel: 973 546-5845　　fax: 973 546-7651
登 記 證：局版北市業字第 1372 號
印 刷 者：玖進印刷有限公司
初版一刷：1990 年 7 月
三版一刷：2001 年 7 月
三版四刷：2008 年 9 月

定價：新台幣 350 元　　■有著作權·侵害必究■
ISBN 978-957-702-450-3

讀者意見回函卡

No. _____　　　　　　　　　　填寫日期：　年　月　日

感謝您購買本公司出版品。為提升我們的服務品質，請惠填以下資料寄回本社【或傳真(02)2367-1457】提供我們出書、修訂及辦活動之參考。您將不定期收到本公司最新出版及活動訊息。謝謝您！

姓名：_____　　性別：1□男　2□女

職業：1□教師 2□學生 3□上班族 4□家庭主婦 5□自由業 6□其他____

學歷：1□博士 2□碩士 3□大學 4□專科 5□高中 6□國中 7□國中以下

服務單位：_____　部門：_____　職稱：_____

服務地址：_____　電話：_____　傳真：_____

住家地址：_____　電話：_____　傳真：_____

電子郵件地址：_____

書名：_____

一、您認為本書的優點：（可複選）

　❶□內容 ❷□文筆 ❸□校對 ❹□編排 ❺□封面 ❻□其他____

二、您認為本書需再加強的地方：（可複選）

　❶□內容 ❷□文筆 ❸□校對 ❹□編排 ❺□封面 ❻□其他____

三、您購買本書的消息來源：（請單選）

　❶□本公司 ❷□逛書局⇨_____書局 ❸□老師或親友介紹

　❹□書展⇨____書展 ❺□心理心雜誌 ❻□書評 ❼其他_____

四、您希望我們舉辦何種活動：（可複選）

　❶□作者演講 ❷□研習會 ❸□研討會 ❹□書展 ❺□其他____

五、您購買本書的原因：（可複選）

　❶□對主題感興趣 ❷□上課教材⇨課程名稱_____

　❸□舉辦活動 ❹□其他_____　　（請翻頁繼續）

廣　告　回　信
台北郵局登記證
台北廣字第 940 號
（免貼郵票）

心理出版社 股份有限公司

台北市 106 和平東路一段 180 號 7 樓

TEL: (02) 2367-1490
FAX: (02) 2367-1457
EMAIL:psychoco@ms15.hinet.net

沿線對折訂好後寄回

六、您希望我們多出版何種類型的書籍

❶□心理 ❷□輔導 ❸□教育 ❹□社工 ❺□測驗 ❻□其他

七、如果您是老師，是否有撰寫教科書的計劃：□有□無

　書名／課程：＿＿＿＿＿＿＿＿＿＿＿＿＿＿＿＿＿

八、您教授／修習的課程：

上學期：＿＿＿＿＿＿＿＿＿＿＿＿＿＿＿＿＿＿＿

下學期：＿＿＿＿＿＿＿＿＿＿＿＿＿＿＿＿＿＿＿

進修班：＿＿＿＿＿＿＿＿＿＿＿＿＿＿＿＿＿＿＿

暑　假：＿＿＿＿＿＿＿＿＿＿＿＿＿＿＿＿＿＿＿

寒　假：＿＿＿＿＿＿＿＿＿＿＿＿＿＿＿＿＿＿＿

學分班：＿＿＿＿＿＿＿＿＿＿＿＿＿＿＿＿＿＿＿

九、您的其他意見

謝謝您的指教！　　　　　　　　　　　　41023